예수님이 보신성경

70인역 창세기 번역본

오흥복 옮김

(70인역 헬라어 성경을 번역)

예수님과 12제자와 바울과

스테반과 어거스틴과 요세푸스가 보던

구약 헬라어 성경 70인역

엘맨
하나님의 사람을 만들어 가는 ELMAN

예수님이 보신 성경

70인역 창세기 번역본

초판1쇄 2020년 5월 15일

옮긴이 : 오흥복
펴낸이 : 이규종
펴낸곳 : 엘맨
서울시 마포구 토정로222 한국출판콘텐츠센터 422-3
출판등록 제1998-000033호(1985.10.29)
전화 : (02) 323-4060
팩스 : (02) 323-6416
이메일 : elman1985@hanmail.net
www.elman.kr
ISBN : 978-89-5515-679-9 03230

값 18,000 원

예수님이 보신성경
70인역 창세기 번역본

오흥복 옮김

(70인역 헬라어 성경을 번역)

예수님과 12제자와 바울과

스테반과 어거스틴과 요세푸스가 보던

구약 헬라어 성경 70인역

목차

서론

제가 구약 70인 역에 관심을 갖게 된 것은 구약 이스라엘사와 신약 주 후 70년 유대전쟁사를 연구하는 과정에서 요세푸스의 책을 보면서부터입니다. 요세푸스는 주 후 37년 예수님이 십자가에서 죽고 난 후 얼마 되지 않아 태어난 자로 신약 성경의 제자들인 사도들과 같은 시대에서 활동했던 사람으로 기독교인이 아닌 유대교인이었지만 그가 쓴 구약 이스라엘사에는 침례 요한에 대한 기록과 예수님이 그리스도이시며 메시야였다는 사실을 유대 역사가로서 기록하고 있습니다.

그 내용을 잠깐 소개 하자면 다음과 같습니다. "침례 요한과 거의 같은 시기에 예수라는 사람이 활동했다. 그를 사람이라 불러도 좋을지 모르겠으나 어쨌든 그는 참으로 특별한 행동을 했으며, 사람들을 가르쳤는데 그들은 기쁨으로 그의 가르침을 받아들였다. 그는 많은 유대인들과 헬라인들의 마음을 사로잡았다. 이 사람이 그리스도였다. 빌라도는 유대 지도자들의 고발을 당하여 그를 십자가에 처형했으나 그를 따르던 사람들은 여전히 그를 사랑했다. 왜냐하면 그는 선지자들의 예언대로 사흘 만에 살아났기 때문이다. 그의 이름을 따서 크리스찬이라고 하는 사람들은 지금까지도 계속 존속하고 있다."

이런 요세푸스의 책을 읽으며 궁금했던 것은 바로 주전 283-245년에 이집트의 2대 왕으로 등극한 포톨레미 2세의 명령에 의해 기록된 구약 헬라어 성경 70인 역입니다. 왜냐하면 요세푸스의 책을 보면 70인 역을 가지고 구약성경을 해석했기 때문이며 또한 어거스틴의 신국론을 보면 어거스틴도 구약성경을 해석하는데 70인 역을 가지고 해석했기 때문입니다. 그뿐만 아니라 유대의 모든 역사가도 우리가 보는 구약 성경인 맛 소라 판을 보고 연구한 것이 아니라 구약 70인 역을 보고 연구했습니다. 더 나아가서 예수님과 신약성경을 기록한 제자들과 당시 모든 제자들과 성도들이 우리가 보는 구약 성경인 맛 소라 판을 보고 성경을 연구한 것이 아니라 구약 70인 역인 헬라어 성경을 보고 연구했고 설교했다는 사실입니다. 그래서 그런지 신약성경에는 수도 없이 많은 부분인 70인 역을 그대로 옮겨 성경을 해석한 부분들이 캐면 캘수록 나오고 있음을 발견할 수 있습니다.

70인 역이 나오게 된 배경을 소개하자면 70인 역은 애굽 왕 프톨레미 2세의 명을 받고 애굽의 수도 알렉산드리아의 파라오 섬에서 39년에 걸쳐 최초로 번역된 역본인데 알렉산드리아에 사는 유대인들 중 각 지파에서 6명씩 뽑아 72인이 번역한 성경인데 우리는 72명이 번역했다고 해서 70인 역이라 합니다(주전 285-246까지 기록함). 당시 72인은 각자 다른 방에서 구약성경을 번역했는데 72일 후 각자 번역한 것을 대조하는 과정이 39년이 걸쳤는데 놀랍게도 72인이 72일 동안 번역한 성경이 후에 맞추어 보니 한 권 같이 일치했다고 합니다. 이는 실로 하나님의 특별한 영감으로 번역되었기 때문입니다.

이스라엘은 바벨론 포로 전에는 히브리어가 사용되다가 바벨론 포로 때에는 히브리어와 바벨론어(아람어)가 섞여 히브리어와 혼용되어 사용되다가 70년 후에는 히브리어는 귀족들만의 언어가 되고 서민들은 바벨론 언어인 아람어를 주로 사용하게 됩니다. 또한 이집트의 알렉산드리아 사는 유대인들 역시 히브리어를 잃어버리고 그리스어와 아람어를 사용하게 되자 그들을 위해 당시 세계 공통어인 그리스어로 구약 성경을 번역하게 되는데 이것이 바로 구약 헬라어 성경인 70인 역입니다. 여러분들이 보면 아시겠지만 우리가 보는 구역 성경인 맛 소라 판과 70인 역 성경에는 많은 내용이 차이가 납니다. 또한 맛 소라 판은 주 후 500-1000년 후에 자음에 모음을 붙이다 보니 본래 히브리어 음을 잃어버리거나 잘못 번역된 것이 많게 되었습니다.

구약 70인 역의 내용이 신약에 나타난 것을 몇 가지 예를 들어 설명하자면 창1:1절의 '태초에 하나님이 천지를 창조했다'는 말과 요1:1절의 '

태초에 말씀이 계시니라' 할 때 태초라는 말이 헬라어 상 "엔 알케"로 되어 있고, 행 7장 스테반 역시 70인 역을 가지고 설교했는데 행7:14절에 75명이 애굽으로 갔다고 하는데 창세기 창46:27절도 70인 역에는 75명으로 나오고, 계2:7절의 낙원도 역시 에덴동산을 70인 역에서는 낙원으로 해석하고 있고, 히2:7절의 '저를 잠깐 동안 천사보다 못하게 하시며' 라는 말도 70인 역 시8:5절에 그대로 나오고, 요18:6절의 '내가 그이다' 라는 말도 70인 역 출3:14절에 있는 "에고 에이미"를 그대로 사용하고 있고, 요18:18절의 숯불도 70인 역을 그대로 옮기고 있습니다.

제가 70인 역 창세기 편을 번역한 이유는 이처럼 귀한 역본이 우리나라에서는 번역되어 있지 않다는 것이었습니다. 그래서 부족하지만 창세기 편을 번역하게 되었는데 이 작업을 시작한 지 1년 5개월이 지나서야 맞추게 되었다. 이 창세기 70인 역과 개정성경을 같이 보시면 여러분들이 성경을 연구하는 데 많은 도움이 될 것이며 때로는 깜짝 놀랄만한 새로운 소식들을 접하게 될 것입니다.

2020년 4월 19일 오흥복 목사 드림

| 창세기 1 장

본문을 읽기 전에 반드시 저자 서문을 읽어 주셔야 합니다. 또한 자세한 내용은 저희 교회 카페인 "다음 카페 : http://cafe.daum.net/dhbsik(서울 순복음 은총)"에 나머지 부분이 개재되어 있으니 꼭 참고 바랍니다.

창1:1 영원부터 하나님께서 하늘과 땅을 창조하시니라

"엔 알케"를 씀으로 요1:1절과 같이 근원을 알 수 없는 태초를 말한다. 이 부분을 자세히 알려면 저의 책 "창세기"와 "삼위일체와 예수"와 "종말론"을 꼭 읽어 보길 바랍니다.

창1:2 그 땅은 형체가 없어 볼 수 없었고 무질서했고 무저갱 위에 어둠이 있었으며 하나님의 성령은 물 위에서 앞서 인도하시더라

흑암의 깊음을 "아뷧소수"라 해서 무저갱으로 말하고 있고, 또한 하나님의 영을 "프뉴마 데오스" 해서 성령으로 말하고 있다(창8:1). 또한 70인역에서는 "여호와"라는 말이 단 한 번도 나오지 않고 하나님으로 나온다. 한편 탈무드에는 본 절을 '하나님의 신은 비둘기같이 수면에 운행하시니라'로 해석하고 있다. 이 부분을 좀 더 이해하시려면 저의 책 "다가온 종말론"과 "성령론"과 "삼위일체와 예수"와 "하존 요한 계시록" 책을 꼭 참고해 주시길 바랍니다.

창1:3 하나님께서 말씀하시기를 빛이 있으라 하시니 빛이 되었고

여기서 빛은 "프호스"라 해서 "발광"이라 해서 원자 속의 전자가 높은 상태에서 낮은 상태로 옮겨갈 때 내는 빛을 말한다. 이를 히브리어에서는 "오르"라 하는데 태양 빛이 아니다. 저의 책 "창세기"를 참고해 보면 이 내용이 더 자세히 나옵니다.

창1:4 하나님께서 그 빛을 보았더니 그것이 좋았더라 하나님께서 그 빛과 어둠에 사이를 내서 완전히 분리하셨더라
창1:5 하나님께서 그 빛을 낮이라 부르시고 어둠을 밤이라 부르시니라 저

녁이 되고 아침이 되니 첫째 날이더라

1) 저의 책 "창세기"를 보면 "날"에 대한 자세한 내용이 나온다.
2) 요세푸스는 빛의 시작과 빛의 휴식 시간을 "아침과 저녁"이라고 칭하였다.

창1:6 하나님께서 말씀하시기를 물들 가운데 금속판이 있어 금속판을 사이에 두고 물과 물로 완전히 분리되라 하시니 그대로 되더라

궁창=히브리인들은 하늘이 "금속판"으로 되어 있다고 하고 있고 70인 역에는 "스테레오마"로 나오는데 이는 단단한 이라는 "스테레오스"에서 온 말로 "고체, 견인"으로 나온다. 즉 "궁창이 하늘을 견인해 간다"는 말로 이 부분은 앞으로 나올 저의 책 "관용어 성경"이라는 책과 "창세기"를 꼭 읽어 보길 바랍니다. 70인 역에는 "카이 에게네토 후토스"라는 "그대로 되더라"라는 말이 첨가되어 나온다.

창1:7 하나님께서 금속판이란 궁창을 창조하시고 금속판 위에 있는 물과 금속판 아래 있는 물들을 완전히 분리하셨더라

히브리 사상으로 궁창인 하늘을 세 가지로 보았는데 첫째 하늘은 대기권을 말하고, 둘째 하늘은 지구 이편에서 천국까지 금속판으로 둘리어 있는 것으로 보았고, 셋째 하늘은 하나님이 계신 영계로 보았다. 그런데 지금 하늘은 금속판을 말함으로 이는 대기권 위에서부터 천국까지를 말하는데 물이 바로 금속판 아래인 대기권에도 있고 금속판 위인 천국 경계 위에도 있다는 것이다. 이 부분을 자세히 알고 싶으면 저의 책 "다가온 종말로"과 "하존 계시록" 책을 참고 해 주길 바랍니다.

창1:8 하나님께서 금속판을 하늘이라 부르시니라 하나님이 보시기에 좋았더라 저녁이 되고 아침이 되니 둘째 날이더라
창1:9 하나님께서 말씀하시기를 하늘 아래의 물들은 한 곳으로 함께 모이고 마른 곳이 드러나라 하시니 그대로 되어 하늘 아래로 물들이 모으니 마른 것이 드러나더라

70인 역에서는 물들이 실제로 모아서 마른 것이 드러난 것으로 나온다.

저의 책 "창세기"를 읽어 주세요.

창1:10 하나님께서 마른 곳을 땅이라 부르시고 물이 모인 곳을 바다라 부르시니라 하나님께서 보시니 그것이 좋았더라
창1:11 하나님께서 땅은 채소의 어린것에서 싹이 트라 말씀하시자 그 종류대로 싹이 나와 씨를 맺어 그 말씀대로 되었고 과일 나무에게 열매를 맺으라 하시자 땅에서 그 종류대로 과일나무가 씨 가진 열매를 맺어 그대로 되었더라

개정성경은 "풀과 채소와 열매 맺는" 나무로 되어 있지만 70인 역은 "채소와 과일나무" 두 종류로 나오는데 개정성경 29-30절에도 두 종류 나오기에 70인 역 해석이 더 정확하다. 그리고 70인 역에서는 11절 내용이 12절에서 그대로 반복되어 나오고 있다.

창1:12 이리하여 땅이 채소의 어린것에서 싹이 나와 그 종류대로 씨를 맺어 그대로 되었고 과실나무의 열매를 맺으라 하자 땅에서 그 종류대로 과일나무가 씨 가진 열매를 맺어 그대로 되니 하나님이 보시기에 좋았더라
창1:13 저녁이 되고 아침이 되니 셋째 날이더라
창1:14 하나님께서 말씀하시길 하늘의 금속판 안에 스스로 빛을 내는 광명체들이 있어 빛으로 땅의 밤과 낮 사이를 완전히 분리시켜 그것들로 하여금 표시와 때와 계절과 날짜와 연도를 위해 있게 하라
창1:15 그리고 하늘의 금속판 안에 있는 빛들을 향하여 땅을 비추라 하시니 그대로 되니라
창1:16 하나님께서 두 가지 큰 광명을 창조하사 큰 광명은 낮을 주관하게 하시고 작은 광명은 밤을 주관하게 하시며 별들도 만드시니라
창1:17 하나님께서 이 빛나는 것을 하늘의 금속판 안에 걸어 놓으시고 땅 위를 비추게 하시며

"스테레오마티"가 "금속판, 견인"을 말하기에 "하늘의 별들을 금속판에 걸어놓았다"는 뜻이 된다. 저의 책 "창세기"를 참고해 주세요.

창1:18 낮과 밤을 지배하게 하시고 빛과 어둠을 완전히 분리하게 하시니라 하나님께서 보시니 좋았더라
창1:19 저녁이 되고 아침이 되니 넷째 날이더라
창1:20 하나님께서 말씀하시기를 물들은 살아서 숨 쉬는 생물들을 내고

새는 하늘의 금속판 아래 땅 위에서 날으라 하시니 그대로 되니라
창1:21 하나님께서 큰 고래들과 네발로 기며 호흡하는 모든 생물을 창조하시고 그것들을 종류대로 물로 인도하셨고 날개 있는 모든 새를 그 종류대로 창조하시니라 하나님께서 보시기에 좋았더라
창1:22 하나님께서 그들에게 축복하여 말씀하시기를 다산하고 번식하여 바닷물에 충만하라 새들도 땅 위에 번식하라 하시니라
창1:23 저녁이 되고 아침이 되니 다섯째 날이더라
창1:24 하나님께서 말씀하시기를 땅은 살아서 호흡하는 것들 곧 가축과 기어 다니는 것과 땅의 들짐승을 그 종류대로 내어라 하시니 그대로 되니라.

생물이란 "프쉬켄 조산"이라 해서 "살아서 호흡"하는 것을 말한다.

창1:25 하나님께서 땅의 들짐승을 그 종류대로 가축을 그 종류대로 땅 위를 기어 다니는 모든 작은 동물을 그 종류대로 창조하시니라 하나님께서 보시니 그것이 좋았더라
창1:26 하나님께서 말씀하시기를 우리의 모습대로 우리와 닮은 모양의 사람을 창조하자 그리고 그들로 바다의 물고기와 하늘의 새와 가축과 모든 땅과 땅 위를 기어 다니는 모든 작은 동물을 다스리게 하자 하시니라

"우리"라는 말이 "헤메테란"이라 해서 복수 "우리의"로 되어 있고, 형상은 "에이콘"으로 "육체적으로 외모를 닮은" 것을 말한다. 자세한 내용은 저의 책 "삼위일체와 예수"라는 책을 참고해 주세요.

창1:27 하나님께서 사람을 창조하시니 하나님의 외모를 닮은 모습으로 그를 창조하셨으되 그들을 남자와 여자로 창조하시니라

아우톤=3인칭 남성 대격으로 "그 남자를"로 되어 있다. 즉 하나님의 육체적 외모를 닮은 모습의 남자를 창조하시고 "아우투스"인 그들을 창조했다. "아우스투"는 3인칭 남성 복수대격으로 창조하시되 남자와 여자를 창조했다고 하고 있다. 그런데 여기서 "여자"로 "아우투스"인 남성복수로 쓰이고 있다. 이에 대한 보충은 창5:1-2절을 반드시 참고 바란다. 이는 히브리 사상에 여자는 남성 안에 내포되어 있기에 남성복수로 쓰고 있는 것이다. 저의 책 "창세기"와 "삼위일체와 예수"와 "영적존재"라는 책을 꼭 참고해 주세요

창1:28 하나님께서 그들에게 축복을 주시고 하나님께서 그들에게 말씀하시기를 다산하여 번식하며 땅에 퍼져서 그 땅을 정복하라 그리고 바다의 고기와 하늘의 새와 온 땅 위에 있는 모든 가축과 네 발로 기는 모든 작은 동물과 파충류를 다스리라 하시니라

여기서 그들은 "아우투스"로 이는 3인칭 남성 복수로 이 말은 "남성 안에 여성"도 포함되는 것을 말한다. 여기서 "하나님의 형상대로 사람을 창조했다"고 하는데 고대 이집트에서는 왕만 신의 형상을 가졌다고 생각했었다.

창1:29 하나님께서 말씀하시기를 보라 내가 모든 지면 위에 씨 맺는 모든 곡식을 줄 것이니 땅 위에 있는 모든 것이 너희 것이 될 것이며 모든 나무도 너희에게 줄 것이니 씨 가진 나무 열매는 너희의 소유가 될 것이며 그것이 너희에게 음식이 될 것이니라
창1:30 땅 위에 있는 모든 들짐승과 하늘에 있는 모든 새와 살아서 호흡하며 땅 위를 기어다니 모든 작은 동물과 파충류에게 모든 지면의 푸른 풀을 음식으로 주노라 하시니 그대로 되니라
창1:31 하나님께서 창조하신 모든 것을 보시니 보라 심히 좋았더라 저녁이 되고 아침이 되니 여섯째 날이더라

"심히 좋았더라"는 "리안"이 본 절에만 유일하게 나온다. 그런데 이 "좋았더라"는 말이 본 절에 한번 나오지만 사실은 "하나님이 지으신 모든 것"이라는 말이 앞에 붙음으로 첫날부터 여섯째 날까지 지은 모든 것이 "심히 좋았더라"는 말이 되는 것이다.

I 창세기 2 장

창2:1 그리하여 모든 우주와 땅과 하늘을 완수하니라

본 절 에서도 하늘을 "우주 하늘과 대기권 하늘"로 구별하고 있다. 저의 책 "창세기"와 "다가온 종말론"을 참고 해주세요.

창2:2 하나님께서 여섯째 날에 그 창조를 마치시고 일곱째 날에 자신의 창조 하시던 모든 일로부터 휴식 하니라

다른 번역 성경은 7일에 "창조를 마치고 휴식한" 것으로 나오는데 70인 역은 "6일에 창조를 마치고 7일에 휴식한 것"으로 나온다.

창2:3 하나님께서 일곱째 날에 축복 주시고 그것을 거룩하게 하셨으니 이는 그 날에 하나님께서 창조하시고 지으신 그의 모든 일로부터 휴식하셨음이라

요세푸스는 제 칠일은 그러한 작업의 노동으로부터 해방되고 쉬는 날이었다. 제 칠일의 노동으로부터의 안식을 기념하여 안식일이라고 부르는데 그날은 히브리어로 안식을 의미한다.

창2:4 하늘과 땅이 창조되었을 때 그것들의 시작에 관한 책이라 하나님께서 하늘과 땅을 창조 하시던 그 날

대략을 70인 역에는 "시작"을 말하는 말로 되어 있다.

창2:5 들의 모든 초목이 땅이 있기 전이었으며 들의 모든 풀도 자라기 이전이었으니 이는 주 하나님께서 땅 위에 결코 비를 보내지 않았으며 또 땅을 경작할 사람도 결코 없었음이더라

"경작할 사람이 없었다"고 함으로 아담 이전에 사람이 없었던 것이 확실하다.

창2:6 땅에서 샘에 솟아 온 지면을 적시더라

개정성경에는 “안개”로 되어 있지만 70인 역은 안개가 아닌 “샘에 물이 솟아난” 것으로 됨

창2:7 하나님께서 땅의 먼지로 사람을 창조하시고 그의 얼굴에 영생의 호흡의 숨을 내쉬며 넣으시니 사람이 살아 있는 영혼이 되었더라

1) 70인 역에서는 “만드시고” 가 아닌 “창조하시고”로 되어 있고, 또한 “코”가 아닌 “얼굴”로 되어 있고, 영생하는 호흡을 불어넣으신 것으로 되어 있고, 또한 “생령”은 “살아있는 영혼”으로 되어있다. “호흡을 불어넣었다”고 할 때 이 말은 요20:22절의 주님이 “숨을 내쉬며 성령을 받으라” 할 때 쓴 단어로 결국 이 말은 단순히 영혼만 넣은 것이 아닌 “성령도 같이 불어넣었다”는 것이 되는 것이다. 저의 책 “삼위일체와 예수”와 “창세기”와 “영적존재”를 꼭 참고 바랍니다.
2) 요세푸스는 말하길 “하나님께서는 땅으로부터 흙을 취하여 인간을 만드시고 그 안에 영과 혼을 불어넣으셨다” 이렇게 사람을 만든 “흙의 본질은 진실하고 순결하고 깨끗한 흙이었다”라고 말하고 있다.

창2:8 주 하나님께서 농장을 동쪽에 있는 에덴 안에 있는 낙원에 만드시고 그가 창조한 그 사람을 그곳에 두시며

70인에서는 “동산”을 “낙원”으로 말하고, 그 동산이 “식물농장”으로 말하고 있다. 그리고 여호와가 아닌 “퀴리오스” “주님”으로 나온다. 저의 책 “창세기”를 반드시 참고 바랍니다.

창2:9 주 하나님께서 보기에 아름답고 먹기에 좋은 모든 나무를 그 땅에서 돋아나게 하시고 낙원 중앙에는 영생하는 나무와 선한 것을 알고 깨닫게 하는 나무인 악한 나무도 돋아나게 하셨더라

하나님께서 “영생하는 나무와 선악을 알게 하는 나무도 일반나무와 같이 돋아나게 하셨다”라고 되어 있다.

창2:10 강이 에덴에서 흘러나와 그 동산을 적시고 그곳으로부터 갈라져서 네 근원이 되었으니

당시 비가 오지 않고 안개만 있었다고 개정성경에 나오는데 그러면 어떻게 강물이 있었을까? 70인 역에서는 이미 창2:6절에 “샘”이 있었다고 나

오므로 강물이 있을 수 있는 것이다.

창2:11 첫째의 이름은 비손인데 금이 있는 하윌라의 온 땅을 원처럼 돌아 흘렀더라
창2:12 그 땅의 금은 좋았고 그곳에는 석탄과 진주와 녹 보석이 있더라

70인 역에는 "금뿐만 아니라 석탄도 이미 있었다"고 나온다.

창2:13 두 번째 강의 이름은 기혼인데 에디오피아의 온 땅을 원처럼 돌아 흘렀더라
창2:14 세 번째 강의 이름은 티그리스라 그것은 앗시리아 동편으로 흐르더라 네 번째 강은 유프라테스더라
창2:15 주 하나님께서 그 창조하신 사람을 취하여 낙원에 배치하시고 그곳에서 노동하게 하시고 감시하게 하시더라

아담을 에덴동산으로 "이끌어 오게 했다"고 함으로 70인 역에서는 "아담을 에덴에서 창조하지 않은 것으로 나오고 또한 에덴동산에서 아담에게 일하고 마귀를 감시하게 배치했다"고 나오고 있다. 저의 책 "창세기"를 참고해 주세요.

창2:16 주 하나님께서 아담에게 명령하여 말씀하시기를 낙원 안에 있는 모든 나무의 열매는 마음대로 먹되
창2:17 선한 것과 악한 것을 알게 하는 나무로부터 멀리 떨어져 결코 먹지 마라 먹는 날에는 그로부터 분리되고 죽고 죽을 것이라 하시니라

1) 70인 역에서는 "아프"라해서 "떨어져, 분리"라는 전치사를 쓰고 있어 "아예 선악과에 접근도 하지 말라 하고" 있고, 또한 "죽고 죽는다"라고 하며 같은 단어를 반복해서 쓰고 있으므로 강조 용법인 "반드시, 정녕"으로 해석하고 있다.
2) 요세푸스는 선악과에 대하여 말하길 먹는 것을 금지 했을 뿐 아니라 만지기만 해도 파멸하게 될 것이라 말한다. 그러므로 70인 역 번역이 더 정확한 것이다.
3) 요세푸스는 "선악과"를 "지식을 알게 하는 나무"로 해석한다. 그런데 이 "알다"라는 말이 "기노스코"라 되어 있기에 "지식"으로 해석해도 문안하다.
4) 선한 양심(벧전3:16)이란 성경 말씀에 무조건 "아멘"하는 것이지만 선

악을 아는 것은 "아멘" 한 후 "그래도 하나님은 저의 사정을 아시잖아요" 하며 말씀을 합리화하는 것을 말한다. 즉 첫 번째 오는 감동은 선한 양심으로 성령으로부터 와서 아멘 한 것이지만 두 번째 세 번째 오는 생각은 "선악과"를 알아서 온 것이다. 즉 마귀로부터 온 것이다.

창2:18 또 주 하나님께서 말씀하시기를 사람이 혼자 있는 것이 결코 좋지 않으니 내가 그를 위하여 돕는 자를 창조하리라 하시며
창2:19 그리고 하나님께서 땅으로 들의 모든 들짐승과 공중의 모든 새를 창조하시고 아담이 어떻게 그들을 부르는가 보시려고 그들을 아담에게로 데려오시니 아담이 모든 살아 있는 생명을 무엇이라고 부르든지 그것이 그 이름이 되더라

생물이 "프쉬켄 조산"이라 해서 "살아있는 생명"으로 해석되는데 창2:7절의 사람도 역시 같은 단어를 쓰고 있다. 그런데 이 단어를 같이 쓴다고 해도 동식물에 붙이면 이는 "살아있는 혼"으로 해석되고, 사람에게 붙이면 "영혼"이기에 같은 단어지만 다르게 해석된다.

창2:20 아담이 모든 가축과 하늘의 모든 새와 들의 모든 들짐승에게 이름을 주었으나 아담이 그를 닮은 돕는 자는 결코 찾지 못하더라

70인 역에서는 "아담을 닮은 돕는 배필이 없었다"고 함으로, 아마 아담의 다른 배필이 있었을 것이다. 그것이 아마 "천사가 아니면 동물"이었을 것이다. 자신을 닮은 돕는 배필만 없다고 했기 때문이다.

창2:21 하나님께서 아담을 황홀경에 빠지게 하시니 그가 잠드니라 하나님께서 그의 갈비뼈 중에서 하나를 취하시고 살로 대신 거기를 채우시더라

"깊이 잠들다"라는 말을 70인 역에서는 "황홀경에 빠지게 하다"라고 되어 있다.

창2:22 주 하나님께서 남자에게서 취했던 갈비뼈로 여자를 건축하셔서 그녀를 그 남자에게로 인도하시니

"만드시고"가 70인 역에서는 "건축하다"라고 되어 있다. 즉 여자는 갈빗대로 건축했다는 말이다.

창2:23 아담이 말하기를 이는 내 뼈에서 나온 뼈요 내 살로부터 나온 살이니 그녀를 여자라 부르리라 이는 그녀가 남자에게서 취해졌음이라 하니라
창2:24 그러므로 남자가 자기 아버지와 자기 어머니를 버리고 자기 아내와 합하여 둘이 하나의 육체가 될 것임이니라

"떠나라"는 말이 70인 역에서는 "버리고, 포기하고"로 되어 있고, "합하여"라는 말은 "접착제로 붙어서 절대로 떨어지지 말라는 말로 이혼하지 말라"는 말이다.

창2:25 아담과 그의 아내가 둘 다 벌거벗었으나 결코 음란하지 아니하더라

"부끄러워하지 않다"는 말이 70인 역에서는 "음란. 수치. 외설"로 되어 있다.

| 창세기 3 장

창3:1 주 하나님께서 창조하신 땅 위에 모든 짐승보다도 뱀은 더욱 지혜롭더라 그가 여자에게 말하기를 하나님께서 말씀하시기를 너희는 낙원의 모든 나무의 열매를 결코 먹지 말라 하시더냐 하니

1) "간교하더라"라는 말이 70인 역에서는 "더 지혜롭더라"로 되어 있고, 또한 "모든 열매를 먹지 말라 하더냐"라는 말은 "낙원 안에 있는 모든 열매를 먹지 말라"로 되어 있다. 그러나 주님은 모든 열매가 아닌 선악과만 말씀하셨다.
2) 요세푸스는 "뱀이 아담과 그의 아내 이브가 하나님의 명령에 순종하여 행복하게 사는 모습에 질투를 느껴 아담과 이브가 하나님의 명령에 불순종하면 재난을 당할 것을 알고 악의를 품고 하루는 여자에게 지식의 나무는 선과 악을 알게 하며 그 지식을 얻게 될 때 행복한 삶을 누릴 뿐만 아니라 하나님보다 더 높게 될 것이라고 말하면 선악을 알게 하는 나무 열매의 맛을 보라고 유혹하였다"라고 말하고 있다.
3) 요세푸스는 "모든 동물이 말을 할 수 있었는데 아담이 추방되던 날 더 이상 말할 수 없게 짐승들의 입이 닫혀졌다. 짐승들이 입술과 혀로 서로 간에 말했기 때문이었다"라는 말이 부연 설명으로 나오며, 요세푸스는 특히 "뱀의 혀 아래에 독을 넣으셔서 인간과 적이 되게 하셨다"라고 나온다.

창3:2 여자가 그 뱀에게 말하기를 낙원에 있는 나무의 열매는 먹을 수 있으나

"뱀이 여자에게 말하고 여자가 뱀에게 말한 것을" 창조 시에는 뱀과 대화가 가능했다고 하는데 사실은 그렇지 않다. 그러므로 뱀이 이야기할 때 하와는 마귀의 속삭임으로 받았어야 했다. 저의 책 "창세기"를 참고해 주세요

창3:3 낙원 가운데 있는 나무의 열매에 관해서는 하나님께서 말씀하시기를 너희는 그것으로부터 떨어져서 결코 먹지도 말고 결코 터치도 하지 말라 죽지 아니하려거든 하셨느니라 하더라

"만지지도 말라"는 말이 70인 역에서는 만지작거리는 것이 아닌 "터치조차 하지 말라"로 되어 있다. 반드시 죽는다는 말을 "메 아포다네테"라 함

으로 "결코 죽지 아니하려거든"라고 말했다. 이 말은 결국 "죽을까 한다"라는 표현이다. 이렇게 약화했던 것이다.

창3:4 그 뱀이 여자에게 말하기를 결코 반드시 죽지 아니하리라

"반드시"라는 말이 70인 역에서는 "죽음"이라는 말을 두 번 반복해서 쓴다. 이는 강조 용법인데 우리 성경에서는 "반드시 또는 정녕"으로 해석한다. 뱀은 지금 범죄해도 죽지 않을 것을 강력하게 말하고 있다.

창3:5 너희가 그것을 먹는 날에는 너희의 눈이 열리고 너희가 하나님과 같이 되어서 선한 일과 악한 일을 알게 되는 줄을 하나님께서 아심이라 하더라

선과 악에 대하여 알고 싶으면 저의 책 "성경의 진수1.2권"을 참고 바랍니다.

창3:6 여자가 보니 그 나무가 음식으로 아름답게 보였고 눈으로 보기에도 기분 좋게 보였고 현명하게 할 만큼 아름다운 나무인지라 그녀가 그 열매를 취해서 먹고 그녀와 함께한 자기 남편에게도 주니 그가 먹더라
창3:7 이에 그들의 눈이 둘 다 철저하게 열려 그들은 자기들이 벌거벗은 줄 알고 무화과나무 잎을 바느질해서 엮어 자기들의 치마를 만들더라

70인 역에서는 "두 명 다 눈이 밝아졌다"고 나오는데 그것도 "철저하게 열렸다"고 나온다.

창3:8 그들이 해가 지려 할 때에 낙원을 거니시는 주 하나님의 음성을 듣고 두 사람 아담과 그의 아내가 주 하나님의 얼굴로부터 낙원 나무 사이에 숨었더라

개정성경에 "날이 서늘하다" 했는데 만약 서늘하면 감기에 걸려 오래 살지 못한다. 그래서 70인 역은 "일몰 즉 황혼 때라" 되어 있지 날씨가 서늘하다고 되어 있지 않다. 저의 책 "창세기"를 참고 바랍니다.

창3:9 주 하나님께서 아담을 부르시고 그에게 말씀하시기를 네가 어디 있느냐 하시니
창3:10 그가 말하기를 내가 낙원에 거니시는 음성을 들었으나 벌거벗었

으므로 두려워 숨었나이다 하니
창3:11 하나님께서 말씀하시기를 네가 벌거벗었다고 누가 네게 알려 주었더냐 너는 그 나무로부터 결코 떨어지지 않았고 내가 유일하게 결코 먹지 말하고 명령한 그것을 네가 먹었느냐 하시니

70인 역에서는 그냥 나무 열매를 먹지 말라 했지 않느냐로 말하지 않고, "유일하게 먹지 말라 한 것을 먹었다"고 말한다.

창3:12 아담이 말하기를 나와 함께 있도록 주신 그 여자가 나무를 내게 주기에 내가 먹었나이다 하더라

70인 역에서는 "열매"가 아닌 "나무를 주었다"고 나온다.

창3:13 주 하나님께서 여자에게 말씀하시기를 네가 행한 이 일이 어찌 된 것이냐 하시니 그 여자가 말하기를 그 뱀이 나를 속여 내가 먹었나이다 하더라
창3:14 주 하나님께서 그 뱀에게 말씀하시기를 네가 이것을 행하였으니 너는 모든 가축과 들의 모든 짐승보다 저주를 받아 네 가슴과 배로 다닐 것이며 네 평생토록 흙을 먹을지니라

여기서 "생명의 날" 할 때 "조에스"를 쓰고 있지만 이는 "영생이 아닌 생명"을 말한다.

창3:15 내가 너와 여자 사이에 또 네 씨와 그녀의 씨 사이에 원수가 되게 만들 것이니 그녀의 씨인 그는 너의 머리를 강금할 것이요 너는 그 남자의 발꿈치를 강금 할 것이라 하시고

여자의 후손과 남자의 후손에 대한 내용은 저의 책 "삼위일체"를 참고해 주시고 개정성경에서 "상하게 한다"는 말이 "관찰, 강금"으로 되어 있고, 그의 발꿈치 할 때 "그의"가 3인칭 대명사 "그 남자"로 되어 있다.

창3:16 여자에게 말씀하시기를 내가 너의 슬픔과 한숨이 증가하고 증가할 것이며 네가 슬픔으로 자식들을 낳을 것이요 너의 남편은 너를 혐오하게 될 것이며 그리고 그는 너를 통치할 것이니라 하시더라

70인 역에서는 "슬픔과 한숨이 증가할 것이며" 자식을 낳는데 "고통이 아닌 슬픔 가운데 낳을 것이며" 남편은 "아내를 혐오한다"는 것이다.

창3:17 또 하나님께서 아담에게 말씀하시기를 네가 네 아내의 말을 듣고 내가 네게 명하여 말하기를 너는 유일하게 그것을 결코 먹지 말라고 한 그 나무를 먹었으니 너의 그 일로 인해 땅은 저주를 받고 너는 너의 평생 동안 한숨 쉬어야 그 소산을 먹으리라

70인 역에서는 선악과를 유일하게 먹지 말라 한 나무라는 것이다. 그리고 "수고해야"라는 말은 "슬픔과 한숨"으로 되어 있다.

창3:18 땅은 네게 가시나무와 엉겅퀴를 낼 것이요 너는 들의 채소를 먹을 것이며
창3:19 네가 땅으로 돌아갈 때까지 네 얼굴에 땀을 흘려야 빵을 먹으리니 이는 네가 땅에서 취해졌음이라 너는 땅이니 너는 땅으로 돌아갈 것이니라 하시니라
창3:20 아담이 자기 아내의 이름을 생명이라 부르니 이는 그녀가 모든 살아있는 자의 어머니였음이라

70인에서는 "하와"의 이름이 나오지 않고 "조에" 즉 "생명"이라 불렀다.

창3:21 주 하나님께서는 아담과 그 아내에게 가죽으로 옷들을 만들어 그들에게 입히시니라

70인 역에서 "가죽옷을 입혔는데" 그러면 이때 동물이 죽었다. 그런데 이때는 아직 동물을 먹이로 삼던 때가 아니다. 그런데 동물을 죽였음을 볼 때 아마 이 동물은 양이 아닐까 한다. 왜냐하면 지금 아담이 범죄 하자마자 동물을 죽여 그 가죽으로 옷을 만들었기에 예수님을 상징하기에 양이 아닐까 한다.

창3:22 하나님께서 말씀하시기를 보라 이 사람이 우리 중 하나와 같이 되어 선과 악을 알게 되었으니 이제 그가 자기 손으로 영생 나무를 취하여 먹고 영원히 살까 함이라 하시니라

70인 역은 열매를 말하지 않고 나무라고만 되어 있다.

창3:23 주 하나님께서 낙원에서 그를 멀리 내어 보내어 그가 취함을 입은

그 땅에서 일해서 먹게 하시니라
창3:24 이렇게 하나님께서 그 사람을 쫓아내시고 낙원 맞은편인 동편에 그룹천사들을 임명해 회전하는 불 칼을 가지고 영생나무로 가는 길목을 망보게 하시니라

왜 영생하는 열매를 먹지 못하게 했을까? 이는 죽은 상태로 영원히 살면 마귀와 같이 영원히 가망이 없기 때문이다. 자세한 내용은 저의 책 "창세기"와 "성경 보는 안경" 1권과 2권을 참고 주세요.

| 창세기 4 장

창4:1 아담이 그의 아내 유안을 알았더니 그녀가 임신하여 얻음이라는 뜻을 가진 가인을 낳고 말하기를 내가 하나님으로부터 사람을 얻었다 하니라.

70인 역에서는 "이브"라는 이름을 헬라어로 "유안 또는 에반"으로 나오는데 구글 번역기에서는 "이브"로 나온다. 개정성경에서는 고후11:3절에 " 휴안"으로 나오는데 그 뜻은 "하와"로 해석되고 있다. 그러나 70인 역 원어에서는 이브나 하와라는 말로는 한번 도 나오지 않는다. 또한 동침은 " 에그노"로 나오고, 아들을 낳았다고 하는데 "사람을 나았다"고 나온다.

창4:2 그녀가 또 허무라는 뜻을 가진 가인의 동생 아벨을 낳았는데 아벨은 양을 치는 목자였으나 가인은 땅에서 노동하는 자였더라

1) 혹자는 가인과 아벨이 쌍둥이라 하는데 헬라어로 "프로세데켄"이라 해서 "또"라는 말이 있으므로 쌍둥이가 아니고 또한 형제라는 말을 창세기에서는 형제라는 뜻도 있지만 동생이나 형을 말할 때 쓰기도 한다.
2) 요세푸스는 아담에게는 가인과 아벨 외에 딸들이 있었다고 말한다.
3) 요세푸스는 가인과 아벨에 대하여 이렇게 말하고 있다. "차남인 아벨은 공의(의)를 사랑했으며 하나님께서 자신의 모든 행동에 현존하고 계심을 믿었으므로 덕망이 높았고 그의 직업은 목동이었다. 하지만 가인은 다른 면에서 악했을 뿐 아니라 무엇이든지 얻으려고 하는데 골몰해 있었다. 그리고 그는 처음으로 땅을 경작했다."

창4:3 날들이 지난 후에 가인은 그 땅의 열매로 주님께 희생을 드렸고

가인이 드린 제물에 "뒤시안" 즉 "희생"이라는 뜻이 들어 있다. 즉 "가인도 희생"을 드렸다.

창4:4 아벨도 자기 양 떼 가운데서 첫 새끼와 기름을 가져왔더니 하나님께서 아벨과 그의 희생은 주목하셨으나

1) 아벨과 가인은 둘 다 희생 제물을 들였다고 70인 역에는 나오기에 제물의 차이는 없었는데 단지 가인의 제물엔 첫 열매라는 말이 들어가 있

지 않으나 아벨의 제물엔 "첫 새끼"라는 말이 들어 있으므로 결국 제물을 받지 않은 이유가 "초태성"이 아니기 때문이었다. 그래서 본 장 7절을 보면 바른 방법이라고 계속 나온다. 즉 바른 방법인 초태성을 드리지 않은 것이다.
2) 아벨을 죽인 이유에 대하여 요세푸스는 "가인은 땅의 소산물 즉 자신이 직접 경작한 소산물을 가져왔고, 아벨은 기름과 그의 육축의 처음 소산물을 가져왔으나 하나님은 탐욕 많은 인간이 고안해 내어 가져온 것보다는 저절로 자라난 것을 좋아했기 때문에 아벨의 봉헌을 더 기뻐하셨다" 이로 볼 때 결국 제물에 문제가 있어 하나님 가인의 제물은 받지 않은 것이다. 또한 가인의 생활이 악했기에 결국 제물도 받지 않은 것으로 말하고 있다.

창4:5 가인과 그의 제물은 위로 드렸지만 그와 그의 제물은 결코 하나님의 주목을 받지 못하였더라 그러므로 가인이 몹시 서운해 얼굴색이 변하더라
창4:6 주 하나님께서 가인에게 말씀하시기를 네가 어찌하여 심히 서러워하느냐 어찌하여 네 얼굴이 변하느냐
창4:7 네가 바른 방법으로 바친다면 결코 면직을 당하지 않겠지만 네가 바른 방법으로 바치지 아니하면 죄가 기회를 노리고 웅크리고 있느니라 죄짓는 것으로부터 돌아서서 너는 죄를 다스릴지니라 하시니라
창4:8 가인이 그의 동생 아벨에게 말하고 그들이 들에 있을 때 일어나 가인이 그의 동생 아벨에게 가서 그를 살해 하니라
창4:9 하나님께서 가인에게 말씀하시기를 네 동생 아벨이 어디 있느냐 하시니 그가 말하기를 나는 결코 알지 못하나이다 내가 내 동생 대문을 지키는 자니이까 하니
창4:10 하나님께서 말씀하시기를 네가 무엇을 하였느냐 너의 동생의 핏소리가 땅에서부터 내게 큰소리 부르느니라
창4:11 땅이 그 입을 크게 벌려 네 손으로부터 네 동생의 피를 영접했으니 이제 너는 땅으로부터 저주를 받으리라
창4:12 네가 땅에서 노동을 하여도 이제부터는 너에게 결코 그 능력의 기적을 주지 않을 것이요 너는 땅에서 신음하고 공포에 떨며 살게 될 것이니라 하시니라
창4:13 가인이 주께 말씀드리기를 나의 죄가 너무 크니 나의 죄를 사해주소서
창4:14 만일 주께서 오늘 이 지면으로부터 나를 쫓아내시면 내가 주의 얼굴로부터 숨어있게 될 것이니이다 그리하여 내가 땅에서 신음하고 공포에 떨며 살게 되리니 나를 찾는 맹수가 나를 죽이리이다 하니

저의 책 “창세기”를 참고해 주세요. 17절 가인이 아내가 있다고 함으로 이는 또 다른 동생이 있음을 말해 준다. 요세푸스는 나를 만나는 자가 할 때이 만나는 자를 맹수로 말하고 있다. 70인 역에서도 사람이라는 말은 나오지 않고 “파스”로 쓰기에 정확히 누군지는 규명이 안 된다.

창4:15 주 하나님이 그에게 말씀하시기를 결코 그렇게 되지 않을 것이라 가인을 살해하는 모든 것은 칠 배나 마비되는(중풍) 벌을 받으리라 하시고 주 하나님께서 가인에게 표시를 하여 그를 찾는 모든 것이 그를 결코 살해하지 못하게 하시니라

1) 요세푸스는 가인이 회개했기에 가인에게 저주를 내리시지 않고, 가인의 7대 후손을 벌하시기로 했다고 나온다.
2) 요세푸스는 “가인은 그 후 강탈과 폭력으로 많은 재산을 모았고, 가인은 처음에는 술책을 전혀 몰랐지만 살인마가 되고 나서는 술책에 능한 간교한 자가 되었다고 말한다.”

창4:16 가인이 하나님 얼굴로부터 떠나가서 에덴의 맞은편 동쪽 놋 땅에 거주하였더라

그는 하나님을 앞은 떠나지 말고 동네만 떠났어야 하는데 그는 동네와 하나님도 같이 떠났다. 하나님은 “유리하는 자가 되라” 했는데 그는 정착했다. 벌써 말씀을 어기고 있음을 알 수 있다. 히브리어로 놋은 “방황”이라는 뜻을 가지고 있다.

창4:17 가인이 그의 아내를 알았더니 그녀가 임신하여 에녹을 낳은 지라 가인이 성읍을 건축하고 그 성읍의 이름을 자기 아들의 이름을 따라 에녹이라 칭하였더라

이 “성읍”은 우리가 생각하는 큰 성이 아닌 “몇 채의 집”을 의미한다. 자세한 것은 저의 책 “창세기”를 참고해 주세요.

창4:18 에녹이 이랏을 낳고 이랏은 므후야엘을 낳고 므후야엘은 므드사엘을 낳고 므드사엘은 라멕을 낳았더라
창4:19 라멕이 두 아내를 얻었으니 하나의 사람의 이름은 아다요 두 번째의 이름은 실라더라

1) 70인 역에서 부부관계를 "기노스코"로 말하지만 또한 "람바노"라 해서 "영접이라는 것도 부부관계"를 뜻한다.

2) 요세푸스는 라멕은 두 아내를 통해 77명의 자녀를 낳았다고 말한다.

창4:20 아다는 야발을 낳았으니 그는 집에 머무르며 장막에서 가축을 기르는 자들의 아버지가 되었으며

헬라어에서는 "아버지"를 "아버지, 조상"으로 해석한다. 저의 책 "삼위일체"를 참고해 주세요

창4:21 그 남자의 동생 이름은 유발인데 그는 퉁소와 수금으로 노래하는 자들의 조상이 되었으며
창4:22 실라 역시 두발가인을 낳았으니 그는 구리와 철을 두들겨 만드는 자요 두발가인의 누이동생은 나아마였더라
창4:23 라멕이 아내들에게 말하기를 아다와 실라여 나의 소리를 들으라 라멕의 아내들이여 내 말에 귀를 기울이라 나에게 상처를 주어서 내가 사람을 살해했고 나에게 타박상을 주어서 소년을 죽였도다

24절을 보면 가인을 위해 일곱 번 용서해 주셨다면 자신을 위해서는 77번 하나님이 용서할 것이라 했는데 이는 하나님의 참으심을 왜곡하는 꼴인 것이다. 벌을 7배 준다는 것은 7번 용서를 말하는 것이다.

창4:24 가인을 위하여 일곱 배로 벌을 받았다면 라멕을 위해서는 칠십칠 배로다 하였더라
창4:25 아담이 그의 아내 유안을 다시 알았으며 그녀가 임신하여 아들을 낳아 그의 이름을 셋이라 불렀으니 그녀가 셋을 낳고 말하기를 이는 하나님께서 가인이 죽인 아벨을 대신하여 나에게 다른 씨를 주셨다 함이며
창4:26 셋도 아들을 낳았으니 그의 이름을 에노스라 불렀으며 그때부터 사람들이 주 하나님의 이름을 부르며 소망을 가졌더라

| 창세기 5 장

창5:1 이것이 사람 탄생(출생)에 관한 책이라 그 날 하나님께서 아담을 창조하실 때 하나님의 형상대로 그를 창조하시되

창1:27절의 사람과 창2:7절의 아담은 다른 존재라 주장하는 분이 있는데 본 장 1절을 보면 분명히 본 장은 사람탄생에 관한 책으로 그날 아담이 창조되었다고 밝힘으로 창1:27절과 창2:7절의 사람은 같은 사람임을 알 수 있다. 저의 책 "창세기"와 "성경 보는 안경" 1.2권을 참고 바랍니다.

창5:2 그들을 남자와 여자로 창조하셨고 그들이 창조되던 그 날에 그들에게 축복을 주시고 그들의 이름을 아담이라 부르셨느니라

남자와 여자를 창조하시고 사람이라 불렀다고 나오는데 70인 역은 사람이 아닌 아담으로 되어 있다. 다시 말해 창1:27절에 아담을 창조했다는 말이다. 히브리어에서는 사람이 곧 아담이라는 뜻으로 같이 쓰고 있기에 사람과 아담이 구별되지 않지만 헬라어는 사람은 "안드로포스"로 쓰고, 아담은 언제나 아담으로 구별해서 쓴다. 그들 할 때 70인 역은 3인칭 대명사 남성 복수를 쓰고 있다. 즉 이는 아담 안에 하와가 포함되었기에 복수를 쓰는 것이다. 고대 사람들은 언제나 남자 안에 여자를 포함시켜 말하기 때문이다. 자세한 내용은 저의 책 "창세기"와 "영적존재"와 "성경 보는 안경" 1.2권을 참고해 주세요.

창5:3 아담은 이백삼십 세에 자기의 영적 모습을 닮고 자기의 외적 형상을 닮은 아들을 낳아 그의 이름을 셋이라 불렀더라

개정성경에서는 아담이 "백삼 년"에 자녀를 낳은 것으로 되어 있지만 70인 역은 "이백삼십 세"로 나오고, 또한 "셋이 자기의 영적인 모습과 외모"를 닮은 자라고 나온다. 자세한 내용은 저의 책 "창세기"를 참고해 주세요. 또한 "이데아"라 해서 "영적인 형상"을 말하는 말이 창세기에서 본 절에서 딱 한 번 나온다.

창5:4 아담이 셋을 낳은 후 칠백 년을 살면서 아들들과 딸들을 낳았더라

개정성경은 아담이 "팔백 년 동안 자녀를 낳았다"고 나오지만 70인 역은

"칠백 년"으로 나온다. 또한 70인 역에서는 본 장 4절부터 32절까지 9절, 19절만 빼놓고 대부분은 자녀 낳은 나이와 그리고 몇 년까지 자녀를 낳은 나이가 개정성경과 다르게 나온다. 그러나 죽은 나이는 개정성경과 동일하다. 잘 비교하며 읽기 바란다.

창5:5 아담이 살았던 모든 날이 구백삼십 년이었고 그가 죽으니라

아담의 족보를 보면 "낳았고 향수하고 죽었더라"라는 말이 반복해서 나오는데 이는 사단은 결코 죽지 않는다고 했는데 하나님은 정령 죽으리라 한 말씀이 이루어지고 있음을 강조하고 있는 것이다.

창5:6 셋은 이백오 년을 살고 에노스를 낳았으며

개정 성경에서는 셋이 "105세"에 낳은 것으로 되어 있으나 70인 역은 "205세"로 나온다.

창5:7 셋이 에노스를 낳은 후 칠백칠 년을 살며 딸들을 낳았더라

70인 역에서는 다른 모든 자녀는 몇 년을 살며 아들들과 딸들을 낳았다고 나오는데 셋만 에노스 이후에 아들을 낳지 못하고 딸들만 낳았다고 나온다.

창5:8 셋이 살았던 모든 날이 구백십이 년이었고 그가 죽으니라

개정 성경과 같이 70인 역도 912세로 나온다.

창5:9 에노스는 구십 년을 살고 게난을 낳았으며

70인 역도 역시 90세로 나온다.

창5:10 에노스는 게난을 낳은 후 칠백십오 년을 살면서 아들들과 딸들을 낳았더라

개정 성경에는 "815년"으로 나오나 70인 역은 "715년"으로 나온다.

창5:11 에노스가 살았던 모든 날이 구백오 년이었고 그가 죽으니라

70인 역도 905세로 나온다.

창5:12 게난은 백칠십 년을 살고 마할랄렐을 낳았고

개정 성경은 "70세"로 나오지만 70인 역은 "170세"로 나온다.

창5:13 게난은 마할랄렐을 낳은 후 칠백사십 년을 살면서 아들들과 딸들을 낳았으며

개정성경은 "840년"으로 나오지만 70인 역은 "740년"으로 나온다.

창5:14 게난의 모든 날이 구백십 년이었고 그가 죽으니라

70인 역도 "910세"로 나온다.

창5:15 마할랄렐은 백육십오 년을 살고 야렛을 낳았고

개정성경은 "65세"로 나오지만 70인 역은 "165세"로 나온다.

창5:16 마할랄렐은 야렛을 낳은 후 칠백 년을 살면서 아들들과 딸들을 낳았으며

개정성경은 "830년"인데 70인 역은 "700년"으로 나온다.

창5:17 마할랄렐의 모든 날들이 팔백구십오 년이었고 그가 죽으니라

70인 역도 895세로 나온다.

창5:18 야렛은 일백육십이 년을 살고 에녹을 낳았고

70인 역도 162세로 나온다.

창5:19 야렛은 에녹을 낳은 후 팔백 년을 살면서 아들들과 딸들을 낳았

으며

70인과 개정 성경이 동일하게 800년으로 나온다.

창5:20 야렛의 모든 날이 구백육십이 년이었고 그가 죽으니라

70인 역과 개정 성경 모두 962세로 나온다.

창5:21 에녹은 백육십오 년을 살고 므두셀라를 낳았고

개정 성경은 "65세"로 나오지만 70인 역은 "165세"로 나온다. 그런데 므두셀라라는 뜻이 "창 던지는 자"란 뜻을 가지고 있으므로 아마 므두셀라는 사냥을 좋아했던 것 같다. 이렇게 들판을 쏘다니며 운동을 했기에 아마 가장 장수하지 않았나 싶다.

창5:22 에녹은 므두셀라를 낳은 후 이백 년을 하나님을 매우 기쁘게 하며 아들들과 딸들을 낳았으며

개정성경은 300년 동행했다고 나오지만 70인 역은 200년으로 나오고, 또한 동행이라는 말이 "매우 기쁘게 하다"라는 뜻으로 200년을 하나님을 매우 기쁘게 하며 자녀를 낳았다. 히브리어에서 "동행은 함께 산책하는 것"을 말한다. 이렇게 부모가 하나님을 매우 기쁘게 하자 아들인 므두셀라가 복을 받아 가장 장수했다.

창5:23 에녹의 모든 날이 삼백육십오 년이었으며

개정성경과 70인 역 모두 365년으로 나옴

창5:24 에녹이 하나님을 매우 기쁘게 하자 결코 볼 수 없었더라 이는 하나님께서 그를 운송하셨음이라

70인 역에서는 동행을 매우 기쁘게 하다라고 해석하는데 이는 에녹에 관한 유대 전승마다 나타나는 어구로 에녹이 하나님을 기쁘시게 한 자임을 나타내고 있다(시락의 교회서 44:16, 지혜서 4:10,14). 그러므로 70인 역 해석이 더 정확한 것이다. 저의 책 "창세기"를 참고해 주세요. "동행했다"라는 말의 히브리어적 뜻은 "에녹이 하나님과 함께 걸었다"라고 되어 있다.

창5:25 므두셀라는 일백육십칠 년을 살고 라멕을 낳았고

개정성경은 므두셀라가 "187세"에 라멕을 낳은 것으로 되어 있으나 70인 역은 "167로" 나온다.

창5:26 므두셀라는 라멕을 낳은 후에 팔백이 년을 살면서 아들들과 딸들을 낳았으며

개정 성경은 "782년"으로 나오지만 70인 역은 "802년"으로 나온다.

창5:27 그 므두셀라의 모든 날이 구백육십구 년이었고 그가 죽으니라

개정 성경과 70인 역 모두 므두셀라가 969세를 살고 죽었다고 나옴

창5:28 라멕은 일백팔십팔 년을 살고 한 아들을 낳았으니

개정 성경에는 라멕이 "182세"에 세 아들을 낳은 것으로 나오지만 70인 역은 "188세"에 아들을 하나 낳은 것으로 나온다. "휘온"은 막14:62절을 보면 예수님 당신을 말할 때 "인자"라 했는데 그 인자를 말하는 말로 나온다. 그러므로 이는 "하나"를 말하는 아들이지 쌍둥이를 말하는 것이 아니다.

창5:29 그의 이름을 노아라 부르고 말하기를 이 아이는 주 하나님께서 저주하셨던 땅으로 인한 우리의 노역과 우리의 손의 슬픔으로부터 우리를 안식하게 할 것이라 하더라

종합해 볼 때 아담이 쫓겨난 후 그 이후의 삶이 아마 오늘날의 삶과 비슷했던 것 같다. 하나님이 땅을 저주한 후 사람들은 육체적 정신적으로 아주 심판 고통을 당했기 때문이다. 노아의 히브리어적 뜻은 "쉼"이다.

창5:30 라멕이 노아를 낳은 후 오백육십오 년을 살면서 아들들과 딸들을 낳았으며

개정 성경은 "595년"을 말하지만 70인 역은 "565년"으로 나온다.

창5:31 라멕의 모든 날이 칠백오십삼 년이었고 그가 죽으니라

1) 라멕이 "777세"로 죽었다고 나오지만 70인 역은 "753년"으로 나온다.
2) 라멕은 홍수 나기 5년 전에 죽었고, 그의 아버지 므두셀라보다 5년 앞서 죽었다. 그래서 라멕은 최초로 아버지보다 먼저 죽은 자가 되었다.

창5:32 노아가 오백 세가 되었을 때 노아는 세 아들 셈과 함과 야벳을 낳았더라.

셋을 시조로 한 족보(6-31절)는 일단락되고, 노아의 세 아들이 새로운 족속의 시조로 역사 전면에 등장, 향후 전개될 구속사를 이끌어 가게 될 것을 시사하고 있는 구절이다.

| 창세기 6 장

창6:1 사람들이 땅 위에 많아지기 시작하고 그들에게서 딸들이 나니
창6:2 하나님의 아들들이 사람들의 딸들이 아름다운 것을 보고 그들이 택한 모든 자를 아내들로 취하였느니라

1) "하나님의 아들들"에 대하여 유대 랍비들은 "고관대작(귀족)의 아들들"을 말한다고 하나 이는 "셋 계통의 경건한 아들"을 말하는 것이다. 만약 이들이 "천사"라고 하면 이후 인류의 타락은 "천사의 타락이 되는 것이지 사람의 타락이 될 수 없다". 왜냐하면 사람과 천사가 결혼하면 영적 존재인 천사가 태어나기 때문이다. 또한 사람의 딸들도 역시 지체 낮은 천민 계통의 딸들을 말하는 것이 아니라 가인 계통의 후손을 말하는 것이다. 저의 책 "창세기"와 "영적존재"를 참고해 주세요.
2) 욥기1:6, 욥38:7절의 "하나님의 아들들" 할 때 아들들을 70인 역에서는 "앙겔로스"인 천사로 되어 있지만 본 절에서 하나님의 아들들은 "휘오스"인 하나님의 아들인 예수나 사람의 아들을 말하는 말이기 때문이다. 그런데 예수님은 한 분이기에 단수이지 복수가 될 수 없으므로 본 절의 "하나님의 아들들은 사람의 아들들"을 말하는 것이다.

창6:3 주께서 말씀하시기를 나의 성령이 영원히 사람 속에서 결코 살지 아니하리니 이는 그들이 죄의 속성을 가진 육체 되기 때문이라 그러나 그들의 날들이 일백이십 년이 되리라 하시니라

나의 영을 70인 역에서는 "프뉴마 무"인 "성령"을 말하고 있고, 또한 창2:7절에서 "호흡을 불어 넣었다" 할 때 쓰인 "에넵휘세센" 요20:22절에 제자들에게 "숨을 내쉬며 성령을 받으라"는 말과 같은 말이다. 그러므로 본 절과 창2:7절을 유추해서 볼 때 창2:7절 우리 영혼을 불어넣을 때 동시에 성령도 넣었던 것이다. 그런데 이젠 그 성령을 거둔다는 것이다. 자세한 내용은 저의 책 "창세기"를 참고해 주세요.

창6:4 그 당시에 땅에는 거인들이 있었고 그 후에도 있었으니 하나님의 아들들이 사람의 딸들에게 들어와 그들에게 자식들을 낳았으니 그들은 옛날부터 거인들로 유명한 사람들이었더라

"네피림"을 70인 역에서는 "기간테스"라 해서 "장부. 거인. 장성. 장성한 남자. 용사"로 보고 있지 네피림을 타락한 천사나 혹은 천사와 인간 사이의 혼혈족으로 보지 않고, 단순히 그 신체적 특성상 장부가 거인으로 불릴 수 있는 일단의 사람 혹은 족속을 가리키는 말로 보았다. 여기서 한 걸음 더 나아가 그 신체적 특징과 더불어 도덕적 특성까지 암시하고 있는 것으로 보고 있는데 대체로 "훼방꾼, 무법자, 난폭꾼, 가해자"등의 속성을 가진 것으로 이해하고 있다. 따라서 합리적으로 종합하면 노아 당시의 '네피림'이란 "장정(힘센 청년)"이라 할 정도의 힘과 신체를 지닌 폭군들 내지는 "침략자들" 정도의 뜻으로 쓰이고 있다. 이들이 고대에 유명한 자들이라 하며, 고대라 함으로 노아 홍수 이전 아주 오래전부터 이 거인들이 등장했던 것 같다. 저의 책 "창세기"를 참고해 주세요.

창6:5 주 하나님께서 사람의 악함이 땅 위에 가득 참과 그 마음의 생각의 모든 계획이 모든 날에 악을 행하기 위하여 부지런함을 보시고

여기서 "뜻"이란 말의 "디아노에이타이"는 "골똘히 생각하는 깊은 생각"이란 뜻을 가지고 있다. 즉 그들은 죄악을 행하는 데 있어 우발적인 범죄가 아닌 깊이 묵상을 해서 결국 하나님을 괴롭힐 양상으로 죄악을 범했던 것이다.

창6:6 하나님께서 땅 위에 사람을 창조하셨음을 기억하사 숙고하시고

70인 역에서는 "근심"이라는 말이 나오지 않고 "숙고"로 나온다.

창6:7 하나님께서 말씀하시기를 내가 창조한 사람을 그 땅 지면에서 삭제하리니 사람과 가축과 파충류와 공중의 새들이라 이는 내가 그들을 창조했음을 기억함이라 하시니라

창조한 사람들이 본 장 2절에 하나님의 아들들이라 했는데 그들이 천사들이 아닌 사람이라는 증거가 본 절에 보면 2절의 "그 사람들을 삭제해 버린다"고 했기 때문이다. 만약 그들이 천사들이면 천사는 죽일 수 없는 존재이기에 천사가 아닌 사람들이다. 저의 책 "영적존재"라는 책을 보시길 바랍니다.

창6:8 그러나 노아는 주 하나님의 면전에서 은혜를 찾았더라

히브리어적 뜻은 "노아가 여호와의 눈에서 은혜를 발견했다"라고 되어 있다.

창6:9 이것이 노아의 계보니라 노아는 의인이요 그 당대에 완전한 사람이었으며 하나님을 기쁘게 하였더라

1) 노아가 의인이라 할 때 그는 의로운 일을 해서 의로운 자가 아닌 "칭의에 의해 의롭다는 칭호를 받았다"는 것이다. 그래서 "디카이오쉬네"가 아닌 "디카이오스"를 쓰고 있고. 노아의 의로움은 절대적으로 의로운 자라는 뜻이 아니라 그 시대와 비교할 때 상대적으로 의로운 자라는 것이다.
2) 동행했다는 말이 "유에레스테센"이라 해서 이는 "하나님을 기쁘게 하셨다"는 말이다. 즉 하나님을 기쁘시게 하는 것이 바로 동행이라는 뜻이다.

창6:10 노아가 세 아들을 낳았으니 셈과 함과 야벳이라
창6:11 땅도 하나님 앞에 부패하였으니 땅이 사악함으로 가득하였더라
창6:12 주 하나님께서 땅을 보신즉 부패하였으니 이는 땅 위에 있는 모든 사람의 육체적 생활습관이 부패함이었더라
창6:13 하나님께서 노아에게 말씀하시기를 모든 사람의 종말 때가 내 앞에 이르렀으니 이는 그들로부터의 사악함이 가득 찼음이라 보라 내가 그들과 땅을 멸망시키리라
창6:14 그때에 너 자신을 위하여 네모나게 나무로 방주를 만들어라 그 방주 안에 작은방들을 만들고 아스팔트로 그 안과 밖을 칠하라

히브리어에서 이 "나무"를 "고페르 나무 즉 잣나무"로 나오지만 70인 역에서는 "그냥 나무로만 나오고, 역청은 아스팔트로 칠하라"고 나온다.

창6:15 너는 이와 같이 방주를 만들어라 방주의 길이가 삼백 큐빗이요 너비가 오십 큐빗이며 높이가 삼십 큐빗이니라
창6:16 방주에다 창문을 많이 만들되 위로부터 한 큐빗 되는 곳에서 내고 또 방주의 문은 측면에 내고 아래층 이 층 삼 층으로 만들지니라
창6:17 보라 내가 땅 위에 물로 홍수를 일으켜 죄를 문책하리니 생명이 있어 호흡하는 모든 육체를 전부 멸망시키리니 무릇 하늘 아래로부터 땅에 있는 것은 무엇이든지 반드시 죽으리라

"생명의 기운이 있는" 할 때 70인 역은 "프뉴마 조에스"라 해서 "생명의 영"으로 해석하고 있는데 계11:11절에서는 "프뉴마 조에스"를 생기 즉 "

성령"으로 해석하고 있다. 그러므로 본 절에서는 "생명의 영이 있는" 것으로 해석해야 맞는데 저는 "생명이 있어 호흡"하는 것으로 해석했다. 왜냐하면 "프뉴마 조에스"가 사람을 포함한 동물을 말하기에 "생명의 영이 있는" 것으로 해석하면 오히려 혼돈을 주어 동물도 영이 있는 것으로 생각할 수 있기에 "생명이 있어 호흡"하는 것으로 해석했다. "프뉴마 조에스" 이렇게 사람과 동물을 포함하는 말이기에 사람을 대표로 해서 "프뉴마" 영을 쓴 것이지, 적당한 표현은 "프노엔(호흡) 조에스(생명)"으로 창 7:22에서는 "생명의 기운"할때 본 절과 똑 같은 말을 "프노엔(호흡) 조에스(생명)"이라 해서 "생명이 있어 호흡하는"으로 바르게 해석하고 있다.

창6:18 그러나 내가 너와는 내 계약을 세우리니 너는 네 아들들과 네 아내와 네 아들들의 아내들과 함께 방주로 들어올지니라

히브리어에서 언약인 "베리트"라는 말은 "위반 시 죽음 및 관계단절을 동반하는 엄정한 약속, 계약"을 말한다.

창6:19 모든 육체를 가진 가축과 파충류와 들짐승을 방주 안에 둘씩 데리고 들어가 너와 함께 양육할지니 그들은 수컷과 암컷이 되리라
창6:20 모든 독수리와 새를 그 종류대로 모든 가축을 그 종류대로 땅에 기어 다니는 모든 파충류를 그 종류대로 수컷과 암컷이 둘씩 네게로 모두 들어오리니 너와 함께 기르라
창6:21 너는 이제 너 자신을 위해 음식이 될 만 것들을 가져다가 네게로 모으라 그것이 너와 그것들에게 먹을 것이 되리라 하시니라
창6:22 노아가 모든 것을 만들었으니 주 하나님께서 그에게 명하신 모든 것을 그대로 행하였더라.

ㅣ창세기 7 장

창7:1 주 하나님께서 노아에게 말씀하시기를 너와 네 온 집안은 방주로 들어오라 네가 이 시대에서 나의 면전에서의 의로운 것을 내가 보았음이니라

노아의 의로움은 우리와 같이 예수님의 보혈을 통한 칭의적 의로움이 아닌 그 시대 사람과 비교할 때 의로웠다는 말이다.

창7:2 너는 모든 정결한 짐승을 수컷과 암컷 일곱 쌍씩 정결하지 않은 짐승은 수컷과 암컷 둘을 네게로 데리고 들러가라

당시 율법이 주어지지 않았기에 어떻게 정결한지 부정한지 나누었는지는 의문이다. 칼빈은 7마리로 해석하지만 70인 역은 "7쌍"으로 되어 있다.

창7:3 하늘의 새도 정결한 것은 수컷과 암컷을 일곱 쌍씩 데리고 들어가고 정결하지 못한 것은 암수 두 쌍씩 데리고 들어가 온 땅에 그 씨로 번식하게 하라

개정성경엔 "정결한 새만 7쌍씩을 데리고 들어가라"고 되어 있지만 70인 역에는 "부정한 새도 둘씩 데리고 들어가라"하고 있다.

창7:4 이제 칠일 이후에 내가 사십일 낮과 사십일 밤 동안 땅 위에 소나기를 내려 그 땅의 얼굴로부터 행해 모든 부활한 것들의 더러움을 없애리라 하시니라

개정성경에는 "7일이 되면"으로 나오지만 70인 역은 "7일 이후"라고 나오는데, 10절에 7일 후에라고 나오므로 70인 역 해석이 정확하고, 또한 "비"는 그냥 비가 아닌 "소나기"로 나오고, "모든 살아있는 생물은 부활"로 나온다. 또한 "지면"은 "땅의 얼굴"로 나온다.

창7:5 노아가 주 하나님께서 자기에게 명하신 대로 모두 행하였더라
창7:6 물로 인한 홍수가 땅에 있었을 때 노아는 육백 세라
창7:7 홍수의 물들 때문에 노아가 자기 아들들과 아내와 자기 아들들의 아내들과 함께 방주로 들어갔고

창4:19절로 볼 때 노아시대 축첩이 만연하였는데 노아의 가족만 일부일처제로 산 것으로 볼 때 이들은 당시 시대에서는 의인이었다. 저의 책 "성경의 진수" 1.2"과 "성막"과 "침례"라는 책을 꼭 읽어 보시길 바랍니다.

창7:8 정결한 가축들과 결코 정결하지 않은 가축들과 새들과 땅에 기는 모든 파충류로부터
창7:9 수컷과 암컷 둘씩 쌍쌍이 방주 안에 노아에게 들어갔으니 하나님께서 그에게 명하셨던 대로더라
창7:10 칠 일 후가 되었을 때 땅 위에 홍수의 물들이 있었더라
창7:11 노아의 생명이 육백세 되던 해 둘째 달 그달 십칠일 그 날에 무저갱의 모든 샘이 갈라지고 하늘이 열리고 폭포가 쏟아졌더라

개정성경에서 "깊음의 샘물이 터졌다"고 하는데 70인 역에서는 이 샘물이 "무저갱의 샘물"로 말하고 있고, 또한 "하늘의 창들이 열렸다"는 말은 "하늘문"이 열렸다는 말인데, 히브리인들은 "하늘문"이 열리는 것을 실제 상황으로 보아 두 번째 하늘인 대기권에서 천국까지 금속판으로 되어 있는데, 이 금속판 밑을 우주로 보았고, 이 금속판 위를 천국의 경계로 보았다. 계4:1절과 겔47:8절도 그렇게 말하고 있다. 그러므로 여기서 하늘이 열리고 비가 왔다는 것은 바로 천국 경계에 있는 물이 비로 왔다는 말인데, 그 물이 폭포처럼 내렸다는 것이다. 이곳에 있는 물을 유대인들은 물의 창고로 보았다. 즉 물을 보관하는 창고로 본 것이다. 이 부분의 상세한 내용은 저의 책 "다가온 종말론"과 "창세기"와 "영적존재"와 앞으로 나올 계시록에 잘 기록돼 있습니다.

창7:12 소나기가 땅에 사십일 낮과 사십일 밤을 내렸더라
창7:13 곧 그 날 노아와 그의 아들 셈과 함과 야벳과 노아의 아내와 노아의 아들과 그 아들들의 세 아내가 그들과 함께 방주로 들어가니라
창7:14 그들과 모든 들짐승이 그 종류대로 모든 가축이 그의 종류대로 땅 위를 움직이는 모든 파충류가 그 종류대로 모든 새 즉 각종 새가 그 종류대로
창7:15 생명의 호흡이 있는 모든 육체는 둘씩 쌍쌍이 방주 안 노아에게 들어가니라

"생명의 기운이" 있는 할 때 70인 역은 "프뉴마 조에스"라 해서 "생명의 영"으로 해석하고 있는데, 계11:11절에서는 "프뉴마 조에스"를 생기 즉 성령으로 해석하고 있다. 그러므로 본 절에서는 "생명의 영이 있는"으로 해석해야 맞는데, 저는 "생명이 있어 호흡"하는 으로 해석했다. 왜냐하면 "프뉴마 조에스"가 사람을 포함한 동물을 말하기에 "생명의 영이 있는" 으로 해석하면 오히려 혼돈을 주어 동물도 영이 있는 것으로 생각할 수 있기에 "생명이 있어 호흡"하는 으로 해석했다. "프뉴마 조에스" 이렇게 사람과 동물을 포함하는 말이기에 사람을 대표로 해서 "프뉴마" 영을 쓴 것이지 적당한 표현은 "프노엔(호흡) 조에스(생명)"으로 창7:22에서는 "생명의 기운" 할 때 본 절과 똑같은 말을 "프노엔(호흡) 조에스(생명)"이라 해서 "생명이 있어 호흡하는"으로 바르게 해석하고 있다.

창7:16 들어간 것들은 모든 육체의 수컷과 암컷이라 하나님께서 노아에게 명하신 대로 들어가니 주 하나님께서 그를 안에 넣고 방주 밖에서 닫으시니라
창7:17 땅에 홍수가 사십일 동안 있은 지라 물이 많아져서 방주를 들어 올리니 방주가 땅 위로 들리더라
창7:18 물이 창일 해서 땅 위에 몹시 많아지니 방주가 물 위를 떠다니더라
창7:19 물이 땅 위에 몹시 창일하매 모든 하늘 아래 높은 모든 산이 잠겼더라

일부 "침수설"을 주장하는 사람들이 있는데 70인 역은 "천하의"라는 말을 모든 하늘 아래라 하여 "하늘 밑"까지 물이 찼다고 말하고 있다.

창7:20 물이 십오 큐빗 높이로 오른지라 높은 산들 모두가 잠겼고

세상에서 가장 높은 산에서 15규빗인 7m나 더 높이 잠겼다고 한다.

창7:21 땅에서 움직이는 모든 육체가 죽었으니 곧 새와 가축과 짐승과 땅 위에서 움직이는 모든 파충류와 모든 사람이라
창7:22 마른 땅에 있는 모든 것 중에서 생명의 호흡을 하던 모든 것은 죽었더라
창7:23 땅 위 지면에 있는 모든 것을 완전히 쓸어버렸으니 곧 사람으로부터 가축과 파충류와 하늘의 새들이라 이들은 땅에서 쓸어버렸으나 유일하게 노아와 그와 함께 방주에 있던 자들만 보존하였더라
창7:24 물이 일백오십일 동안 땅 위에서 넘치더라

| 창세기 8 장

창8:1 하나님께서는 노아와 그와 함께 방주 안에 있는 모든 들짐승과 가축과 새와 파충류를 기억하사 하나님의 성령께서 그 물들을 그치게 하시고 감소시키셨더라

창1:2절에서 하나님의 영인 성령이 천지창조를 주도한 것 같이 본 절을 보면 물들을 줄어들게 하고 그치게 하는 일을 성령께서 하셨다고 하고 있다. 그래서 하나님의 바람을 "데오스 프뉴마"라 해서 "성령"으로 말하고 있다.

창8:2 무저갱의 샘들과 하늘의 폭포를 숨기시고 하늘에서 내리던 소나기도 규제하시니
창8:3 물이 땅에서 움직여 굴복하고 일백오십일이 지난 후에 물이 줄어들어 굴복해서
창8:4 칠월 곧 그달 십칠 일에 방주는 아라랏 산 위에 주저앉았더라

요세푸스는 방주가 안착한 장소엔 요세푸스 때까지 유물이 있었다고 한다.

창8:5 물이 움직여 시월까지 줄어들어 십일월 곧 그달 첫째 날 산의 머리가 보였더라

70인 역은 10월달까지 물이 감해지고 10월달이 아닌 11월달에 아라랏산 봉우리가 보였다고 나온다.

창8:6 사십일 후에 되었을 때 노아가 자기가 만든 방주의 창문을 열고
창8:7 물이 줄었는지 보려고 까마귀를 내보냈더니 땅에서 물이 마를 때까지 까마귀가 나가서 결코 돌아오지 않았더라

"물이 줄었는지 보려고"라는 말은 70인 역에서만 나오는 내용이다.

창8:8 그가 또 비둘기를 내보내어 물이 지면에서 줄어들었는가를 알고자 하더라

창8:9 그러나 비둘기가 온 지면에 물이 있으므로 발로 앉을 자리를 찾지 못하고 방주에 있는 노아에게로 돌아왔더라 그때에 그가 손을 내밀어 비둘기를 붙잡아 방주 안으로 자기에게 잡아들이더라
창8:10 그가 또 칠 일을 기다리다가 다시 방주에서 비둘기를 내보냈더니
창8:11 그 비둘기가 저녁때 그에게로 돌아왔는데 그 입에 감람나무 나뭇가지 잎을 가지고 있는지라 이에 노아가 땅에서 물이 줄어든 줄 알았더라

성경에서 저녁은 절망을 나타내는 단어임으로 저녁에 돌아왔다는 것은 결국 절망 가운데 희망이 노아에게 보였다는 것이다. 또한 홍수로 말미암아 모든 생물이 멸절된 중에(창7:22) 감람나무가 살아 있었다는 것은 당시 홍수에 나무들이 잠겼을 때 모든 나무가 죽은 것이 아니라 일부는 살아남았음을 알 수 있고, 또한 씨가 땅속에 있다 발아해서 오늘날의 숲을 이루었다는 것이다.

창8:12 또 칠 일을 기다렸다가 비둘기를 다시 내보냈더니 그 이후로 그의 옆자리로 결코 돌아오지 아니하였더라
창8:13 노아의 나이 육백일 년이 되던 해 첫째 달 그달 첫날에 물이 땅에서 소멸된 지라 노아가 그가 만든 방주의 덮개를 벗기고 보니 그 땅 지면에서 물이 소멸되었더라

때는 601년 1월 1일이므로 이때는 홍수가 발생한 지 314일째 되던 날이다. 약 10개월이 약간 넘었는데 이때는 산봉우리의 물이 마른 것을 말하고, 14절은 대지 즉 땅의 물이 마른 것을 말하는데, 무려 그 기간은 370일이 되었다고 한다. 그러므로 홍수 후 물에 잠긴 기간이 약 1년이 넘었던 것이다. 또한 70인 역에서는 땅에서 "물이 마른 것"을 "소멸되었다"라고 표현하고 있다. 또한 70인 역에서 지면은 모두 얼굴로 되어 있다. 그러나 이해하기 쉽게 지면으로 해석한다.

창8:14 둘째 달 그달 십칠 일에 땅이 건조되었더라

개정성경에는 그달 27일로 나오지만 70인 역은 그날 17일로 나온다. 그리고 말랐다는 말을 건조했다는 말로 나온다.

창8:15 주 하나님께서 노아에게 말씀하여 이르시되
창8:16 너는 네 아내와 네 아들들과 네 아들들의 아내들과 함께 방주에서 나가서

창8:17 너와 함께한 모든 육체의 들짐승들 즉 새와 가축과 땅 위에 움직이는 모든 파충류를 이끌어 내라 그들이 다산해서 그 땅 위에서 번성하리라 하시더라
창8:18 노아가 자기 아들들과 자기 아내와 자기 아들들의 아내들과 함께 나오고
창8:19 모든 들짐승과 모든 가축과 모든 새와 땅에서 움직이는 모든 파충류가 그 종류대로 방주에서 나갔더라

여기서 "각 종류대로 나왔다"는 말은 각 "종"대로 나왔다는 말이다

창8:20 노아가 하나님께 번제단을 쌓고 모든 정결한 가축과 모든 정결한 새 가운데서 취하여 번제단 위에서 번제를 드리더라

우리는 번제가 모세로 말미암아 온 것으로 아는데 사실은 모세로 말미암은 것이 아니라 노아가 이렇게 번제를 드릴 정도였다면 이는 아담 때부터 계속 번제 드리는 형식이 내려왔기 때문에 자연스럽게 드린 것이다. 그래서 아담이 죄를 범했을 때 가죽옷을 입혔고, 아벨은 첫 새끼를 드렸다. 이는 동물을 죽이는 것이 허락되지 않았을 때 드려진 것을 의미한다. 그러므로 번제는 특별한 제사였고 율법 이전인 아담 때부터 존재했던 것이다. 마치 십일조가 율법으로 말미암은 것이 아닌 아브람으로 말미암은 것 같이 말이다.

창8:21 주 하나님께서 단맛 나는 냄새를 맡으시고 주 하나님께서 그 생각으로 말씀하시기를 내가 이후에 더 이상 사람의 행위로 인하여 땅을 저주하지 않으리니 이는 사람의 마음의 계획이 어려서부터 악을 행하는데 부지런함이라 내가 다시는 내가 행한 것과 같이 살아 있는 모든 것을 추가해서 때리지 아니하리라

"멸하지 않는다는" 말이 70인 역에는 "추가해서 때리지 않는다"고 되어 있다. 또한 "번제"를 70인 역에서는 "단맛 나는 냄새"로 말하고 있다.

창8:22 땅이 있는 동안에는 씨 뿌리는 시기와 추수하는 시기와 추위와 열기와 여름과 봄과 낮과 밤이 결코 휴식하지 아니하리라 하시더라

I 창세기 9 장

창9:1 하나님께서 노아와 그의 아들들에게 축복을 주시며 그들에게 말씀하시기를 다산하고 번성하여 땅에 가득 채우라

창1:28절의 복을 노아의 가족에게 위임했다. 또한 성경에서 "생육하고 번성"하라는 말이 "다산하여 번식하라"는 뜻으로 되어 있는데 이는 언약의 백성 즉 하나님 백성의 번성을 설명하는 데 사용되었다.

창9:2 너희를 두려워하고 무서워함이 땅의 모든 들짐승과 하늘의 모든 새와 땅 위에서 움직이는 모든 것들과 바다의 모든 고기에게 미치리니 그들이 너희 손아래에 넘겨졌음이라
창9:3 기어서 움직이는 모든 것으로 너희가 살게 될 것이라 내가 모든 것을 푸른 채소같이 너희에게 주었느니라

히브리인들은 죽은 것은 부정하기에 산 것 즉 기어 다니는 것을 먹으라 했는데, 이것이 인간에게 처음으로 허락된 육식이다. 70인은 "먹으라고 되어 있지 않고 살으라"로 되어 있다.
율법에는 부정한 동물들은 먹지 말라 했는데 70인 역은 "엘페톤"이라 해서 "기어다는 것은 어떤 것 즉 파충류까지 먹어도 된다"고 나오고 있다. 즉 부정한 것은 안된다는 규정이 나오지 않고 있다.

창9:4 그러나 생명의 피가 있는 피는 결코 먹지 말지니라

"피를 먹지 말라" 한 이유는 생명체가 일정량 이상의 피를 흘리면 죽게 되는 것을 볼 때 생명이 피와 연관된 것은 사실이다. 그러므로 성경은 피를 생명과 동일시 하고, 더 나아가 영혼이 거하는 처소로까지 묘사한다(레17:11, 14).

창9:5 왜냐하면 너희에게 속한 생명의 피를 너희에게 찾으리니 모든 짐승의 손에서도 그것을 찾을 것이며 모든 사람 형제의 손에서도 그 사람의 생명을 찾으리라
창9:6 사람의 피를 흘리는 사람은 그 사람의 피도 흘려지게 되리니 왜냐하면 이는 하나님의 형상대로 사람을 창조하셨음이라

이 "형상"은 "에이콘"이라 해서 "실제 겉모습"을 말하는 것이다.

창9:7 너희는 다산하고 번식하며 땅을 가득 채워 그 땅 위에서 번식하라 하시더라

다산을 재차 당부함으로 산아제한이나 피임이나 정관 수술은 결국 하나님의 명령을 어기는 것이 되는 것이다.

창9:8 또 하나님께서 노아와 그와 함께한 그의 아들들에게 일러 말씀하시기를
창9:9 보라 내가 내 계약을 나와 너와 너희와 함께한 너희 씨와

본 절은 노아와 세운 언약으로 행위 언약 안에서 은혜언약이 강하게 나타난다. 일방적으로 하나님이 지금 은혜를 베풀기 때문이다. 그래서 아담과 세운 언약은 행위 언약이지만 노아와 세운 언약은 은혜언약이라 한다.

창9:10 너희와 함께한 모든 살아있는 생명 곧 새와 가축과 너희와 함께한 땅의 모든 짐승과 세우리니 방주에서 나온 모든 것에게니라

9절의 은혜언약의 대상이 사람뿐만 아니라 그 대상이 사람과 동식물 모두를 포함하고 있다. 이 언약은 저의 책 "성경 보는 안경" 1.2권에 잘 나와 있습니다.

창9:11 내가 너희와 내 계약을 세우리니 이후에는 모든 육체가 홍수로 인한 물로 죽지 않을 것이며 또 땅 모두를 전부 멸망시킬 물의 홍수가 이후에는 결코 있지 아니하리라 하시고

"홍수" 앞에 정관사 "투"가 붙음으로 이는 이 홍수가 노아 홍수를 말하는 것임을 할 수 있고, 또한 국지적인 홍수는 있을 수 있으나 전 세계가 홍수 나는 일은 없을 것이라 해서 "파산 데 겐"을 쓰고 있다.

창9:12 주 하나님께서 말씀하시기를 나와 너희와 너희와 함께하는 모든 살아 있는 생명 사이에 영원한 세대들에게 세우는 계약의 증표는 이것이니라
창9:13 내가 구름 속에 내 무지개(활)를 두노니 그것이 나와 땅과의 계약의 증표가 되리라

"무지개"를 70인 역과 히브리어 원어에는 "활"로 되어 있다. 즉 무지개 모양이 활과 같은 모양이라 무지개를 활로 표현하고 있다.
아담에게는 여자의 후손에 대한 언약을 주셨다면 노아에게는 무지개라는 보호의 언약을 주시고 계신다. 언약에 대한 부분은 저의 책 "성경 보는 안경" 1.2권을 참고 바랍니다.

창9:14 내가 구름으로 땅을 덮을 때에 구름 속에서 나의 무지개를 보게 되면

"무지개"를 70인 역에서는 "나의 무지개" 즉 하나님의 무지개를 표현하고 있다.

창9:15 내가 나와 너희와 모든 육체를 가진 살아있는 생명 사이에 맺은 내 언약을 기억하리니 이후에는 결코 물들이 모든 육체를 뒤덮는 홍수가 되지 않을 것이라
창9:16 나의 무지개가 구름 속에 있으리니 내가 보고 나 하나님과 땅 위에 있는 모든 육체를 가진 모든 살아있는 생명 사이의 영원한 계약을 기억하리라 하시더라

"보고"할 때 70인 역은 그냥 보는 것이 아니라 "주의해서 보라"로 되어 있다. 즉 힐끔 쳐다보고 지나치는 것이 아니라 자세히 주목하여 살펴보라는 것이다.

창9:17 하나님께서 노아에게 말씀하시기를 내가 나와 땅에 있는 모든 육체 사이에 세운 계약의 증표가 이것이라 하시더라
창9:18 방주에서 나온 노아의 아들들은 셈과 함과 야벳이며 함은 가나안의 아버지라
창9:19 이들이 노아의 세 아들인데 그들에게서 난 자들이 모든 땅에 널리 퍼지니라

"퍼지니라"라는 말이 히브리어는 "산산이 때려 부수다"라고 되어 있고 70인은 "널리 퍼뜨리다"라고 되어 있다.

창9:20 노아가 땅에 농사짓는 사람이 되어 포도나무를 심었더니
창9:21 그가 포도주를 마시고 술 취하여 그의 장막 안에서 벌거벗은 지라

노아는 아마 포도주 만드는 기술을 홍수전에 배웠던 것 같고, 포도주 앞에 정관사가 붙음으로 그 포도주라 함으로 이미 여러 번 마셨던 포도주였던 같으며, 또한 술에 취해 옷을 벗고 잔적이 여러 번 있었던 갔다.
포도주는 "오이노스"와 히브리어 "야인"으로 되어있어 "포도즙"을 말하고 있다. 이런 술에 대한 부분은 저의 책 "성경의 진수" 1.2권에 잘 나와 있습니다.

창9:22 가나안의 아버지 함이 자기 아버지의 벌거벗은 것을 응시해서 보고 밖으로 나가 그의 두 형제에게 말하였더니

함은 힐끗 쳐다본 것이 아니라 응시해서 보았다는 것이며, 또한 형제들에게 이야기할 때 박장대소하며 이야기했다는 것이다. 그런데 혹자는 이런 행위를 함이 아버지 노아와 동생 애를 한 것으로 해석하고, 또한 혹자는 함과 노아의 아내가 근친상간해서 그 사이에서 가나안이 태어난 것으로 주장하는데 이는 잘못된 주장이다.

창9:23 셈과 야벳이 옷을 취해서 자기들의 어깨에다 걸치고 뒷걸음질로 들어가 아버지의 벌거벗은 것을 덮은 지라 그들의 얼굴이 뒤로 향해 있었기에 그들은 자기 아버지의 벌거벗은 것을 결코 보지 아니하였더라
창9:24 노아가 포도주에서 깨어나서 그의 작은아들이 자기에게 행한 일을 알고서
창9:25 말하기를 소년 가나안은 저주를 받으리니 그가 그의 형제들의 종이 될지어다 하고

왜 함이 범죄했는데 함의 아들 가나안이 저주를 받았는가? 70인 역에는 소년 가나안의 아버지 하며 "소년"이란 말이 붙어 있다. 이는 가나안이 가장 먼저 할아버지 노아의 수치를 보고 그의 아버지 함에게 신이 나서 이야기했고 함도 역시 그것을 보고 신이 나서 이야기했기에 가나안이 저주를 받은 것이다.
개정성경엔 "종들의 종이 되라"고 했지만 70인 역은 "형제들의 종"이 되라고 하고 있다.

창9:26 또 그가 말하기를 셈의 주 하나님은 찬양받으실 분이로다 가나안은 그의 종이 되리라
창9:27 하나님께서 야벳을 창대하게 하시어 셈의 집에 정착하실 것이요 가나안은 그의 종이 되리라 하더라
창9:28 홍수 후에 노아가 삼백오십 년을 살았더라
창9:29 노아의 모든 날은 구백오십 년이었으며 그가 죽으니라

| 창세기 10 장

창10:1 이것이 노아의 아들들 셈과 함과 야벳의 기원이라 홍수 후에 그들에게 아들들이 태어났으니

창10장은 열국과 백성이 나누어진 것으로 설명하는 장인데 야벳에게서 14개 나라, 함에게서 30개 나라, 셈에게서 26개 나라가 파생되어 도합 70개 나라와 방언과 종족이 땅에 퍼졌다고 한다. 그래서 그런지 고대에서는 전 세계 나라 수를 70개국으로 보았다.

창10:2 야벳의 아들들은 고멜과 마곡과 마대와 야완과 엘리사와 두발과 메섹과 디라스요

개정성경에는 안 나오지만 70인 역에는 "야벳의 아들 중 엘리사"가 있다고 나온다. 그런데 4절을 보면 이 "엘리사가 야완의 아들"로도 나온다.

창10:3 고멜의 아들들은 아스그나스와 리밧과 도갈마요
창10:4 야완의 아들들은 엘리사와 달시스와 깃딤과 도다님이라

본 절에는 "엘리사"가 야완의 아들로 나오는데 2절에서는 야벳의 아들로 나온다. 아마 동명이인이 아닐까 한다.

창10:5 이들에 의하여 그들의 민족과 섬들로 갈라져서 그들의 종속과 각기 방언에 따라 그들의 민족들에 따라 갈라졌더라

본 장은 바벨탑 사건 전인데 벌써 언어인 방언에 따라 갈라졌다고 하는데 이는 바벨탑 후에 이렇게 나누어진 것을 본 장에서 족보를 설명하며 먼저 설명하기 때문이다.

창10:6 함의 아들들은 구스와 미스라임과 붓과 가나안이요
창10:7 구스의 아들은 스바와 하윌라와 삽다와 라아마와 삽드가요 라아마의 아들은 스바와 드단이며

본 절에도 보면 구스의 아들 중에 스바가 있는데 또한 라아마의 아들 중에도 스바가 있다. 그러므로 2절의 엘리사도 같은 원리로 봐야 한다. 라

아마의 아들인 스바의 후손이 솔로몬을 방문했다 스바 여왕의 조상이다.

창10:8 구스가 또 니므롯을 낳았으니 그는 세상에 첫 폭군이라

요세푸스는 "니므롯"은 함의 손자인데 그는 힘이 세고, 용감했고, 하나님을 모욕하고, 무시하고, 선동한 사람으로 말한다. 그는 하나님을 경외하는 데서 그들을 돌아서게 하고, 자기 능력만을 의지하게 했다고 한다. 군중들은 하나님께 순종하는 것은 비겁한 것이라 생각하고, 니므롯을 따르기로 결정했다고 한다. 또한 영걸이라는 말이 폭군으로 되어 있으므로 최초로 나라를 세운 자임을 알 수 있다.

창10:9 그가 주 하나님 면전에서 폭군 사냥꾼이었으므로 후에 사람들이 부르길 주의 면전에서 니므롯만큼 폭군 사냥꾼이라 하더라

"고대 전쟁영웅들"을 가리켜 "사냥꾼의 제자"라고 일컬었던 관습과 당시 사냥은 전쟁을 대비한 훈련의 일환으로 활용되었던 점에 근거할 때에 이는 잔혹한 전쟁광을 의미하는 것일 수도 있다.

창10:10 그의 왕국의 시작은 시날 땅에 있는 바벨과 에렉과 악캇과 칼네에서였으며
창10:11 그가 그 땅에서 앗수르로 나아가 니느웨와 성읍 르호보딜과 갈라를 건축했더라
창10:12 및 니느웨와 갈라 사이의 레센을 건설하였으니 이는 큰 성읍이라
창10:13 미스라임은 루딤과 아나밈과 르하빔과 납두힘과
창10:14 바드루심과 가슬루힘과 갑도림을 낳았더라(가슬루힘에게서 블레셋이 나왔더라)
창10:15 가나안은 장자 시돈과 헷을 낳고
창10:16 또 여부스와 아모리와 기르가스와

함무라비는 아모리 왕조의 후손이다.

창10:17 히위와 알가와 신과
창10:18 아르왓과 스말과 하맛을 낳았더니 그 후로 가나안의 종족이 널리 퍼졌더라
창10:19 가안의 경계는 시돈에서부터 그랄을 지나 가자까지와 소돔과 고

모라와 아드마와 스보임을 지나 라사까지였더라
창10:20 이들은 함의 아들들이라 그들의 종족과 그들의 방언과 그들의 지방과 그들의 민족대로였더라
창10:21 셈은 모든 에벨의 아들들의 조상이요 야벳의 형이라

"에벨"은 "건너편, 건너온 자"란 뜻으로 유프라테스 강 건너편에서 가나안땅으로 건너온 아브람을 연상시켜 주는 데 "히브리"란 민족 이름이 "에벨"에서 파생되었다고 한다. 그런데 에벨은 아직 건너오지 않고 아브람을 통해 비로소 건너오게 되어 히브리라는 뜻을 갖게 된다. 그러므로 실제적으로 히브리라는 뜻은 아브람 이후에 쓰인 말이고, 그리고 실제로 유브라데를 건넌 자는 에벨이 아닌 아브라함 이었던 것이다.

창10:22 셈의 아들들은 엘람과 앗수르와 아르박삿과 룻과 아람과 게난이요

"게난"은 70인 역에만 나오는 샘의 아들이며, 또한 아람 족속의 후손이 나아만 장군이다. 이들은 현재 시리아를 구성하고 있다.

창10:23 아람의 아들은 우스와 홀과 게델과 마스며

"우스"는 욥1:1절의 욥의 고향으로 이곳은 가나안 남쪽 아라비아 사막에 위치한 광활한 지역이다.
욥을 가리켜 70인 역에서는 아브람의 5대손으로 나온다.

창10:24 아르박삿은 게난을 낳았고 게난은 셀라를 낳고 셀라는 에벨을 낳았으며

70인에는 아르박삿이 게난을 낳고 게난이 셀라를 낳은 것으로 되어 있는데, 개정 성경에는 게난이 빠져있다. 이렇게 누락됨으로 말미암아 후에 개정 성경대로 보면 아브람과 노아가 같은 시대에 사는 것이 되는 것이다. 이는 70인 역 해석이 맞는 것이다. 에벨이 아브람의 조상인데 이 에벨을 낳은 조상이 바로 게난이 되는 것이다.

창10:25 에벨은 두 아들을 낳았는데 한 아들의 이름은 벨렉이라 하였으니 그 때에 땅이 나뉘었음이요 벨렉의 동생 이름은 욕단이며

"벨렉"의 히브리어의 뜻은 "나누다"라는 뜻으로 이때 바벨탑 사건이 있었다. 욕단은 "작다"라는 뜻이고 연구에 의하면 욕단의 후손이 우리나라 단군이라 한다.

창10:26 욕단은 알모닷과 셀렙과 하살마웻과 예라와 낳았고
창10:27 우살과 아이젤과 디글라와

개정성경에는 "하도람"이 나오지만 70인 역에는 나오지 않고 대신 "아이젤"이 욕단의 후손으로 나온다.

창10:28 아비마엘과 스바와

70인 역에는 "오발"이라는 사람이 등장하지 않는다.

창10:29 오빌과 하윌라와 요밥을 낳았으니 이들은 다 욕단의 아들이며
창10:30 그들의 거하는 곳은 메사로부터 스발로 가는 길의 동쪽 산이었더라
창10:31 이들은 셈의 아들들이라 그들의 종족들과 그들의 방언과 그들의 지방들과 그들의 민족대로였더라
창10:32 이들은 노아의 아들들의 종족들이요 그들의 민족들에서 그들의 족보들을 따른 것이라 홍수 후에 땅에서 민족들과 섬들이 이들에 의하여 나뉘었더라

| 창세기 11 장

창11:1 모든 땅에 하나의 언어와 하나의 말만 있더라.

"온 땅" 할 때 "파사" 즉 모든 이란 말이 들어감으로 실제로 전 세계가 언어가 하나였음을 알 수 있고, 또한 언어는 부모로부터 배우는 것이기에 언어가 하나였다는 것은 곧 조상이 하나였다는 것을 반증하는 것이다.

창11:2 그들이 동쪽으로부터 이동하여 시날 땅에서 평원을 만나니 거기에서 거주하였더라
창11:3 이웃 사람들이 말하기를 가서 진흙 벽돌을 가지고 와서 불로 굽자 하고 그들은 벽돌로 돌을 대신하고 역청으로 진흙을 대신하였으며
창11:4 또 그들이 말하기를 가서 우리를 위하여 성읍과 탑을 건축하되 탑 꼭대기가 하늘에 닿도록 하여 우리의 이름을 내자 그리하여 우리가 온 지면에 멀리 흩어지지 않게 하자 하더라

바벨탑을 쌓은 이유는 전쟁에서 승리해 대제국을 건설한 기념으로 기념탑을 쌓기 위해서였다. "이름을 내고" 이 말은 상징적인 말이 아닌 "필로"에 의하면 당시 벽돌마다 그들의 이름을 기록해 그들의 이름을 실제로 냈다고 한다. 창4:2절에 죄인에게는 흩어짐의 벌을 주었는데, 이 흩어짐의 벌을 받지 않겠다는 뜻으로 하나가 되어 바벨탑을 쌓은 것이다. 흩어짐이 벌이었기에 언어의 분산으로 온 세계로 사람들이 흩어졌으므로 결국 우리는 지금 벌을 받고 있는 것이다.

창11:5 주께서는 사람의 아들들이 건축하는 성읍과 탑을 보시려고 내려오셨더라
창11:6 주께서 말씀하시기를 보라 민족이 하나요 그들 모두가 한 언어를 가졌기에 이런 일을 시작하였으니 이제는 그들이 더 많은 기적을 만들어 내는 것을 아무것도 결코 차단할 수 없을 것이라

하나님이 언어를 하나로 준 것은 한마음으로 주님을 찬양하라고 주었는데 이들은 악용했던 것이다. "막을 수"라는 말이 70인 역은 차단으로 해석되고 있는데, 그 앞에 우크가 붙으므로 결코 차단하지 않으면 안 된다고 되어 있고, 또한 "경영"을 "기적"으로 해석함으로 더이상 바벨탑과 같은 것을 쌓는 기적을 행하지 못하게 흩으신 것이다.

창11:7 가자 내려가서 거기에서 그들의 언어를 혼란시켜 이웃의 소리를 결코 알아듣지 못하게 하자 하시고

개정성경에는 "우리가"가 들어갔지만 70인 역에서는 그냥 "가자. 이리로 오다. 왔다"라고 되어 있다.

창11:8 주께서 그들을 그 땅 모든 지면에다 멀리 흩으시니 그들이 성읍과 탑을 짓는 것을 그쳤더라

사람은 미련해서 반드시 하나님께서 강수를 두어야만 멈춘다.

창11:9 그러므로 그것의 이름을 혼란(바벨)이라 불렀으니 이는 주께서 거기에서 땅의 모든 언어를 혼란케 하셨음이라 주 하나님께서는 거기서부터 그들을 그 땅 모든 지면에서 멀리 흩으셨더라

"바벨론"이라는 말이 70인 역에서는 나오지 않고, "대신 혼란"이라는 말로 나온다.
바벨탑의 흔적이 지금 두 곳에 걸쳐 남아 있는데, 그 이유는 한 곳은 니므롯이 쌓은 탑의 자리가 있고, 다른 한 곳은 후 바벨론을 세운 느브갓넷살이 세운 탑의 자리가 있기 때문이다.
주전2세기의 유대의 작가 "시빌"이라는 사람이 이런 글을 썼는데 "모든 사람이 하나의 언어를 사용할 때 그들 중에는 마치 하늘에 쌓아 올라갈 것처럼 높은 탑을 쌓았다. 하지만 신들이 폭풍을 보내어 탑을 무너뜨리고, 모든 사람에게 독톡한 언어를 주었으므로 바벨론이라 불렀다. 히브리어 "바벨"이란 뜻인 혼란을 의미하기 때문이다. 이후에 그들은 사방으로 흩어져서 식민지를 개척했다"라고 말했다.

창11:10 이것이 셈의 족보라 셈이 일백 세였을 때 곧 홍수 후 이년에 아르박삿을 낳았고

이는 창10:21-31절에 나온 셈 계보의 단순한 반복 기술이 아니라 믿음의 조상 아브람의 계보를 밝히기 위해 특별히 쓰인 계보이다.

창11:11 셈은 아르박삿을 낳은 후 오백 년을 살며 아들들과 딸들을 낳고 죽었더라

개정성경에는 "아르박삿"이 자녀를 낳은 것만 나오는데 70인 역은 "낳고 죽었더라"하며 죽은 것을 항상 말하고 있다.

창11:12 아르박삿은 백삼십오 년을 살고 게난을 낳았고

개정성경엔 35세에 "셀라"를 낳은 것으로 되었지만 70인 역엔 135세에 셀라가 아닌 "게난"을 낳은 것으로 나온다.

창11:13 아르박삿은 게난을 낳은후 사백삼십 년을 살면서 아들들과 딸들을 낳고 죽었더라 게난은 백삼십 세에 셀라를 낳았고 셀라를 낳은 후 사백삼십 년을 살며 아들들과 딸들을 낳고 죽었더라

개정성경은 아르박삿이 셀라를 낳은 후 430년 산 것으로 나오지만 70인 역은 게난이 아닌 셀라를 낳은 것으로 되어 있다.
개정성경에는 죽은 것이 나오지 않지만 70인 역은 죽었다고 나온다. 12절을 빼고 본 절에서만 연대기 차이가 430년이 나고 있다.
70인 역에는 아르박삿이 아닌 게난이 셀라를 낳았는데 그 나이가 130세이고 그리고 게난이 셀라를 낳고 430년을 살다 죽었다고 나온다. 이렇게 되면 연대 차가 벌써 560년이 난다. 13절 내용이 개정성경에는 나오지 않는다.

창11:14 셀라는 백삼십년을 살고 에벨을 낳았고

개정 성경에는 "셀라가 에벨"을 낳은 나이가 "30세"로 나오지만 70인 역은 "130세"로 나온다.

창11:15 셀라는 에벨을 낳은 후 삼백삼십 년을 살면서 아들들과 딸들을 낳고 죽었더라

개정성경은 "430년"을 자녀를 낳았다고 하지만 70인 역은 "330년"을 아들들과 딸들을 낳고 죽었다고 나온다. 개정성경에는 "죽은 것이 나오지 않지만 70인 역에는 죽은 것이 나온다"
개정성경은 "에벨"이 자녀를 낳은 나이가 "34세"로 나오지만 70인 역은 "134세"로 나온다.

창11:16 에벨은 백삼십사 년을 살고 펠렉을 낳았고

개정성경은 "에벨"이 자녀를 낳은 나이가 "34세"로 나오지만 70인 역은 "134세"로 나온다.

창11:17 에벨은 펠렉을 낳은 후 삼백칠십 년을 살면서 아들들과 딸들을 낳고 죽었더라

개정 성경은 펠렉이 "430년"을 살며 자녀를 낳은 것으로 나오지만 70인 역은 "370년"으로 나온다. 또한 "죽었다"는 말이 나오지 않지만 70인 역에는 "죽었다"고 나온다. 에벨때에 바벨탑 사건이 일어난다. 그래서 그런지 에벨 이후 벨렉부터 수명이 200살 정도로 단축되기 시작한다.

창11:18 벨렉은 백삼십 년을 살고 르우를 낳았고

개정성경은 "벨렉"이 "30세"에 르우를 낳은 것으로 나오지만 70인 역은 "130년"으로 나온다. 또한 "르우"라는 히브리어적 뜻은 "친구"인데 이는 "르우"가 하나님의 친구였다는 말로 그 정도로 신실하게 살았다는 뜻이다.

창11:19 벨렉은 르우를 낳은 후 이백구 년을 살면서 아들들과 딸들을 낳고 죽었더라.

"벨렉"이 죽었다는 말이 개정성경에는 나오지 않지만 70인 역에는 나온다.

창11:20 르우는 백삼십이 년을 살고 스룩을 낳았고

개정 성경은 르우가 "32세"에 스룩을 낳은 것으로 나오지만 70인 역은 "132세"로 나온다

창11:21 르우는 스룩을 낳은 후 이백칠 년을 살면서 아들들과 딸들을 낳고 죽었더라

"르우"의 죽음이 개정성경에는 나오지 않지만 70인 역에는 나온다.

창11:22 스룩은 백삼십 년을 살고 나홀을 낳았고

개정 성경은 스룩이 "30세"에 "나홀"을 낳은 것으로 나오지만 70인 역은 "130세"로 나온다.

창11:23 스룩은 나홀을 낳은 후에 이백 년을 살면서 아들들과 딸들을 낳고 죽었더라

"스룩"이 죽었다는 말이 개정성경에는 안 나오지만 70인 역에는 나온다.

창11:24 나홀은 칠십구 년을 살고 데라를 낳았고

개정성경은 "나홀"이 "29세"에 데라를 낳은 것으로 나오지만 70인 역은 "79세"로 나온다. 아브람의 아버지인 데라와 데라의 아버지인 나홀부터 자녀를 낳는 나이가 100세가 안되기 시작한다. 물론 개정 성경은 그 이전에 자녀를 100세 안에 나았지만 70인 역은 나홀부터 시작된다.

창11:25 나홀은 데라를 낳은 후에 백이십구 년을 살면서 아들들과 딸들을 낳고 죽었더라

개정성경은 나홀이 데라를 낳은 후 "190년"으로 나오지만 70인은 "129세"로 나온다. 드디어 "나홀"부터 수명이 200세 안으로 단축되기 시작했다.

창11:26 데라는 칠십 년을 살면서 아브람과 나홀과 하란을 낳았더라

1) 데라의 아들 중 나홀이 나오는데 이 나홀은 아브람의 아버지인 데라의 아버지의 이름이다. 이스라엘에서는 조상들의 이름을 자녀에게 부여하는 문화가 있다. 70세에 셋 쌍둥이를 낳았다는 말이 아니라 70세부터 3형제를 낳기 시작했다는 말이다. 저의 책 "창세기"를 참고해 주세요. 또한 하란이 첫째이고 아브람이 둘째이고 나홀이 셋째이다. 그러나 구속적으로 기록 되었기에 아브람부터 나오는 것이다.
2) 요세푸스는 아브람은 노아의 10대 후손이며, 홍수 후 992년에 태어났다고 한다. 또한 데라는 70세에 아브람을 낳았다고 말하고, 장남은 하란인데 하란에게는 아들 롯과 두 딸이 있었는데 하나는 아브람의 아내 사라이고, 둘째는 밀가라고 말한다. 그런데 유대 랍비의 전승에 의하면 하란의 두 딸의 이름은 밀가와 이스가인데 이 이스가가 아브람의 아내 "사라"

라고 말하는데, 성경은 데라의 또 다른 부인의 딸이라 말한다.
3) 요세푸스는 "하란"의 죽음에 대하여 "하란은 갈대아 우르라고 부르는 갈대아 도시에서 죽었는데 그의 기념비를 오늘날에도 볼 수 있다"라고 말하고 있다. 이후 데라는 하란이 죽은 이후 하란의 죽음을 슬퍼하며 갈대아를 싫어해 모든 식구를 이끌고 메소포다미아의 하란으로 이사했다고 말한다.

창11:27 이것은 데라의 족보라 데라는 아브람과 나홀과 하란을 낳았고 하란은 롯을 낳았으며

70인 역으로 노아부터 아브람의 출생연도를 추적하면 1,072년인데 개정성경으로 추적하면 292년으로 약 780년의 연대기 차이가 난다. 아브람은 주전 2,166년에 출생했다. (1072+2166=3238). 즉 노아부터 주님 오시기 전까지 계산하면 3,238년이 된다. 그리고 아담부터 홍수전까지 역시 개정 성경은 1,656년이지만, 70인 역인 2,262년이 되므로 구약 연대기는 총 5500년이 되는 것이다(3238 + 2262=5500). 그러므로 우리가 구약 4천 년으로 보는 것과는 약 1500년의 차이가 난다.

창11:28 하란은 그의 아버지 데라의 눈앞에서 그의 고향 갈대아 우르에서 죽었더라

1) 유대전승에 의하면 "하란"은 믿음을 지키다 아버지가 보는 앞에서 순교했다고 한다.
갈대아 우르는 전설에 의하면 에덴동산으로부터 19.3키로 떨어진 곳에 위치했다고 한다. (그랜드 고고학 편)
2) 창24:10절을 반드시 참고할 것

창11:29 아브람과 나홀이 그들 자신의 아내들 취했으니 아브람의 아내의 이름은 사래요 나홀의 아내의 이름은 밀가니 하란의 딸이요 하란은 밀가의 아버지이고 이스가의 아버지더라

아브람과 나홀의 결혼을 보면 근친결혼을 하고 있다. 이는 당시 혈통을 보존하기 위해 불가피한 제도였으며 또한 신앙을 고수하기 위한 조치였다. 밀가가 하란의 딸이라 함으로 나홀은 형 하란의 딸과 결혼한 것이다. 이를 통해 하란이 장자라는 것을 알 수 있다. 사실 나홀은 조카와 결혼 것이다. 그리고 사라는 아브람의 아버지 데라의 딸로 아브람과는 이복 동생 관계이다.

창11:30 사래는 임신하지 못하므로 결코 자식이 없었더라

당시 다산이 신의 축복이었던 시대에 아이가 없다는 것은 신의 저주로 생각했다.

창11:31 데라가 그의 아들 아브람과 그의 아들의 아들인 하란의 아들인 롯과 그의 아들 아브람의 아내이며 그의 며느리 사래를 데리고 갈대아 우르로인 고향으로부터 나와서 가나안 땅으로 나아가려 하더니 그들이 하란에 와서 거기에서 거주하니라.

1) 데라는 갈대아 우르에서 가나안 땅으로 가려 하다가 하란에 머물렀다는 사실을 통해 아브람에게 하나님이 고향 친척을 떠나라 한 것은 이미 갈대아 우르라는 것을 알 수 있다(행7:2).
2) 창24:10절을 참고할 것

창11:32 하란에서 데라의 날들이 이백오 년이 되었으니 하란에서 죽었더라

| 창세기 12 장

창12:1 그때 주께서 아브람에게 말씀하시기를 너는 너의 그 땅과 네 친족과 네 아버지의 집을 떠나 내가 네게 보여 줄 땅으로 가라

이렇게 "떠나라"한 것은 하란에서만 한 것이 아니라 이미 갈대아 우르에서 말씀하셨고, 지금 또 하란에서 말씀하시는 것이다. 창11:31절에 우르를 떠난 것을 볼 때 이미 말씀하셨음을 알 수 있다.

창12:2 내가 너로 큰 민족을 이루게 할 것이며 너를 축복하고 네 이름을 크게 하리니 너는 축복이 되리라
창12:3 너를 축복하는 자들에게 내가 축복을 주고 너를 저주하는 자를 저주하리라 땅의 모든 족속이 네 안에서 은혜를 받을 것이라 하셨더라.

하나님은 아브람을 축복의 통로 삼아 아브람을 통과해야 복을 받고 그를 저주로 통과하면 저주를 받게 된다는 것이다.

창12:4 이에 아브람이 주께서 말씀하신 대로 대로 떠났으며 또 롯이 그와 함께 계속 갔으니 아브람이 하란을 떠날 때 칠십오 세였더라

요세푸스는 "롯"을 가리켜 "사라의 형제"라 말하며, 하란의 아들이라 말하는데 하란이 죽고 난 후 자신에게 아들이 없으므로 아브람이 롯을 양자로 삼았다고 나온다. 그래서 끝까지 데리고 가나안 땅까지 온 것이다. 그리고 요세푸스는 아브람이 하란을 떠난 이유는 아브람이 우주를 창조하신 하나님을 믿자 하란이 그것이 싫어 그를 미워했기 때문이라고 말한다.

창12:5 아브람이 그의 아내 사래와 그의 형제의 아들(조카) 롯과 하란에서 그들이 모은 모든 소유와 그들이 얻은 영혼들을 데리고 가나안 땅으로 가려고 떠나서 가나안 땅으로 들어왔더라

하란에서 아브람 가족들은 많은 복을 받았던 같다. 하란에서 받은 복들이 열거되어 있기 때문이다.
본 절에서는 사람을 "영혼"들로 말하고 있고, 또한 아브람은 최후의 목적지는 이미 갈대아 우르와 하란에서 말해준 것 같다. 그들이 가나안땅을 향해 떠났다고 나오기 때문이다. 아브람은 목적지는 알았지만 그곳이 어떤 곳인지는 보이지 않았기에 몰랐던 것 같다.

창12:6 아브람이 그 땅을 통과하여 멀리 세겜 지역 언덕 오크나무에 이르니 그때에 가나안 사람들이 그 땅에 거주했더라

"모레 상수리나무"라 나오는데 70인 역에는 "언덕 오크나무"로 나오는데 이 나무는 참나뭇과에 속한다고 한다. 그러므로 상수리나무로 번역해도 괜찮다. 고대 이교도들은 이 나무를 신탁(예언)을 받을 때 사용하던 예언자의 나무로 보았다고 한다.

창12:7 주께서 아브람에게 나타나시어 말씀하시기를 내가 이 땅을 네 씨에게 주리라 하시니 아브람이 주님이 그에게 나타나신 그곳에 제단을 쌓았더라

"나타나" 이는 환상으로 본 것이 아니라 직접 눈으로 하나님을 보았다는 말이다. 그런데 여기서 아브람이 본 하나님은 하나님이란 말이 빠진 70인 역에서는 퀴리오스만 나온다. 주님이 나타났다는 말인데 그런데 이 "퀴리오스"가 다양하게 쓰여 창39장 이하를 보면 요셉을 행해서도 "퀴리오스"로 쓴다. 그러므로 여기서 "퀴로오스"는 하나님을 의미하는 말이 아닌 천사를 의미하는 말이다. 하나님은 형상이 없기에 우리가 볼 수 없고 예수는 이때 아버지품에 있었기에 아브람이 본 주님은 하나님이 아닌 천사였던 것이다(70인 역. 창31:11.창48:16절을 참고하라)

창12:8 그가 거기서부터 벧엘 동쪽 산으로 이동해 그의 장막을 그곳에 치니 서쪽은 벧엘이요 동쪽은 아이라 그가 그곳에서 주를 위하여 제단을 쌓고 주님의 이름을 불렀더라

"아이"는 여호수아의 가나안 정복 시 아간의 범죄로 일차 정복에 실패한 성읍이 바로 이 "아이 성"이다(수7:1-26).

창12:9 아브람이 그곳을 떠나 점점 광야로 나아가더라

"남방"이라 되어 있지만 70인 역에서는 "광야"로 나온다. 광야가 남쪽에 있기에 광야 하면 남쪽으로 인식했다.

창12:10 그 땅에 기근이 있으므로 아브람이 애굽 내려가 거기에 기거하려 하니 이는 기근이 그 땅에 심하였음이라

아브람이 가나안땅에 정착하기도 전에 기근이 온 것이다. 애굽은 성경에서 항상 세속적 세상을 상징하고 하나님을 떠난 인간적 도움, 수단으로 묘사한다.

창12:11 아브람이 애굽에 가까이 왔을 때 아브람이 그의 아내 사래에게 말하기를 당신은 아름다운 여자임을 내가 아나니
창12:12 애굽 사람들이 당신을 보고 말하기를 이 사람은 그의 아내라 하여 나를 죽이고 당신을 소유할 것이라

1) 아브람은 지금 일어나지 않을 것을 예상함으로 불행을 자처해 죄를 범한다. 당시 애굽 사람들은 자신들의 목적을 위해서는 살인을 예사롭게 했다고 한다. "살리니"라는 말이 70인 역에는 "소유하다"라 되어 있다.
2) 요세푸스의 책의 부연 설명엔 "바로가 팔레스타인을 침입해 사라를 납치했다고 나온다"

창12:13 그때 당신은 나의 누이라고 말하라 그리하면 내가 당신으로 인하여 안전할 것이며 내 목숨이 당신으로 인하여 살리라 하더라
창12:14 아브람이 애굽에 들어왔을 때 애굽 사람들이 그 여자를 보았더니 몹시 아름다운지라

당시 중년은 65세 정도였다고 한다. 애굽인들이 흑인계는 아니라 하나 그쪽 여인네들의 피부색이 거무스름한 것에 비추어 볼 때 사과 빛 피부색을 지닌 사라의 용모는 더욱 돋보였을 것은 분명하다. 성경에 보면 아브람이 아내를 파는 장면이 본 장과 창21장에 나오는데 우리는 어떻게 이럴 수가 있느냐 하지만 사실 아브람의 삶이란 사선을 넘는 삶을 살았다. 주님이 가라 해서 말 그대로 갈 바를 알지 못하고 가나안땅에 들어왔지만, 가나안땅은 한마디로 산적이나 다름없는 강도들의 소굴이라 그가 살아남는 것은 쉬운 일이 아니었다. 때로는 목숨이 경각에 달리는 그런 처지에 놓이기도 했다. 그러므로 아브람의 삶이 얼마나 불안했겠는가? 이런 불안한 삶을 평생 산 사람이 아브람이다. 그래서 70인 역에서는 아브람이 외국에서 거주했다고 한다. 지금으로 하면 불법 체류자 또는 이민자라 보면 된다. 하나님이 가나안땅으로 인도했지만 그렇다고 나라를 주거나 땅을 준 것도 아닌 그런 상태였고 낯선 환경이었다. 아브람은 사실 살기 위해 몸부림을 친 것이다. 그의 삶은 믿음으로 사는 삶인, 사선을 넘나드는 삶을 평생 살았던 것이다. 그러다 보니 아내를 동생이라 속인 것이다.

창12:15 바로의 통치자들인 고관들이 그녀를 보고 바로에게 그녀를 칭송하며 그녀를 바로의 집으로 데려왔더라

고대 근동 및 애굽의 세도가들은 여러 첩을 거느렸으며 특히 왕들은 수십, 수백 명의 후궁을 거느리는 것이 관례였다. 따라서 바로가 사라를 궁전으로 불러들인 것은 곧 그 같은 후궁 중의 하나로 삼기 위하였음임을 알 수 있다. 그래서 바로가 곧바로 사라를 취하지 않은 것이다.

창12:16 바로가 그녀 때문에 아브람을 금전적으로 후대하니 아브람이 양과 소와 당나귀와 소년 종들과 소녀 종들과 노새와 낙타들을 얻었더라

그들이 아브람을 후대한 이유는 고대 근동에서는 신랑 될 사람이 신부 될 사람의 가족에게 결혼 대가로 예물을 주는 것이 관례였다. 아브람이 사라로 인하여 후대 받은 것도 바로 아브람이 이복 오빠이기에 가족을 대신해 후대를 받은 것이다.

창12:17 하나님께서 아브람의 아내 사라 때문에 바로와 그의 집에 악한 큰 재앙을 내리시니
창12:18 바로가 아브람을 불러 말하기를 네가 어찌하여 나에게 이렇게 행했느냐 왜 그녀가 너의 아내라고 결코 내게 알리지 아니하였느냐

기독교인들이 바로 살지 못하면 이방인들로부터 책망을 받는 굴욕을 당하게 되는 것이다.
어떻게 바로가 사라가 아브람의 아내인 것을 알았는지는 의문이다.

창12:19 네가 어찌 그를 나의 누이라고 말하였느냐 그러므로 내가 그녀를 내 아내로 취할 뻔하였도다 이제 너의 앞에 너의 아내가 있으니 취하여 가라 하고
창12:20 바로가 주위 사람들에게 명령하니 그들이 아브람과 그의 아내와 그가 소유한 모든 것과 롯도 함께 보냈더라

개정 성경에는 "롯이 나오지 않지만 70인 역에서는 롯"이 등장한다. 70인 역이 맞는 이유는 창13:1절에 롯도 같이 떠났다고 나오고 있기 때문이다.

| 창세기 13 장

창13:1 아브람이 애굽에서 그와 그의 아내와 그의 모든 소유와 롯도 그와 함께하여 광야 네게브로 올라가니

한편 여기서 "올라가다"라는 말은 가나안 땅보다 낮은 지대인 애굽에서 팔레스틴 산지 쪽으로 이동하는 것을 나타낸 표현으로 개정성경에는 남방으로 올라갔다고 했는데 팔레스타인에서 볼 때는 애굽은 남방이지만 애굽에서 볼 때는 북쪽을 말한다. 그러므로 북쪽으로 올라갔다는 표현이 더 정확한 해석이다. 개정성경에서 말하는 남방은 네게브 지역을 말하고 있다(창13:3). "올라가니"라는 말이 "아나바이노"이기에 이는 승천을 말하는 말을 썼기에 이는 낮은 곳에서 높은 곳으로 올라감을 말한다.

창13:2 아브람은 가축과 은과 금으로 매우 부유하였더라

아브람을 한마디로 말하면 뒤로 넘어져도 일어날 때 금, 은, 가축을 주어서 일어났다. 그가 아내를 팔았는데 결과 복을 받은 것이다.

창13:3 그가 네게브라는 광야를 떠나 벧엘에 도착한 후 이동을 계속하여 전에 천막을 쳤던 곳에 천막을 치니 그곳은 벧엘과 아이 사이였더라
창13:4 그가 처음으로 제단을 만들었던 자리인 그곳에서 아브람이 주의 이름을 부르니라

처음으로 단을 쌓은 곳이라-정확히 얘기하면 두 번째로 단을 쌓은 곳이다(창12:8). 아브람이 하나님께 처음으로 단을 쌓은 곳은 세겜이었다(창12:6-7). 그러나 세겜에서는 단순히 하나님의 현현을 기념하기 위하여 단을 쌓았을 뿐 아브람이 하나님께 공적예배를 드리기 위해 단을 쌓았던 곳은 벧엘이 처음이었다. 그런데 이곳에 다시 와서 아브람은 예배를 드린 것이다.

창13:5 아브람과 함께 갔던 롯도 양과 소와 천막들을 소유했더라

이로 보아 롯도 상당히 부자였다는 것을 알 수 있다. 그에게도 양과 소와 장막이 있었기 때문이다.

창13:6 그 땅은 그들이 함께 거주하기에 결코 넓지 않았으니 이는 그들의 재산이 많으므로 결코 함께 거주할 수 없었음이라

많은 재산이 결국 근심과 화근이 된 것이다.

창13:7 아브람의 가축의 목자들과 롯의 가축의 목자들 사이에 싸움이 있고 또 그 당시 그 땅에는 아브람과 롯과 가나안 사람과 브리스 사람도 거주하였더라

아브람 일행이 장막을 친 곳은 임자 없는 지역이 아니라 이미 원주민이 주거하고 있던 지역이었으니 한정된 주거 면적 안에서 상대편보다 더 유리한 목축지를 선점하기 위해서는 다툼이 불가피하였을 것이다.

창13:8 그러자 아브람이 롯에게 말하기를 우리는 형제의 사람이니 나와 너 사이와 나의 목자들과 네 목자 사이에 싸우지 않게 하자

"골육"으로 되어 있으나 70인 역은 "형제의 사람 즉 친척"으로 되어 있다.

창13:9 보라 네 앞에 모든 땅이 있지 아니하냐 나를 떠나가라 네가 왼쪽으로 향하면 나는 오른쪽으로 향할 것이요 또 네가 오른쪽으로 향하면 나는 왼쪽으로 향하여 가리라 하니

여기서 우리는 한 공동체가 화평을 유지하기 위해서는 반드시 누군가의 자기희생이 필요하다는 사실과 아울러 그 희생은 결국 모두를 살리는 길이라는 교훈을 깨닫게 된다.

창13:10 이에 롯이 눈을 들어 요단의 인접해 있는 모든 땅을 바라보니 모든 곳이 물이 넉넉하더라 그곳은 하나님께서 소돔과 고모라를 파괴하기 전이었으니 하나님의 동산 같고 애굽 땅과 같아 마치 소알에 온 것 같더라

"소알에 온 것 같더라"라는 말은 롯이 소알까지 간 것이 아닌 눈으로 소알까지 보았다는 말이다. "멸망"이라는 말이 70인 역에는 "파괴" 로 나온다.

창13:11 그리하여 롯이 요단에 인접해 있는 모든 땅을 선택하고 롯이 동쪽으로 떠나니 그들이 그 형제로부터 서로 분리하여 떠났더라

롯은 삼촌에게 먼저 선택권을 주지 않고 자신이 먼저 선택하는 잘못을 범했다. 이는 욕심과 탐심 때문이었는데 이렇게 탐심으로 선택하면 반드시 후회할 일이 생기는 것이다. 그러므로 탐심은 곧 화근이 되는 것이다. 이렇게 둘리 분리해서 떠나자 비로소 아브람은 100% 순종하게 된다. 순종 부분은 저의 책 "성경의 진수" 1.2권을 참고해 주세요.

창13:12 아브람은 가나안 땅에 거주하였고 롯은 인접해 있는 성읍 안에 거주하다가 천막을 소돔에 쳤더라

롯이 처음부터 소돔에 장막을 친 것 아니라 서서히 이동하다 결국 최종 목적인 소돔에 천막을 치고 거주했다는 것이다. 육안을 가지고 가면 결국 그것이 화근이 된다. 이후 롯은 포로 신세가 되고 가산이 몰락하는 유황불 저주를 받고 아내와 사위를 잃고 딸과 패륜 관계를 맺는 범죄를 저지르게 된다.

창13:13 그러나 소돔 사람들은 하나님의 면전에서 악독했고 큰 죄인들이었더라.

"큰, 몹시"라는 말이 들어가 있음으로 이는 소돔이 범하는 죄는 이미 상식선을 넘어선 매우 심각한 죄를 짓고 있음을 알 수 있는 말이다. 그것은 바로 동성애였다. 동성연애는 하나님의 상식을 넘어선 매우 심각한 범죄이다. 그래서 유황으로 망한 것이다. 그렇다면 답은 나와 있다. 즉 한 나라의 흥망성쇠는 곧 동성연애에 달려 있다는 것이다. 지금 미국이 당면하고 있는 총기 사고들은 동성애로 인한 소돔과 고모라의 또 다른 불과 유황의 저주가 아닌가 한다.

창3:14 롯이 아브람에게서 떠난 후에 하나님께서 아브람에게 말씀하시기를 이제 네 눈을 들어 네가 있는 곳에서부터 북쪽과 남쪽과 동쪽과 서쪽 평원을 바라보라

이 장면은 훗날 비스가 산 정상에서 모세에게 가나안 땅을 보여 주신 하나님의 행동을 연상시킨다(신34:1-4). 이처럼 믿음은 갖지 못한 것을 소유하며 보이지 않는 것을 보는 신앙이다(히11:1). 따라서 우리도 신앙의 눈으로 하늘 가나안 곧 천국을 바라볼 수 있어야 한다(히11:15,16).

창13:15 이는 네가 본 그 땅 모두를 네게 줄 것이며 네 씨에게 영원히 주고

가나안 땅을 아브람을 통해 영원히 후손에게 준다고 했는데 그 약속이 이루어져 로마에 의해 이스라엘이 멸망한 후 2000년이 지난 후 1948년 5월 14일 이스라엘이 독립해서 지금 그 땅에 아브람의 후손들이 살고 있다.

창3:16 내가 네 씨를 땅의 모래 같게 하리니 사람이 땅의 모래를 계산할 수 있는 것 같이 네 씨도 계산할 수 있으리라

하나님이 아브람에게 땅의 모래 같이 많은 후손을 준다고 했는데 모래가 많지만 계산할 수 있는 것 같이 후손도 계산할 수 있을 만큼 주신다고 했는데 사실 모래를 셀 수 있는 사람은 아무도 없다. 그러므로 이 말은 셀 수 있을 만큼 주신다는 말이 아닌 역설적 표현으로 셀 수 없을 만큼 많이 준다는 표현으로 봐야 한다.

창3:17 일어나서 그 땅 긴 곳과 넓은 곳을 향하여 걸으라 내가 그것을 네게 주겠음이라 하시더라

"종과 횡으로 나아가라" 했는데 70인 역은 "긴 곳과 넓은 곳을 행하여 가라"고 되어 있다.

창13:18 그때 아브람이 짐을 꾸려 떠나 헤브론에 있는 아모리 족속의 추장 마므레사람의 땅 오크나무 근처에 거주하며 그곳에서 주님을 위하여 제단을 쌓았더라

"상수리나무"를 70인 역에서는 오크나무라 해서 참나무과에 속한 나무이므로 상수리나무라 해도 무난하다. 하나님의 말씀이 떨어지기 무섭게 아브람은 곧바로 짐을 꾸려 떠났다. 이처럼 우리도 신속하게 순종해야 한다. 헤브론의 본래 명칭은 기럇아르바이다(창23:2). 훗날 여섯 도피성 중의 하나가 되었으며(수20:7) 다윗이 이곳에서 7년 반을 치리했다(삼하2:1-4,11)

| 창세기 14 장

창14:1 당시에 시날 왕 아므라벨과 엘라살 왕 아리옥과 엘람 왕(페르시아 왕) 그돌라오멜과 민족들의 왕(고임왕) 디달이

엘람 왕 그돌라오멜에게 반기를 든(4절) 남부 가나안의 다섯 왕(2절)을 징벌하기 위해 모인 북부 가나안 연합군의 명단이다. 즉 1절 4개국에 반기를 든 2절의 5개국 왕들의 전쟁인데 이 연합전쟁은 인류역사상 최초로 동맹해서 한 전쟁이다. 아므라벧은 메소포타미아 북서편에 위치했던 산할 왕 아모라빌로 추정하고, 엘라살은 갈대아 우르 근처의 유프라테스 강 하류에 위치한 라르사이고, 엘람은 오늘날의 이란 고원 남부에 위치했던 나라로 수도는 수사였고, 디달은 가나안과 메소포타미아 지역을 돌아다니면서 여러 부족과 그들의 영토를 약탈하던 자이기에 70인 역에서는 민족들의 왕으로 번역하는데 다른 성경에서는 열국의 왕으로 번역하기도 한다.

창14:2 소돔 왕 베라와 고모라 왕 비르사와 아드마(아담)왕 시납과 스보임 왕 세메벨과 소알에 있는 벨라 왕과 전쟁을 하니라

이들이 십 이 년 동안이나 섬겨 왔던 그돌라오멜을 배반한 주요 원인은 가나안 땅에 임했던 심한 기근(창12:10)에도 불구하고 여느 해와 다름없이 할당된 과중한 조공량에 반발, 마침내 정치적 자주권을 획득하기 위함이었던 것으로 추정된다. 이들 중 “아다마”라는 나라는 아담이라는 뜻으로 이곳에서 아담이 창조를 받았던 지역이다.

창14:3 이들 모두가 소금물이 흐르는 싯딤 계곡 곧 바닷가 타작 마당이라는 염해에 함께 모였더라

70인 역에서는 싯딤은 소금물이 흐르는 곳을 말하고, 염해는 바닷가 타작 마당으로 나온다. 이곳이 모세 당시에는 염해였다고 한다.

창14:4 그들이 십이 년 간 크돌라오멜을 섬기다가 십삼 년째에 반역하였더라
창14:5 십사 년째에 그돌라오멜과 그와 동맹한 왕들이 와서 아스드롯 가르나임에서 거인족속인 르바족속을 함에서 강력한 민족인 수스족속을 성읍 사웨에서 엠족속을 베고

"르바족속"은 거인족으로 70인 역에는 나온다. 엠족속 또한 거인족속이라 하는데 70역에서는 거인으로 나오지 않는다. 수스족에 대하여는 70인역에서는 강력한 힘을 가진 민족으로 나오지 수스라는 말이 나오지 않는다. "사웨 기랴다임"은 "평원"이라는 뜻을 가지고 있는데 70인에서는 "사웨라"고만 나오지 "기랴다임"은 나오지 않는다.

창14:6 호리 족속을 그 산 세일에서 베고 바란 광야 끝에 있는 엘바란까지 이르렀으니 그곳은 광야였더라

"엘바란"은 바란 광야의 끝에 위치했다고 한다. 그런데 그돌라오멜과 그와 동맹한 왕들은 여기까지 밀고 왔던 것이다. 그런데 그곳은 70인 역에서는 광야 근처가 아닌 "광야 안이었다"고 나온다.

창14:7 그들이 돌이켜 가데스에 있는 재판의 샘이 있는 엔미스밧에 이르러 아말렉 족속의 모든 방백과 하사손다말에 거주하는 아모리 족속을 베니라

그돌라오멜과 동맹국이 두 족속을 공격했는데 아말렉과 아모리 족속인데 이들은 이때 당시 존재하지 않았지만 모세는 그들 족속이 모세 시대에 거했던 그 지역을 명명한 것이다. 또한 "엔미스밧"을 70인 역은 "재판의 샘"이라 나오지 엔미스밧으로 나오지 않는다.

창14:8 소돔 왕과 고모라 왕과 아드마(아담)왕과 스보임 왕과 벨라 곧 소알 왕이 나와서 소금물이 흐르는 싯딤이라는 계곡에서 전쟁을 위하여 진을 쳤더니

이 전쟁은 북부 가나안 동맹군(그돌라오멜)과 남부 가나안 동맹군(소돔과 고모라)의 전쟁으로 결국 남부 가나안 동맹군이 패하게 된다. 이유는 소돔과 고모라와 같이 타락했기 때문이다. 이 전쟁은 하나님께 속한 것이었기에 남부 가나안 동맹군이 이때 전쟁에 패했을 때 원인을 분석해 회개했더라면 소돔과 고모라의 멸망은 없었을 것인데 그런데 이렇게 전쟁에 패하고 나서도 그들은 회개하지 않았다. 그래서 결국 유황불 심판을 받았다.

창14:9 엘람 왕 그돌라오멜과 민족들의 왕(고임왕) 디달과 시날 왕 아므라벨과 엘라살 왕 아리옥 네 왕이 다섯 왕과 맞서 싸웠더라

북부 가나안 동맹군(그돌라오멜)의 네왕이 남부 가나안 동맹군(소돔과 고모라 왕이 속함) 다섯 왕을 공격했다는 것이다.

창14:10 소금물이 흐르는 싯딤 계곡에는 아스팔트 구덩이가 많았는데 소돔 왕과 고모라 왕이 도망칠 때에 거기에 빠졌으며 그 나머지는 산으로 도망하였더라

헬라어서 강조 용법은 같은 말을 두 번 반복해서 사용하는데 지금 구덩이라는 말을 반복해서 사용함으로 구덩이가 아주 많음을 설명하고 있다. 역청을 70인 역에서는 도로포장에 쓰이는 아스팔트로 해석하고 있다.

창14:11 그들이 소돔과 고모라의 모든 재물과 그들의 모든 귀리를 탈취해 가고
창14:12 소돔에 거하는 아브람의 형제 아들인 롯을 취한 후 그들은 짐을 꾸려 갔더라

여기서 우리가 기억하여야 할 사실은 하나님을 가까이하지 아니하고 세상 쾌락과 재물만을 추구하던 롯의 결국은 비참했다. 이와 같이 우리도 역시 세상 것만 추구하다가 결국 비참한 결과를 맞이하게 되는 것이다.

또한 창세기에 귀리가 등장한다.

창14:13 어떤 도망한 자가 와서 멀리 있는 아브람에게 소식을 전했으니 아브람은 아모리 족속의 추장 마므레라는 사람의 땅 오크나무에 거주하였더라 마므레는 에스골의 형제요 또 아넬의 형제라 이들은 아브람과 동맹한 자들이더라

70인 역에는 "히브리"라는 말이 나오지 않고, 또한 "마므레"는 지역명이기도 하지만 아모리족속의 추장이기도 하다. "상수리나무 근처"가 아닌 오크나무로 나온다.

창14:14 아브람이 자기 형제가 사로잡혀 갔음을 듣고 자기 집에서 태어난 특별한 종 삼백십팔 명을 거느리고 단까지 쫓아가서

롯을 말할 때 70인 역에서는 그의 형제의 아들로 말했는데 70인 역에서는 그의 형제의 아들이라는 말을 생략하고 형제라 쓰고 있다. 그리고 훈련된 자라 나오지 않고 "특별한, 구별된자"라고 나온다. 삼백십팔 인이라 함으로 아브람에게 딸린 식솔은 도합 천 여 명이 넘었던 것으로 추정할 수 있다. 이들의 부모와 여자 형제들의 수를 어림하여 318에 4를 곱하여도 1,272명이란 수가 나오기 때문이다. 그런데 혹자는 만 여명이 될 것이라 말하기도 한다.

창14:15 그와 그의 종들이 밤에 그들에게 건너가 공격하기 시작해 그들을 치고 다마섹 왼편에 있는 호바까지 추격하여
창14:16 소돔의 모든 말을 다시 찾아오고 자기 형제 롯과 그의 재산과 여자들과 백성들도 다시 찾아왔더라.

"재물"을 70인 역에는 "모든 말들을 찾아왔다"고 되어 있다.

창14:17 아브람이 그돌라오멜과 그와 함께한 왕들을 베고 돌아온 후 소돔 왕이 사웨 골짜기 곧 왕의 평지로 나와 그를 만났고
창14:18 살렘 왕 멜기세덱이 빵과 포도주를 가지고 나왔으니 그는 지극히 높으신 하나님의 제사장이었더라

"살렘"은 예루살렘의 고대 명칭으로 그는 이방인들 가운데서도 순수하고 올바른 신앙인 하나님을 섬긴 가나안의 왕이었다고 한다. 그는 왕과 제사장이란 이중신분을 가졌다. 그는 가나안 지역이 우상 숭배를 할 때 의와 평강으로 나라를 다스렸다. 시작과 끝, 출생과 족보가 없이 갑자기 나타났다 사라진 것으로 볼 때 예수를 상징한다.

창14:19 그가 아브람을 축복하며 말하기를 하늘과 땅을 창조하신 지극히 높으신 하나님이여 아브람에게 축복을 주시옵소서
창14:20 너의 원수들을 네 손에 넘겨주신 지극히 높으신 하나님을 찬양하라 하니 아브람이 모든 것의 십분지 일을 그에게 드리더라

십일조를 70인 역에서는 십분지 일로 되어 있는데 이 십일조는 본래 성전에서 봉사하는 자들을 위해 자신의 재산이나 소득 중 십분 일을 바치는 것으로 셈족 이외의 문화권에서도 널리 시행되던 제도이다. 모세율법으로 성문화(레27:30-33; 민18:21-32)되기 이전에 본 절에서 이미 시행되었다는 점은 십일조는 율법으로 말미암은 것이 아니라 복음으로 말미암은 것이라는 사실을 알게 해 준다. 즉 구약이 아닌 신약과 같은 것이다. 그러므로 십일조를 율법으로 여겨 십일조 폐지를 주장하는 자들은 잘못된 주장이다.

창14:21 소돔 왕이 아브람에게 말하기를 사람들은 내게 돌려주고 물품은 네가 취하라 하니

"물품"이라 되어 있는데 70인 역은 "말"로 되어 있다. 소돔 왕이 이렇게 말한 이유는 당시 전투에서 노획한 전리품에 대하여는 정복자의 권리를 인정해 주던 고대 관습에 따른 조치이다.

창14:22 아브람이 소돔 왕에게 말하기를 내가 하늘과 땅을 창조하신 지극히 높으신 하나님께 내가 손을 들어 표시하노니

"맹세"라는 말이 70인 역에서는 표시로 되어 있다. 이렇게 손을 들어 맹세하는 것은 신적인 엄숙한 서약을 할 때 취하던 히브리인들의 일반적 행동 양식(신32:40, 단12:7, 계10:5,6)으로 하늘을 향해 오른손 또는 양손을 치켜드는 것을 뜻한다. 이것이 후에 관용어가 되어 그들은 맹세할 때마다 이런 행동을 취한다.

창14:23 네 말이 내가 아브람을 부자로 만들어 주었다라고 네가 말하지 않게 하기 위하여 내게 속한 것은 실오라기나 신발 끈이라도 내가 취하지 아니하리라

설령 아브람이 전리품을 취하였다 하더라도 그것은 정당한 그의 권리를 누리는 것이 된다. 그러나 이를 거절한 것은 이기적인 롯의 태도와는 좋은 대조를 이룬다(창13:10,11). 이처럼 아브람이 재물에 유념하지 않은 것은 자신의 삶을 지배하고 계시는 주 하나님을 잊지 않았기 때문이다. 만일 그가 소돔 왕의 하사품을 받았더라면 그가 군사를 일으킨 순수한 동기마저 희석될 우려가 있었고 동시에 향후 행동에 있어서도 소돔 왕으로부터 절대적인 독립을 유지하기 어려웠을 것이다.

창14:24 그러나 젊은 사람들이 먹었던 것과 나와 함께 갔던 아넬과 에스골과 마므레의 몫만은 제외하여 그들이 그 몫을 취할 것이니라

비록 아브람이 자신의 몫을 포기했지만 그렇다고 다른 협력자(13절)들의 몫을 아브람 마음대로 포기해서는 안 된다. 그래서 전쟁에 함께했던 이들의 몫은 보장해 주고 있는 것이다.

| 창세기 15 장

창15:1 이런 일들 후에 주의 말씀이 환상 중에 아브람에게 임하여 말씀하시기를 아브람아 두려워 말라 나는 너의 방패요 내가 너의 지극히 큰 급여니라 하시니라

"방패"라는 말은 "보호"를 의미한다. 상급이라는 말이 70인 역에서는 "임금. 급여"로 되어 있다.

창15:2 아브람이 말씀드리기를 주님이시여 나에게 무엇을 주시려 하나이까 나는 자식이 없어 자유하오니 나의 가족은 다메섹의 아들 이 시리아 사람 엘리에셀이니이다

"상속자는 다메섹 사람 엘리에셀"이라는 말이 70인 역에서는 상속자가 아닌 가족으로 되어 있고, 다메섹은 "시리아"로 되어 있다. 당시 근동에서는 이런 양자 관습이 있었다. 이러한 관습에 대하여는 후에 나올 저의 책 "관용어 본 성경"이라는 책을 참고해 주시기 바랍니다.

창15:3 아브람이 말씀드리기를 주께서 내게 결코 씨를 주시지 아니하셨으니 나의 가족이 나의 상속자가 될 것이니 이다

"내 집에서 길린자"라는 말이 70인 역에서는 "나의 가족"으로 되어 있다. 당시 아브람은 종들을 종으로 취급하지 않고 가족으로 대했던 것이다. 그런데 앞에서 자식이 없는데 가족이 했으니 이는 개정성경과 같이 "길린자"를 말하는 것이다.

창15:4 주의 말씀이 그에게 임하여 말씀하시기를 이 사람은 결코 너의 상속자가 되지 않을 것이니 너 자신의 몸에서 나올 자가 네 상속자가 되리라 하시고
창15:5 그를 밖으로 데리고 나가 그에게 말씀하시기를 이제 하늘을 쳐다보고 별들을 셀 수 있다면 그 별들을 세어 보아라 또 그에게 말씀하시기를 너의 씨가 이와 같으리라 하시더라
창15:6 아브람이 하나님을 믿으니 주께서 그것을 그에게 의로 생각하셨더라

"공의"라는 말은 70인 역에서는 법적 용어인 "디카이오쉬넨"인 "법. 정의. 의"로 되어 있다. "믿으니"라는 말은 70인 역에서는 "에피스튜센" 이라 해서 "믿다. 믿음을 갖다"라는 뜻을 가지고 있다. 다시 말해 아브람이 5절 하나님의 말씀에 대하여 믿음을 가지자 의로 여겼다는 것이다. 즉 하나님이 아브람을 무조건 의롭다고 법적으로 재판한 것이 아니라 아브람이 믿자 의롭다고 재판을 결정했다는 것이다. 그러므로 예정론의 하나님이 일방적으로 의롭다 여겼다는 말은 생각해 볼 여지가 있는 말씀이다. 우리의 거듭남이 바로 하나님의 일방적인 선택이 아닌 이렇게 믿음으로 되어짐을 알 수 있는 것이다. 이 부분은 저의 책 "성경보는 안경" 1.2권과 "성경의 진수" 1.2권을 참고해 주시기 바랍니다. 또한 "여기시고"라는 말도 "엘로기스데"라 해서 "계산하다. 생각하다"라 해서 계산해 본 결과 의로 여겼다는 것이다. 이 부분도 저의 책 "탈무드" 1.2.3권을 참고해 보시기 바랍니다.

창15:7 주께서 그에게 말씀하시기를 나는 이 땅을 네게 주어 상속을 삼게 하려고 갈데아 지역에서 너를 불러온 하나님이라 하시니

"소유"라는 말은 70인 역에서는 상속으로 되어 있고 "우르"는 "지역. 시골"로 되어 있다.

창15:8 그가 말하기를 절대적 통치자이신 주님이시여 내가 이 땅을 상속 받을 것을 무엇으로 알리이까 하더라

"무엇으로 알리이까"-주석가는 이 물음은 더 큰 확신을 하기 위한 열의의 반문으로 보지만 저는 아직껏 하나님의 약속을 믿지 못하는 의심과 불신앙의 반문이라 보고 싶다. 뒤에 나오는 내용이 바로 이 아브람의 반문으로 인해 후손들이 400년 동안 종살이를 하기 때문이다.

창15:9 주께서 그에게 말씀하시기를 나를 위하여 삼 년 된 암소와 삼 년 된 암염소와 삼 년 된 숫양과 산비둘기와 집비둘기를 취하라 하시니

개정성경에는 "산비둘기와 집 비둘기 새끼"라고 나오지만 70인 역에서는 "그냥 산비둘기와 집비둘기"로 나온다.

창15:10 그가 이 모든 것을 그에게로 가지고 와서 그것들을 가운데로 쪼

개 그 쪼갠 것을 서로 마주 대하여 놓았으나 새들은 쪼개지 아니하였으니

레1:14-17절을 보면 새를 드리는 방법이 나오는데 레1:17절에 새는 아주 쪼개지 말고 몸통을 반절쯤 쪼개 열어 젖히라 하고 있다. 이렇게 볼 때 어쨌든 새도 역시 몸통을 완전히 쪼개진 않아도 반 정도를 쪼개 놓아야 하는데 아브람은 이것을 하지 않은 것이다. 그냥 통째로 드린 것이다. 이것이 결국 화근이 되어 솔개인 마귀의 공격을 받았고 후손들이 400년 동안 종살이를 하게 된다. 이렇게 잘못된 번제는 오히려 드리지 않은 만 못한 것이다. 이 번제 부분은 저의 책 "돈 걱정 끝" 부분을 꼭 참고해 주세요. 레1:5절 이하를 보면 번제를 드릴 때는 번제를 드리는 사람이 번제물에 안수를 하여 자신의 죄를 제물에 전가한 후 번제를 드리는 사람이 번제물의 피를 받아 제사장에 주면 제사장은 그것을 가지고 번제단에 사방에 뿌리고 그 고기 역시 번제를 드리는 사람이 직접 손질하면 제사장들이 그것은 번제단에 올려놓으면 제사장이 그것을 불사르는 것으로 되어있다.

창15:11 새들이 그 시체 위에 내리자 아브람이 그것들로 인하여 어려움을 겪었더라

개정성경에는 "솔개"라 나오지만 70인 역은 "독수리"로 나오고 있고, "아브람이 쫓았다"고 나오는데 70인 역은 "새로 인해 아브람이 어려움을 겪었다"고 나온다. 본 절은 개정성경의 해석이 더 탁월한 것 같다.

창15:12 해가 질 때 아브람이 비몽사몽에 빠졌는데 보라 어둠에 대한 두려움이 그에게 크게 임하였더라.

독수리를 쫓던 아브람은 지쳐서 깊은 잠에 빠졌다. 그런데 70인 역은 깊은 잠을 행10:10절의 비몽사몽이라는 단어를 쓰고 있다. 이는 지금 아브람이 꿈인지 생신지 모르는 상황에서 환상을 본 것이다. 비몽사몽 간에 아브람은 어둠에 대한 두려움을 크게 느꼈던 것이다. 이 말이 비몽사몽으로 되어 있으므로 12-17절까지 사건은 실제 사건이 아닌 환상 가운데 번제에 불이 붙는 것을 보았다는 말이 된다. 물론 그 후 실제로 번제가 불에 살라지었을 것이다.

창15:13 아브람에게 말씀하시기를 너는 분명히 알지니 네 씨가 외국인이 되어 결코 너의 땅이 아닌 곳에서 그들을 노예로 섬길 것이요 그들이 사백 년 동안 네 자손을 억압하고 해를 끼치게 하리니

아브람의 후손이 400년 동안 노예가 된 이유는 본 장 10절에 그 내용이 잘 설명이 되어 있으니 참고 바란다. 또한 정확한 기간은 430년이지만 본 절에서는 대략을 말씀 하신 것이다(출12:40).

창15:14 그들이 노예로 섬길 그 민족을 내가 또한 심판하리니 그 후에 그들이 많은 짐을 꾸려 여기로 나오리라

"큰 재물"이 70인 역에서는 "많은 짐"으로 지어 있다. 그리고 70인 역에서는 지금 아브람이 있는 곳으로 올 것이라 해서 "여기로 나올 것이라" 말하고 있다.

창15:15 너는 평안히 네 아버지들에게로 돌아 갈 것이며 너는 아름다운 노년을 보낸 후 장사될 것이라

"조상에게 돌아간다"는 말이 70인 역에서는 "아버지들"로 되어 있다. 즉 성경에는 할아버지라는 말이 나오지 않는다. 이는 아버지라는 자체가 조상이기 때문이다. 또한 "장수하다 장사지낸다"는 말은 "아름다운 노년을 보낸다"라는 말로 되어 있다.

창15:16 사 대만에 그들이 이곳으로 다시 돌아오리니 이는 아모리 인들의 죄가 아직 많지 아니함이니라 하시니라

구약에서 한세대는 100년이지만 신약은 70년이다. 당시 가나안에는 여러 민족이 있었지만 아모리 족속만 강조한 것은 아모리 족속이 가장 강력한 족속이었기에 이것이 굳어 관용어처럼 되어 가나안 하면 아모리 족속이라 했던 것이다. 하나님은 아모리 족속에서 400년 동안 사실 기회를 주었지만 그들은 그 회개의 기회를 놓쳤다.

창15:17 해가 져서 어두워졌을 때에 연기 나는 가마가 보이며 불타는 횃불이 쪼갠 고기 사이로 지나가며 불사르더라

해가 질 때 화로(가마)에서 연기가 나며 불꽃이 나오더니 그 재물을 불살랐다는 말이다. 그런데 이 현상이 12절을 보면 실제 일어난 것이 아닌 엑스타시스라 해서 환상 가운데 일어났다는 것이다. 즉 환상 가운데 화로가 보이더니 그곳에서 횃불 같은 불꽃이 나와 제물을 불살랐다는 말이다. 그러므로 환상 가운데 두 가지가 일어났는데 첫째는 불이 보였고 둘째는 하나님의 음성이 들린 것이다. 개정성경에는 제물을 불살랐다는 말이 나오지 않지만 70인 역에는 나온다. 어쩌면 하나님의 음성이 들린 부분만 환상 가운데 포함되고 불사라는 부분은 환상 후의 사건인 것 같다.

창15:18 그 날에 주님께서 아브람을 지명하여 언약을 세워 말씀하시기를 내가 이 땅을 애굽 강에서부터 큰 강 유브라데 까지 네 씨에게 주었으니

훗날 다윗과 솔로몬 치세 때에 이루어졌기에 이는 상징적인 국경이 아닌 실제적 국경이었던 것이다(왕상4:41, 대하9:26). 앞으로 '줄 것이라'가 아닌 '주었다'라고 하며 과거형으로 쓰고 있다.

창15:19 곧 겐 족속과 그니스 족속과 갓몬 족속과
창15:20 헷 족속과 브리스 족속과 르바 족속과
창15:21 아모리 족속과 가나안 족속과 유아이족속과 기르가스 족속과 여부스 족속의 땅이니라 하셨더라

70인 역에서만 나오고 개정성경에는 안 나오는 족속이 있는데 그 속이 바로 "유아이" 족속이다. 하나님이 아브람에게 주시기로 약속한 땅들은 19-21절에 나오는 족속으로 이들이 곧 가나안땅을 차지하고 살았는데 하나님은 이들의 땅을 주신다는 것이다.

| 창세기 16 장

창16:1 아브람의 아내 사래는 그에게 결코 자식을 낳지 못하였더라 그녀에게 애굽인 여종이 있었는데 이름이 하갈이라

당시에 히브리인들에게 있어서 아이를 갖지 못하는 것은 단순히 신체적 결함으로 여기기보다는 하나님으로부터 저주 받은 것으로 여겨졌다(창20:17,18). 하갈은 기근으로 애굽에 내려갔을 때(창12장) 바로에게 선물로 받은 노비 중 하나에 해당함

창16:2 사래가 아브람에게 말하기를 보소서 주께서 나의 태를 닫아 자녀 낳는 것을 결코 허락하지 않으시니 원하건대 무자 한 나를 위하여 내 여종에게 들어가소서 혹 그로 말미암아 자녀를 얻을까 하노라 하니 아브람이 사래의 말을 듣고 따르니라

족장이나 부호와 같은 상류 계층에선 부부간에 자식이 없을 경우, 아내가 자신의 여종을 남편에게 주어 후사를 보도록 하는 것이 고대 근동의 관습이었다. 이에 아브람이 응했는데 이는 사래의 요구가 하나님의 뜻과 계획에 상반되는 철저히 인간적인 방법임을 알면서도 이에 한마디의 반론도 제기하지 않은 채 수락한 것이다. 이는 아브람이 약속의 본질에는 관심이 없고 그 성취 방법에만 몰두하였던 것이다. 이처럼 하나님의 뜻을 인간적인 방법과 잔꾀로 성취해 보려고 하는 것은 인간 교만의 발로이자 잘못이다. 이 일이 결국 큰 화근을 몰고 오게 된다.

창16:3 아브람의 아내 사래가 그녀의 여종 애굽인 하갈을 데려다 자기 남편 아브람에게 그의 아내가 되도록 주었더니 이는 아브람이 가나안 땅에 십 년을 거한 후였더라

"첩으로 주었다"고 나오지만 70인 역은 "아내로 주었다"고 나온다. 이 일은 아브람이 하란을 떠나 가나안으로 이주할 때의 나이는 75세였기에(창12:4) 이때는 아브람이 85세가 되던 해이다. 그런데 하나님의 약속의 자녀인 이삭은 그로부터도 15년이 더 지난 100세가 되어서야 비로소 주어졌으니(창21:5) 하나님을 신뢰하며 그분의 말씀대로 산다는 것은 결코 쉬운 일이 아님을 알 수 있다.

창16:4 그가 하갈에게로 들어가니 그녀가 임신하였더라 그녀가 자궁에 소유한 것을 알고 나서 그녀의 면전에서 여주인을 얕잡아본지라

70인 역에서는 "임신한 것을 자궁에 소유한 것을 말하고" 있고, "멸시했다"는 말을 "얕잡아보았다"고 말하고 있다. 하갈이 이렇게 자기 여주인인 사래를 얕잡아 본 것은 당시에 여자가 잉태치 못하는 것을 대단한 치욕으로 생각했고, 다산은 신의 은총으로 간주했기에(창29:32,35 30:6,20) 이러한 일이 충분히 일어날 수 있었던 것이다(삼상1:6). 결국 사래는 자기 꾀에 자기가 넘어간 것이다.

창16:5 사래가 아브람에게 말하기를 내가 받는 비난은 당신이 받아야 하리이다 내가 내 여종을 당신의 품에 주었거늘 그녀가 자궁에 소유한 것을 알고서는 나를 얕잡아보니 하나님께서 나와 당신 사이를 판결하시리이다 하니

"모욕"은 70인 역에서는 "불의. 비난"으로 되어 있다. 사래의 이 같은 책임회피는 아담으로 시작되었다. 사래가 이런 대우를 종으로부터 받을 때 사실은 사래가 자기 자신을 뒤돌아보며 성찰하며 회개하는 자세를 가져야 하는데 오히려 뻔뻔하게 하나님이 판단하시길 원한다 하며 하나님의 이름을 남용하고 하고 있다.

창16:6 아브람이 사래에게 말하기를 보라 당신의 여종은 당신의 손안에 있으니 당신에게 좋을 대로 그녀에게 행하라 하기에 사래가 그녀에게 노하게 대했더니 그녀가 사래의 얼굴로부터 도주하였더라

"학대했다"는 말을 70인 역에서는 "사래가 노하게 대했다"고 되어 있다. "눈에 좋은 대로~행하라"라는 말은 당시 히브리식 관용적 표현으로 당시의 관습에 의하면 여주인인 사래는 하갈를 종으로 환원시킬 수 있는 권리가 있었다. 따라서 이 말은 사래가 그렇게 하여도 좋다는 뜻이다.

창16:7 주님의 천사가 광야의 샘물 곁 곧 술로 가는 길에 있는 샘 곁에서 그녀를 만나

여호와의 사자(말라크 예호와)=주석가는 말라크(사자)는 '보냄을 받은 자'란 뜻으로 대개는 천사를 의미한다(창19:1, 민20:16, 왕상13:18, 호12:4, 슥2:3). 그러나 여기서는 성육신 이전 이 땅에 현현하신 성자 하나님 곧 그리스도를 의미하는데 이는 (1) 하갈이 그를 가리켜 '하나님'이라 부른 점(13절) (2) 죄인으로서 제1위 되시는 성부하나님의 본체를 본 자는 살 수 없다는 점(출19:21-24, 삿13:22), 제 3위 되시는 성령은 단일성을 지닌 불가변적 존재이므로 인신의 형태를 취하지 않는다는 점 등을 고려할 때 그러하다고 주석가들은 말하지만 70인 역에서는 주님의 천사로 말하고 있다. 이 부분은 저의 책 "삼위일체"를 꼭 참고해 주시기 바랍니다.

창16:8 주의 천사가 그녀에게 말하기를 사래의 여종 하갈아 네가 어디서 왔으며 어디로 가느냐 하니 그녀가 말하기를 나는 내 여주인 사래의 얼굴로부터 탈출하나이다 하더라

"도망"을 70인 역에서는 탈출로 말하고 있다. 하갈은 지금 자신의 고향 애굽으로 다시 돌아가고 있었다.

창16:9 주님의 천사가 그녀에게 말하기를 네 여주인에게 돌아가서 그녀의 손 아래로 낮추어라 하고

"수하에 복종"하라는 말이 70인 역에서는 "손 아래로 낮추"라 되어 있다.

창16:10 주님의 천사가 그녀에게 말하기를 내가 네 씨를 반드시 번식케 하리니 그 수가 많아 결코 셀 수 없게 되리라 하더라

"크게 번성케 한다"는 말이 70인 역에서는 "번식"이라는 말이 반복되고 있다. 이렇게 반복되는 것은 '반드시'라는 뜻으로 강조 용법으로 사용하는 기법이다. 창13:16절에서는 아브람의 씨는 셀 수 있게 해 준다고 했는데 본 절을 보면 이스마엘의 씨는 셀 수 없이 많게 해준다고 함으로 이삭의 후손보다 이스마엘의 후손이 더 많을 것을 시사하고 있다. 이 하갈의 아들 이스마엘의 후손은 결국 오늘날 터키인들과 아랍인들을 구성하는 12족속의 조상이 되었다(창25:12-16).

창16:11 또 주님의 천사가 그녀에게 말하기를 보라 네가 자궁 속 안에 소유하였으니 아들을 낳을 것이요 그의 이름을 이스마엘이라 하라 이는 주께서 네 비천을 들으셨음이라

이스마엘이라 하라=히브리 사회에서 이름을 지어주거나 부여하는 것은 종주권 또는 특별은혜를 주신다는 뜻으로 이스마엘에게 이런 은총을 주신 이유는 아브람 때문이다(창12:3).

창16:12 그가 사람 중에 촌뜨기가 되리니 그의 손이 모든 사람을 대적할 것이요 모든 사람의 손이 그를 대적할 것이라 그가 그의 모든 형제 면전에서 거할 것이라 하니라

"들나귀가 된다"는 말이 70인 역에서는 "촌뜨기로 산다"는 말로 되어 있는데, '이스마엘과 그 후손이 들나귀 같으리라'는 하나님의 이 예언은 30세기가 흐르는 역사 속에서 정착 생활을 단념하고 문명 생활을 멸시하면서 약대나 말을 타고 창을 든 채 광활한 자연을 마음껏 누비면서 난폭하고 거칠게 살아가는 베두인계 아랍족들 및 사라센 족들에 의해 성취되어 말 그대로 촌뜨기처럼 살고 있다.
그 손이-치겠고-. 칠지며 라고 되어 있는데 이는 이스마엘 자손의 호전적인 성격으로 인해 그 이웃 족속들과 반목할 것을 뜻한다. 이 말씀이 그대로 성취되어 오늘날 아랍인들의 테러로 온 세계가 테러 공포증에 빠졌고, 또한 모든 형제와 대항해서 살리라라는 말씀도 문자적으로 그대로 성취되어 이스마엘 자손이 가나안 땅의 면전이라 할 수 있는 유프라데스와 수에즈 운하, 홍해 사이의 광대한 사막 지역에 거주하며 살고 있다.

창16:13 그녀가 자기에게 말씀하신 주의 이름을 부르기를 나를 감시하시는 하나님이라 하였으니 이는 그녀가 말하기를 나의 앞에서 나를 눈으로 보고 계신 하나님을 뵈었는고 함이라
창16:14 그래서 그 우물 앞에서 보시는 곳이라 해서 우물이란 뜻으로 브엘라해로이라 불렀으니 보라 그것은 가데스와 베렛 사이에 있더라

"샘이"라는 말이 70인 역에서는 "우물"로 되어 있고 또한 "브엘라해로"이라는 말로 역시 70인 역에서는 "우물"로 되어 있다.

창16:15 하갈이 아브람에게 아들을 낳으니 아브람이 하갈이 낳은 자기 아들의 이름을 이스마엘이라 불렀더라
창16:16 하갈이 아브람에게 이스마엘을 낳았을 때 아브람은 팔십육 세였더라

ㅣ창세기 17 장

창17:1 아브람이 구십구 세가 되었을 때 주께서 아브람에게 나타나셔서 그에게 말씀하시기를 내가 너희 하나님 그이다 내 앞에서 매우 기쁘게 행하라 그리고 책망할 것 없는 자가 되라

99세는 하란을 떠난 지 25년째 되는 해이고, 전능한 이란 말은 70인 역에서는 "에고 에이미"로 되어 있고, "내 앞에서 행하라"는 말은 70인 역에서는 "매우 기쁘게 행하라"는 말이고. "완전하라"는 말은 70인 역에서는 "책망할 것 없는"으로 되어 있다.

창17:2 내가 나와 너 사이에 내 언약을 설립해 너를 심히 번성케 하리라 하시니
창17:3 아브람이 주의 면전에 엎드리더라 하나님이 그에게 말씀하여 이르시되
창17:4 보라 내가 너와 더불어 내 언약을 세우노니 너는 많은 민족의 아버지가 되리라

"열국의 아비"라는 말은 70인 역에서는 "많은 민족의 아버지"로 되어 있다.

창17:5 네 이름을 결코 아브람이라 부르지 않고 네 이름을 아브라함이라 하리니 이는 내가 너를 많은 민족의 아버지로 만들었기 때문이라
창17:6 내가 너를 다산하게 해서 심히 인구가 증가하게 할 것이라 내가 네게서 민족들을 이루며 네게서 왕들이 나오게 하리라

이스라엘에서 "증가하고 번성하다"라는 말은 무조건 인구증가를 말한다. 이스라엘서 다산은 성경에서는 복중의 복을 말한다. 그러므로 "심히 번성케"라는 말은 다산으로 해석해야 한다. 헬라어에서 같은 단어가 두 번 반복될 때는 언제나 강조 용법으로 쓰이는데 '심히'라는 말이 바로 "습흐드라 습흐드라"라 되어 있다.

창17:7 내가 나와 너와 네 씨 사이에 대대로 내 언약을 세우리니 영원한 계약 안에서 너와 너의 후에 있을 씨의 하나님이 되리라

영원한 계약이란 영원한 계약 안에서라는 뜻으로 이는 계약을 지킬 때만 너와 나의 하나님이 된다는 말로 계약을 지키지 않으면 하나님이 안 된다는 말이다.

창17:8 내가 너와 네 씨에게 네가 이방인으로 거주하는 이 땅 곧 가나안 모든 땅을 주어 영원히 소유하게 하고 나는 그들의 하나님이 되리라 하시니라
창17:9 또 하나님께서 아브라함에게 말씀하시기를 그러므로 너는 내 언약을 지키고 너와 너의 후에 있을 씨도 대대로 지키라
창17:10 이것이 나와 너희와 너의 후에 있을 씨 사이에 대대로 지킬 계약으로 너희 가운데 모든 남자는 다 할례를 받을지니라

남자에게만 할례를 행한 이유는 하와가 남자에게서 나왔기에 이 남자 안에 여자가 자동으로 포함되어 있기 때문이다.
창15장에서의 계약의 증표는 번제라는 의식이었지만 본 장에 와서 계약의 증표는 몸에 지닌 할례를 말하고 있다.

창17:11 너희는 너의 포피의 살에 할례를 행하라 이것이 나와 너희 사이의 언약의 표시니라
창17:12 너희 대대로 모든 남자아이는 너희 집에서 태어난 가족이거나 네 가족의 씨가 아니라 외국인에게서 은으로 산 모든 자손이라 할지라도 난지 팔 일이 되면 너희 가운데서 할례를 받아야 하느니라

팔일 만에 할례를 실시하는 이유는 먼저 생리적으로 유아가 별로 통증을 느끼지 않으며 동시에 피가 가장 빨리 응고되는 최적기이기 때문이다. 그러나 이외에도 상징적 이유가 있는데 (1) 의식상, 새로 태어난 남자아이는 7일 동안 부정하므로(레12:2) 그 이전에 하나님께 구별하여 드림이 합당치 않기 때문이고 (2) 구속사적으로, 제 팔 일은 안식일이 지난 첫 번째 날로서 그리스도의 부활(마28:1; 막16:2; 눅24:1; 요20:1)과 함께 새롭게 출발하는 '새 생명'을 상징하고 있기 때문이다(롬8:10,11).

창17:13 너희 집에서 태어난 가족이든지 네가 돈으로 산 자든지 반드시 할례를 받아야만 하리니 나의 계약이 너희 살 위에서 영원한 계약으로 있게 될 것이니라.

70인 역에서는 할례라는 말을 반복해서 쓰는데 이는 강조 용법으로 "반드시"로 해석이 된다. 돌비에 새겨진 것은 율법이고, 심비에 새겨진 것이 성령이라면 표피에 새겨진 할례는 하나님의 영원한 계약이 지속되고 있다는 구원 계약의 증거물이다. 할례가 있는 이상 구원이 취소되지 않는다는 뜻이다.

창17:14 할례를 받지 아니한 남자 곧 제 팔일에 그의 포피에 결코 할례를 행하지 아니한 자는 그의 혈족 중에서 그 사람의 영혼을 박멸하리니 그가 내 계약을 배반하였음이라 하시더라

"백성 중에서 끊어지리니라"라는 말을 70인 역에서는 "영혼을 박멸한다"고 나온다. 이스라엘 사람들은 할례를 팔일 후에 하지만 아랍인들은 이스마엘이 13세 때 받았기에 13살이 되면 한다고 한다.

창17:15 또 하나님께서 아브라함에게 말씀하시기를 네 아내 사래의 이름을 결코 사래라 부르지 말지니 그녀의 이름이 사라가 될 것이라 하라

아브람이 아브라함으로 바뀐 것과 마찬가지로(5절) 사래에게 사라라는 새 이름이 주어진 것은 그녀가 아브라함과 더불어 믿음의 조상이 되는 것을 의미한다. 즉 이것은 그녀가 자신의 혈통을 좇아 날 예수그리스도(창15:4)로 인하여 구원을 얻게 될 수많은 영적 자녀의 어미가 되는 것을 뜻한다.

창17:16 내가 그녀를 축복해 그녀로부터 너에게 자식을 낳아 줄 것인데 내가 그 사라가 낳아준 자식을 축복해 그가 민족들이 되게 하여 그 자식으로부터 민족의 왕들이 나오게 하리라 하시더라

개정 성경에는 사라로부터 왕들이 나온다고 되어 있지만 70인 역은 사라는 사라인데 이삭을 통한 사라를 말한다. 다시 말해 사라가 낳은 이삭을 통해 민족들이 나오게 될 것이며 왕들이 나온다고 되어 있다.

창17:17 아브라함이 하나님의 얼굴 앞에 엎드린 채 웃으며 그의 마음속으로 말하기를 백 세가 된 사람에게 아들이 태어날 수 있으리요 사라가 구십 세니 어떻게 자녀를 낳을 수 있으리요 하고
창17:18 아브라함이 하나님께 말씀드리기를 이스마엘이나 주의 면전에

서 버림당하지 않고 사랑받으며 살게 해 주시길 원하나이다 하더라

아브라함은 지금 그런 불가능한 이야기는 농담으로 하시지 말고 선택에서 배제당한 이스마엘이나 하나님의 면전에서 사랑 받으며 살게 해 달라는 말이다.

창17:19 하나님께서 아브라함에게 확실하게 말씀하시기를 네 아내 사라가 네게 한 아들을 낳을 것이라 너는 그의 이름을 웃다라 해서 이삭이라 하라 내가 그와 그의 후손의 씨에게 내 계약(언약)을 세우리니 영원한 계약(언약)을 세울 것이니라
창17:20 이스마엘에 대해서도 내가 너를 들었나니 보라 내가 그에게 축복을 주었으니 내가 그를 다산케 하여 증가하게 할 것이며 크게 번성케 하리라 그가 열두 민족을 낳으리니 내가 그로 큰 민족을 이루게 하리라

"열두 방백의 조상이 될 것이라"는 이 약속은 창25:12-16에서 성취되었는데 그 열두 방백은 주로 아라비아 중부 및 북부 지역에 정착하였으며, 멀리로는 바벨론 지역에까지 진출하였다.

창17:21 나는 나의 계약을 사라가 내년 이맘때 네게 낳아 줄 이삭과 더불어 세우리라 하시더라
창17:22 하나님께서 아브라함과 이야기를 마치시고 그를 떠나 올라가셨더라
창17:23 이에 아브라함은 하나님께서 자기에게 말씀하셨던 대로 그 날에 그의 아들 이스마엘과 자기 집에서 태어난 모든 자와 돈으로 산 모든 자 곧 아브라함의 집사람들 중에서 모든 남자를 데려다가 그들의 표피에 할례를 주었더라
창17:24 아브라함이 자기 표피의 살에 할례를 줄 때는 그가 구십구 세였고
창17:25 그 아들 이스마엘이 그의 표피의 살에 할례를 베풀 때는 그가 십삼 세였더라
창17:26 그 날에 아브라함과 그의 아들 이스마엘이 할례를 받았으며
창17:27 그 집의 모든 남자 곧 그 집에서 태어난 자와 이방 민족에게서 돈으로 산 자들도 다 그와 함께 할례를 받았더라

| 창세기 18 장

창18:1 하나님께서 마므레 오크나무에서 그에게 나타나셨더라 그가 그 날 정오 때에 집 문에 앉았다가

상수리나무가 아닌 70인 역에서는 오크나무로 되어 있다. 이곳은 헤브론근교인에 롯과 헤어진 후 일찍부터 정착지로 삼아 지금까지 거주하고 있다. 뜨거울 때에 나오지만 70인 역은 정오로 나오는데 이때 태양이 하늘 중앙에 치솟아 가장 뜨겁다고 한다. 그러므로 더울 때라 해석해도 무난하다.

창18:2 눈을 들어 보았더니 보라 세 사람이 자기 곁에 서있더라 그가 그들을 보자 집 문에서 습격하듯이 뛰어 그들을 만나 몸을 땅에 굽혀 절하고

본 절에서 세 사람은 "안드레스"라 해서 "남자. 사람"으로 말함으로 본 절에 나타난 세 천사는 여자가 아닌 남자, 또는 사람을 말한다. 이렇게 천사는 성경에서 반드시 남자로 나타나는데 지금은 여자로 표현되는 것은 나이키 신의 영향을 받은 것이다.

하나님은 무형상이신데 이렇게 사람의 모습으로 나타났음으로 이는 천사이다. 이 부분은 저의 책 "영적존재에 대한 이야기"라는 책에 잘 나와 있습니다.

창18:3 말하기를 내 주여 내가 만일 주의 면전에서 은혜를 입었사오면 간구하오니 주의 종을 떠나지 마옵소서

내 주여-아브라함이 세 사람의 나그네에 대하여 단수인 내 주여를 사용한 점은 인상적이다. 그러므로 어떤 학자들은 이에 의거해 아브라함이 세 사람의 나그네 중 한 사람이 하나님이심을 즉시로 깨달았나고 해석하기도 한다. 그러나 (1) 이는 세 사람을 총칭하는 대표 단수이며, (2) 주에 해당하는 히브리어 아도나이와 헬라 퀴리오스가 종교적 의미뿐 아니라 남편(12절)이나 상전(창24:12) 또는 상대방을 높여 부르는 일반적인 의미도 함께 쓰이는 단어이다. 그래서 뒤에 나오지만 요셉을 향하여 당시 애굽 사람들과 요셉의 형들이 '주여'라고 부른다. (3) 아브라함이 부지중에 천사들을 대접하였다고 성경이 친히 증거하고 있는 점(히13:1)등에 의거할 때 그렇지 않다는 것을 알 수 있다.

창18:4 물을 가져오게 하여 당신들의 발을 씻으시고 나무 아래서 급속냉동하소서

발을 씻으시고 -아랍과 팔레스틴 지역은 대부분 모래와 먼지가 덮인 거친 사막길로 되어 있다. 따라서 샌들 같은 간단한 신발만 신고 먼지 길을 오래 걸은 여행자들에게는 발 씻을 물이 절실히 요구되기 마련이다. 이런 상황으로 인해 고대 근동에서는 자신의 집을 방문한 손님에게 발 씻을 물을 가져다주는 것이 필수 관행이 되었는데 이는 손님 접대에 있어서 최상 최적의 예우였다.
쉬라는 말이 70인 역에서는 급속냉장이라는 단어로 되어 있는데 이는 곧 나무 그늘에서 휴식하며 식사하기에 편한 자세를 취하라는 의미이다. 오늘날도 옆으로 누운 자세에서 왼팔로 몸을 바치고 오른손으로 음식을 먹는 것은 히브리인들에게서 흔히 찾아볼 수 있는 식사법이다(요13:23).

창18:5 내가 빵을 가져오리니 드시고 회복하신 후에 길을 계속 가소서 이는 당신들께서 당신들의 종 옆으로 오셨음이니이다 하니 그들이 말하기를 네가 말한 대로 그리하라 하더라

"떡"이 아닌 70인 역에서는 "빵"으로 되어 있고, "상쾌하게 하라"라는 말은 70인 역에서는 "드리시고 회복하라"는 말로 되어 있고, 또한 "오셨다"는 말은 "옆으로 오셨다"고 되어 있다.

창18:6 아브라함이 급히 집으로 들어가 사라에게 가서 말하기를 밀가루 세 되를 속히 가져다가 반죽을 하여 뜨거운 재로 구원 케이크를 만들라 하고

고운가루가 70인 역에서는 밀가루를 말하고 떡은 빵을 말하는데 이는 일반적인 빵이 아닌 아주 고급스러운 빵을 의미하는데 70인 역에는 뜨거운 재로 구원 케이크를 말한다.

창18:7 아브라함이 소에게로 달려가서 부드럽고 좋은 송아지를 잡아 하인에게 주니 그가 급히 요리한지라
창18:8 아브라함이 엉긴 젖인 버터와 우유와 그 사람이 요리한 송아지를 가져다가 그들 앞에 차려 놓고 나무 아래서 그들 곁에 서니 그들이 먹으니라
그들이 먹으니라 -유대 주석가 및 일부 카톨릭 학자들은 이에 대하여 해석하기를 그들이 단지 먹는 척하였을 뿐이지 실제로 먹은 것은 아니라고 주장한다. 영적 존재들이 육적인 음식을 먹었다는 것은 이해하기 어려운 일이기 때문이었다. 그러나 이는 마치 부활하신 예수 그리스도께서 그의 제자들과 함께 음식을 드신 것(눅 24:41-43)과 같은 이유이기에 충분히 가능했다. 만약 예수님이 음식을 잡수시지 않았다면 어쩌면 유대 주석가들의 주장이 맞을 수도 있었지만 예수님이 식사를 하심으로 이는 충분히 가능한 일이었다. 이 부분에 대하여 요세푸스의 구약 이스라엘사에는 "아브라함이 그들이 먹는지 어떤지를 보기 위해 조용히 했다"라고 말한다. 이때 아브라함은 나그네들과 같이 앉아서 식사하지 않고 그들이 나무 밑에서 먹는 동안 곁에 서서 시중을 들었기 때문이다. 그런데 이것은 당시에 손님에 대하여 극진한 예우를 갖추는 행동이지 먹는지 안 먹는지 감시하기 위함이 아니었다.

창18:9 그들이 아브라함에게 말하기를 네 아내 사라는 어디 있느냐 하니 그가 말하기를 보소서 집 안에 있나이다 하더라

"사라가 어디 있느냐"-이들은 이미 족장의 아내인 사라의 이름을 알고 있었을 뿐 아니라 사라에 대한 특별 메시지를 전달하기 위하여 아브라함을 특별히 방문한 자들이었던 것이다.

창18:10 그가 말씀하시기를 내가 정한 시간에 반드시 네게로 다시 돌아오리니 보라 네 아내 사라가 아들을 소유할 것이니라 하시니 사라가 그의 뒤에 있는 집 문에서 그 말을 들었더라

"내년 이맘때"라 되어 있지만 70인 역은 "카이론"이라 해서 "하나님의 때"인 정해진 때를 말한다. 돌아오리라는 말은 70인 역에서는 강조 용법으로 같은 뜻을 반복해서 쓰고 있다. 이럴 때 해석은 반드시로 해석이 된다. 집 문에서 들었다고 되어 있는데 이로 보아 아브라함 가족들의 거처인 장막은 나그네들이 앉아 쉰 나무 가까이에 설치되어 있었음을 알 수 있다. 한편 고대 유목민들의 장막은 대개 칸막이가 처져 있어 두 부분으로 나뉘는데 바깥 부분은 주로 손님들을 맞아들이는 사랑방으로 남자들이 사용하였고, 안쪽은 생활필수품과 취사도구들이 보관된 곳으로 여자들이 내실로 사용되었다. 사라가 하나님의 말을 들은 곳도 바로 아내가 있는 내실이었을 것이다.

창18:11 아브라함과 사라가 나이를 많이 먹어 늙었고 사라에게는 여성의 생리가 소멸되었으므로

"생리가 끊어졌다"는 말을 70인 역에서는 "소멸되었다"라는 말로 해석하고 있다.

창18:12 사라가 속으로 킬킬 웃으며 말하기를 참으로 지금까지 내가 아직 자녀를 낳은 적이 없으며 또한 나의 주인도 늙었으니 하더라

"웃고"를 70인 역에서는 "킬킬거리며 웃었다"고 하고 있고, 사라가 "내가 노쇠하였다"는 말을 70인 역에서는 "내가 아직까지 참으로 자녀를 낳은 적이 없는데"라고 되어 있다.

창18:13 주께서 아브라함에게 말씀하시기를 왜 사라가 킬킬 웃으며 말하기를 늙은 내가 아이를 낳는다니 이 일이 확실한가 하느냐

"어떻게"라는 말이 70인 역에서는 "확실한. 진실로, 참으로"라는 말로 되어 있다.

창18:14 하나님의 말씀이 능치 못할 일이 있겠느냐 이 정해진 시간에 내가 네게 돌아오리니 사라가 아들을 가지리라 하시니

"여호와께 능치 못한 일이 있겠느냐"로 되어 있지만 70인 역은 "하나님의 말씀이 능치 못할 일이 있겠느냐"라고 되어 있다.
"하나님이 돌아온다"라는 말씀이 "하나님의 시간, 하나님의 때"를 말하는 말로 되어 있다.

창18:15 그 때에 사라가 두려워서 부인하며 말하기를 내가 결코 웃지 않았나이다 하니 주께서 말씀하시기를 아니라 네가 킬킬 웃었느니라 하시더라
창18:16 그 사람들이 거기서 일어나더니 소돔과 고모라 쪽으로 얼굴을 향하고 아브라함이 그들을 행렬하며 그들과 함께 이동하니라

개정성경에는 "고모라"가 나오지 않지만 70인 역에는 "고모라가 소돔"과 함께 나온다. 그리고 소돔과 고모라 쪽으로 얼굴을 행했다고 나온다. 한편 아브라함이 기거하고 있는 헤브론 지경에서 소돔까지는 약 30km 정도의 거리로 멀리 내려다볼 수 있는 지점이다. 함께 나가니라 - 유대 전승에 의하면 아브라함은 일행들과 함께 헤브론 북동쪽에 있는 카퍼바누케까지 동행했다고 한다. 이곳은 아주 높은 언덕에 위치한 지역으로 그곳에서 내려다보면 사해와 그 연변의 여러 성읍을 한눈에 관찰할 수 있다. 70인 역은 아브라함이 가까운 곳까지 전송한 것이 아니라 같이 행렬을 같이 한 것으로 나온다. 그러므로 유대 전승이 맞는 것 같다.

창18:17 주께서 말씀하시기를 내가 행하려는 것을 내가 아브라함에게 숨기겠느냐
창18:18 아브라함은 반드시 위대한 민족이 될 것이며 땅의 모든 민족이 그의 안에서 복을 받을 것이 아니냐

천하 만민은...복을 받게 될 것-아브라함의 혈통을 타고 태어날 그의 후손 메시야로 인해 지구의 온 족속에게 미칠 구원의 축복을 가리킨다.

창18:19 내가 아브라함을 아나니 그가 자기 아들들과 자기 집안 식구들에게 내 말을 잘 따르라고 지시할 것이고 만일 그 후손들이 주님의 그 길을 수호하여 정의와 공의를 행하면 내가 아브라함을 향하여 말했던 많은 일들을 이루어 줄 것이니라

본 절은 직역하며 이해가 되지 않아 70인 역 그대로 직역하지 않고 의역해서 해석했다.

창18:20 또 주께서 말씀하시기를 소돔과 고모라의 부르짖음이 충만하고 그들의 죄가 몹시 크므로

부르짖음-고대인들은 억울한 피는 땅속으로 스며들지 않고 하늘을 향해 호소한다고 생각해서 나온 말로 이는 소돔과 고모라의 죄악이 심히 무겁고 큰 것을 상징적으로 표현하며 또한 아벨과 같이 억울하게 죽는 자들이 많다는 말이다. 그들의 부르짖음이 충만 즉 가득했다는 말이다. "크고"라는 말이 70인 역에서는 내적 충만을 말하는 말로 쓰이고 있다.

창18:21 내가 이제 내려가서 그들이 행한 모든 것이 과연 내게 이른 그 부르짖음대로 인지 아닌지를 내가 알아보리라 하시더라

내려가서-지금 이곳은 아브라함과 고지대인 헤브론에서 이야기를 나누고 있다. 그래서 해안 평지 지역인 소돔과 고모라 쪽으로 천사들이 가면서 내려간다고 표현하고 있다. 이는 하늘에서 내려간다는 말이 아닌 헤브론에서 소돔과 고모라로 내려간다는 뜻이다. 갈대아 역에는 "만일 회개하기만 한다면 내가 그들을 벌하지 않겠다"라는 말이 첨가됨으로 이는 하나님이 소돔에게 회개의 기회를 주려 했음을 알 수 있다.

창18:22 그 사람들이 거기서 돌아서서 소돔으로 향하여 가고 아브라함은 주님 앞에 그대로 서 있더라

여기서 그 사람들은 두 천사를 말한다. 즉 두 천사는 소돔을 향해 갔고 한 분은 가지 않았는데 아브라함은 지금 그분 앞에 서 있다는 것이다.

창18:23 아브라함이 가까이 다가가서 말씀드리기를 결코 의인들을 음란한 자들과 함께 멸망시켜서는 아니 되옵니다 음란한 자들 만큼 의인도 멸망하려 하시나이까

"악인"이라는 말이 70인 역에서는 "악인 또는 음란한 자"로 해석된다. 음란한 것을 악인이라 70인 역에서는 말한다. 이로 말미암아 소돔과 고모라가 동생애로 망할 것임을 암시하고 있다.

창18:24 만일 그 성중에 의인 오십 명이 있을 지라도 주께서 그곳을 완전히 파괴하시고 그 오십 의인을 위하여 신중하지 아니 하시리이까

"있을지라도"라는 말이 70인 역에는 "밀다"라는 말로 되어 있고, 멸하려 하시나이까라는 말이 "완전히 파괴하다. 죽다"라고 되어 있고, "용서하지 않으려 하느냐"는 말은 "신중하지 않으려 하시나이까"로 되어있다.

창18:25 그 말씀과 같이 의인을 음란한 자들과 함께 결코 죽이심은 안 되고 의인을 음란한 자들과 같이 여기는 것도 결코 안 되고 온 땅의 심판자께서 의를 행치 않으시려나이까 하니

"부당하다"는 말이 70인 역에는 "결코-아니다"라고 되어 있다.

창18:26 주께서 말씀하시기를 만일 내가 소돔 성읍 안에서 오십 명의 의

인을 찾는다면 그들을 위하여 모든 곳을 용서하리라

대표선수만 있으면 하나님은 구약이나 신약에서 지역을 용서하셨다. 이런 원리 신약의 예수님으로 말미암아 절정을 이룬다. 그러므로 지금도 많은 불신자가 사는 이유는 기독교인들이라는 의인들이 있기 때문이다.

창18:27 아브라함이 대답하여 말씀드리기를 이제 티끌과 재 같은 내가 지배자 되시는 주께 감히 말씀드리나이다

"티끌"이란 말은 "게"라 해서 "땅"을 의미한다.

창18:28 만일 오십 명의 의인 중에서 다섯 명이 부족하다면 그 부족한 다섯 명으로 인하여 모든 성읍을 완전히 파괴 하시리이까 하니 주께서 말씀하시기를 만일 내가 사십오 명을 찾으면 그곳을 완전히 파괴하지 아니하리라 하시니라

아브라함도 예수님과 같이 중보기도를 하고 있다.

창18:29 그가 다시 주께 고하여 말씀드리기를 만일 거기에 사십 명을 찾으시면 어찌 하시려나이까 하니 말씀하시기를 사십 명을 위하여 내가 완전히 파괴하지 아니하리라 하시니라
창18:30 아브라함이 말씀드리기를 내 주여 결코 아무것도 아닌 제가 말씀드리리이다 만일 거기서 삼십 명을 찾으시면 어찌 하시려나이까 하니 주께서 말씀하시기를 내가 만일 거기서 삼십 명을 찾으면 완전히 파괴하지 아니하리라 하시니라

"노하지 말라"는 말이 70인에서는 "메 티"라 해서 "결코 아무것도 아닌 것이"로 되어 있다.

창18:31 아브라함이 또 이르되 내가 감히 주께 말씀드리나이다 만일 거기서 이십 명을 찾으시면 어찌 하시려나이까 하니 주께서 말씀하시기를 이십 명을 위하여 내가 완전히 파괴하지 아니하리라 하시더라
창18:32 그가 말씀드리기를 내 주님 결코 아무것도 아닌 제가 한 번만 더 말씀드리리이다 만일 거기서 열 명을 찾으시면 어찌 하시려나이까 하

니 주께서 말씀하시기를 내가 열 명을 위하여 완전히 파괴하지 아니하리라 하시더라
창18:33 주께서 아브라함과 말씀을 마치시고 떠나시자 아브라함도 자기 지역으로 돌아갔더라

즉시 가시니-개정성경에는 주님이 즉시 가셨다고 되어 있는데 70인 역에서는 "떠났다. 길을 가다"라고 되어 있으므로 개정성경대로라면 즉시 하늘로 가신 것으로 되어 있지만 70인 역은 그런 뜻이 아닌 아브라함처럼 길을 가셨다고 되어 있다. 그런데 공동번역이나 킹 제임스로 역시 70인 역과 같은 뜻으로 해석 되고 있다. 그런데 히브리어 원어에서도 "즉시"의 뜻이 아닌 "하자마자"라는 뜻도 있지만 대부분은 "또한. -같이. -이므로. 에서. 통하여" 등으로 주로 해석됨으로 70인 역과 비슷하게 해석 되고 있다. 그러므로 이 말은 즉시 하늘로 가신 것이 아니라 제가 보기엔 소돔과 고모라로 길을 떠나신 것으로 보인다.

| 창세기 19 장

창19:1 저녁때 두 천사가 소돔에 오니 롯이 소돔 성문에 앉아 있더라 롯이 그들을 보고 일어나 맞이하고 그가 얼굴을 땅에 대고 절하며

천사들이 밤에 온 이유-밤은 음란과 방탕, 각종 사악한 죄악들이 활개 치는 때이기 때문이다(잠7:7-9). 이런 의미에서 어두움은 성경 상 죄악의 세계를 상징한다. 성문에 앉았다가-고대 사회에서 성문은 재판장소, 사업 거래소, 고지(告知) 장소 및 사교생활의 주요 무대였다(신21:19; 수20:4; 왕하7:1; 느13:19; 시69:12; 잠1:21). 따라서 성문에는 언제나 사람들이 붐볐는데 롯이 그곳에 앉아 있었다는 것은 지도층 인사로서 그곳 거민들에게 상당한 영향을 미치고 있었음을 추측게 해준다.

창19:2 말하기를 보소서 내 주여 당신 종의 집으로 피하여 하룻밤을 묵고 발을 씻고 일찍 일어나 길을 떠나소서 하니 그들이 말하기를 아니라 우리는 거리에서 야영하며 지내리라 하더라

당시에 초대 받지 못하면 큰 성읍에서 야영했다고 함
요세푸스의 구약 이스라엘사 3권 93~98페이지를 보면 소돔에 대하여 나온다. "소돔 인들은 그들의 생활이 부유해지고 윤택해지자 교만해져서 사람들을 부당하게 대하기 시작했고, 하나님께 받은 은혜를 기억하지 못할 정도로 무례해졌다. 그들은 이방인들을 미워했고, 대부분 동성애에 빠졌다. 따라서 하나님께서는 그들에 대해 크게 진노하셔서 그들의 교만을 벌하시고 그 도시를 멸망시키시고 그 땅에 사는 어떤 식물이나 열매도 자라지 못하도록 그 땅을 황폐시키시기로 결정하셨다. 이때 롯이 천사를 맞이하게 되는데 요세푸스는 롯에 대하여 이렇게 말하고 있다. 롯은 관대하고 대접을 잘하는 사람이었으며 아브라함의 선행을 본받으려는 사람이었다고 말이다. 그들이 천사들을 상관하려 했던 이유에 대하여 소돔 인들은 이 젊은이들의 아주 잘생긴 용모 때문이었다고 한다. 그리고 요세푸스는 말하길 소돔이 불로 멸망한 것은 마치 유대전쟁으로 이스라엘이 주후 70년 멸망한 것과 똑같은 불로 멸망했다는 것이다. 이는 결국 마지막 때도 소돔과 같이 불의 심판이 있어 멸망할 것을 말하고 있다.

창19:3 롯이 협박하니 그들이 그에게로 피하여 그의 집으로 들어가고 롯이 그들을 위하여 연회를 베풀고 소화를 돕는 누룩 없는 빵을 드리니 그

들이 먹으니라

"강권하다"라는 말이 "협박. 폭력"으로 되어 있기에 롯이 반강제적으로 두 천사를 자기 집으로 모시고 되어 있고, 또한 "구우니"라는 말이 "소화를 돕는" 이라 되어 있다.

창19:4 그들이 잠들기 전에 그 성읍의 사람들 곧 소돔의 남자들이 젊은 이로부터 노인에 이르기까지 그 집을 에워쌌으니 사방에서 온 모든 사람이더라
창19:5 그들이 롯을 소환하여 말하기를 오늘 밤 네게 들어간 사람들이 어디 있느냐 그들을 우리에게로 이끌어오라 우리가 그들과 결혼하리라 하니

"롯을 부르고"할 때 "부르고"라는 말이 70인 역에서는 "소환하고"로 되어 있고 "상관하리라"는 말은 히브리어로는 "야다"로 동성애를 말하는 말이다. 그래서 동성연애를 영어로 "소도마이트"라 한다. 그런데 이는 헬라어 "소돔프스"인 소돔 사람들에서 유래 되었다. 70인 역에서 "상관하다"라는 말은 "결혼하다. 친척, 관련이 있다"로 되어 있다. 즉 남자와 결혼하겠다는 말은 곧 동성애를 뜻하는 말인 것이다. "브스웰"이라는 사람은 이 말을 할 때 "소돔 사람들은 롯이 받은 여권을 검사하기 위해 롯이 받은 낯선 사람들을 '알고' 싶었을 뿐입니다"라고 해석한다. 브스웰은 하나님이 소돔을 멸망시킨 이유가 동성애 때문이 아닌 두 천사에게 폭력을 행했기 때문이라 한다. 그런데 이렇게 폭력을 행했다는 말이 개정성경에는 나오지 않지만 본 장 9절을 70인 역으로 보면 롯에게 폭력을 행했다고 나온다. 아마 이때 두 천사에게도 폭력을 행하지 않았나 싶다.

창19:6 롯이 문밖에 있는 그들에게로 나가 뒤로 문을 닫고

고대 동방에서는 자기 집에 온 손님의 안전을 위해 목숨도 불사한 채 보호하는 것이 관례였다.

창19:7 말하기를 청하노니 내 형제들아 결코 악을 행하지 말라
창19:8 내게 남자를 알지 못하는 두 딸이 있도다 청하건대 그들을 너희에게로 이끌어 내리니 너희를 위하여 기쁘게 그들을 사용하라 이 사람들은 나의 기뻐하는 집에 들어왔으니 그들에게는 결코 어떤 사악도 행하지 하니

"너희 눈에 좋을 대로 행하라" 했는데 여기서 좋을 대로는 "기쁘게 하다"라는 말이고, 행하라는 말은 "사용하라"라는 말로 되어 있다. "내 집에 들어온즉"이란 70인 역은 "나의 기뻐하는 집에 들어왔으니"로 되어 있다. 롯의 두 딸은 이미 소돔 인과 정혼한 상태에 있는 딸들이다(14절). 따라서 이 둘을 폭도들에게 색욕거리로 내주려 한 롯의 행위는 딸들뿐 아니라 정혼한 사위들의 명예까지도 훼손시키는 결례였다. 아마 이 일로 인해 두 사위가 롯의 말에 농담으로 여기지 않았을까 나는 생각한다. 그리고 후에 소알 성에서 아버지와 부적절한 관계를 맺은 것 역시 이런 아버지가 야속해 복수차원에서 관계를 맺은 것이 아닌가 한다. 지금으로는 어쨌든 이해가 되지 않는 행동이지만 당시 족상시대에는 자녀에 대한 생사여탈권이 부모에게 있었다. 이슬람은 아직도 이 제도를 행하고 있는 것이다.

창19:9 그들이 말하기를 물러서라 하고 그들이 다시 말하기를 이 자가 이방인으로 와서 거주하면서 우리의 재판관이 되려 하는도다 이제 우리가 그들보다 너를 더 악하게 다루리라 하고 그들이 롯에게 매우 폭력을 행하며 가까이 와서 문을 부수려고 하더라

"롯을 밀쳤다"고 하는데 70인 역은 "매우 폭력을 행한 것으로 나온다". 롯을 재판관이 되려느냐 하는 것으로 보아 롯이 평소에 재판에 관여했던 것 같다.

창19:10 그러나 그 사람들이 그들의 손을 내밀어 롯을 자기들을 향해 집 안으로 잡아당긴 후 문을 닫고

손을 내밀어-안에서 걸어 잠근 문을 열고서는 황급히 집으로 롯을 끌어들인 행동을 의미한다.

창19:11 집 문밖에 있는 사람들을 작은 자나 큰 자나 모두 때려서 눈을 보이지 않게 하니 눈이 마비되어 문을 찾으려 애쓰더라

70인 역에는 눈을 세게 때려 눈이 마비되어 어둡게 되었다고 나온다. 왕하6:18에 나온 것과 동일한 초자연적 역사로 일시적인 시각 장애 현상을 가리킨다. 즉 하나님께서 조성하신 착시현상으로 인해 멀쩡한 눈을 가지고서도 엉뚱한 곳을 헤매었던 아람 군대처럼(왕하6:19,20), 소돔 거민들 역시 시각 장애 현상이 일어났다.

창19:12 그 사람들이 롯에게 말하기를 여기에 너 외에 누가 더 있느냐 결혼한 아들들이나 딸들이나 만약 누구든지 이 성읍에서 네게 속한 자가 있다면 이 사람들을 이곳에서 데리고 나가라

롯의 아내에 대한 언급은 없다.

창19:13 그들의 부르짖음이 주의 면전에서 매우 크므로 주께서 이곳을 파괴하시려고 우리를 보내셨으니 우리가 이 성읍을 파괴하리라 하더라
창19:14 롯이 나가서 그의 딸들과 결혼할 사위들에게 고하여 말하기를 일어나서 이곳에서 출국하라 주께서 이 성읍을 멸하시리라 하였으나 그의 사위들은 불합리하다고 생각했더라

"사위"라는 말은 나오지 않고 딸과 결혼할 자들로 나온다. 또한 "농담"으로 여겼다는 말을 70인 역에서는 "불합리하게 생각했다"고 나온다.

창19:15 아침이 될 때에 천사들이 롯을 재촉하며 말하기를 일어나서 너의 아내와 너의 두 딸을 데리고 떠나라 이 성의 악함과 함께 멸망할까 하노라

롯이 이렇게 떠나지 못한 이유는 재물 때문이었다. 이는 주님이 계시록을 보면 마지막까지 회개를 말하는 것 같이 지금도 주님의 자비하심이 나타나고 있다.

창19:16 롯이 지체하매 그 사람들이 그의 손과 그의 아내의 손과 그의 두 딸의 손을 붙잡고 인도하니 주께서 그에게 자비를 더하심이었더라

롯이 지체하매-본래 재물에 욕심이 많았던 그로서는(창13:10,11) 죽음 앞에서도 자신의 재산을 다 놓고 간다는 것이 못내 아쉬워 머뭇거렸을 것이다. 이러한 그의 태도는 하나님의 명령에 즉각적으로 순종하였던 노아(창6:13-22)나 아브라함(창12:1-4;22:1-12) 과는 좋은 대조를 이룬다.

창19:17 그 사람들이 그들을 밖으로 이끌어낸 후 그가 말하기를 네 생명을 구원하여 부지하라 네 뒤를 돌아보거나 어떤 장소에도 머무르지 말고 인접해 있는 산으로 가서 구원을 받으라 그래야 멸망하지 않으리라

"도피하라"는 말은 "소조" 즉 구원을 받으라는 말로 되어 있다. 산으로 도망하여- 죄악의 도성과 구별되는 새로운 삶을 시작하라는 의미이다. 한 편 여기서 가리키는 '산'은 사해 동편 고지대에 위치해 있는 '모압 산'을 염두에 둔 말일 것이다

창19:18 롯이 그들에게 말하기를 내 주여 청원하오니
창19:19 주의 종이 주의 면전에서 은혜를 얻었으며 또 주께서 큰 정의를 내게 베푸사 내 생명을 구하는 것을 내게 보여 주셨사오나 내가 결코 산으로 가서 구원을 받을 수 없나이다 내가 산으로 가지 못하고 부상을 얻고 죽을까 함이니이다

재앙을 70인 역에서는 부상으로 되어 있다. 사람은 이렇게 구원하신 것에 대해 감사하는 것보다 또 다른 것을 요구하며 불평한다. 우리가 선을 행하다 보면 이런 사람들을 많이 만난다. 차라리 선을 행하지 않으면 불평을 듣지 않지만 선을 향하면 불평불만을 듣게 되어 있는 것이다. 그러므로 우리는 이런 불평불만을 받을 생각을 하고 선을 행해야 한다.

창19:20 보소서 저 성읍은 도망하기에 가깝고 작은 성읍이니 나를 그곳으로 구원하여 주소서 이는 작은 성읍이 아니니이까 그러면 내 영혼이 살리이다 하니

"도망하게 하라"는 말이 70인 역은 "구원"이라는 말로 쓰고 있다. 소알은 소돔 다섯 성읍(창14:2) 중 소알은 가장 작은 성읍이다. 이러한 롯의 간청은 할 수 있는 한 최선을 다해 산으로 피신하지 않고 처음부터 자포자기 하는 나약성을 보인 행위란 점과 하나님께서 제시해주신 구원의 방도(17절)에 대하여 의심하며(19절) 순종치 않는 행위란 점에서 책망받아 마땅하다.

창19:21 주께서 그에게 말씀하시기를 보라 내가 너의 얼굴을 존중해 주었은즉 네가 말한 이 성읍을 파괴하지 않으리라

"소원"이라는 말이 70인 역에는 "얼굴"로 되어 있다. 네 소원을 들었은즉 - 여기서 얼굴을 소원으로 의역한 까닭은 간절한 소원을 아뢸 때 대개 얼굴을 땅에 대던 히브리인들의 관습에 기인한다.

창19:22 속히 그곳으로 가서 구원을 받으라 네가 그곳에 도착하기 전에

는 결코 내가 아무 일도 할 수 없노라 하시더라 그러므로 그 성읍의 이름을 소알이라 불렀더라

도망이라는 말이 70인 역에는 구원으로 되어 있다.

창19:23 롯이 소알에 들어갈 때에 해가 땅 위에 솟았더라

한편 롯이 소돔을 떠날 때는 동틀 무렵이었는데(15절) 꾸물거리고서도(16절) 소알에 도착한 때가 해 돋는 아침에 불과하니 그 거리가 얼마만큼 가까운지를(20절) 능히 짐작할 수 있다.

창19:24 하늘에서 주께로부터 소돔과 고모라 위에 유황과 불을 비처럼 내리셨고

유황과 불을-내리사-소돔과 고모라의 멸망 원인이 자연적인 화산 폭발이라는 일부 학자의 학설을 배격해 주는 구절이다. 설사 그 같은 자연 현상을 심판의 도구로 사용하셨을지는 몰라도 어디까지나 두 도성의 멸망 원인과 심판의 주도자는 전적으로 하나님이셨음을 증거 하는 구절이다.

창19:25 성읍들과 모든 동네와 성읍 안에 거주하는 모든 백성과 땅에 자라는 것들을 파괴하셨더라

온 들이라 함으로 요단 평지 전체를 말하는 것이 아니라 소돔과 고모라 안의 모든 동네를 말한다. 그래서 70인 역에서는 온 들을 동네로 해석하고 있다. 소돔과 고모라 지역은 역청이 많은 곳이었으므로(창14:10) 그곳에 대한 하나님의 불 심판은 자연히 지각함몰, 침강 현상을 초래하여, 오늘날 그곳은 수표면이 지중해 수면보다 약 392Km가 더 낮은 죽음의 바다인 사해를 이루고 있다. 본 절에 보면 소돔과 고모라 지역 안에 있는 동네와 사람과 식물이 그 대상인데 동물은 빠졌는데 동물은 식물 안에 포함된다.

창19:26 그러나 롯의 아내는 뒤를 향하여 주목하였더니 소금기둥(널판지가)이 되었더라

"뒤들 돌아 보았다"는 말이 70인 역에서는 "그냥 호기심으로 본 것이 아닌 주목 해서 봤다"고 나오는데 히브리어 뜻도 역시 같은 뜻으로 나온다.

그녀는 두고 온 재물에 마음이 빼앗겨 주목해서 본 것이다. 또한 "기둥"을 히브리어와 70인 역에서는 "널판지"로 말하지만 구글 번역기는 기둥으로 해석한다.

창19:27 아브라함이 아침 일찍 일어나 주님 면전에 섰던 곳에 서서

여호와의 앞에 섰던 곳-아브라함이 하나님과 천사를 전송하러 동행했다가 멈춰서 하나님과 대화했던 곳으로 헤브론 북동쪽 언덕이다. 아브라함은 자신이 중보기도 드렸던 성읍이 과연 구원받았는지에 대한 궁금증과 조카 롯에 대한 염려로 인해 날이 밝는 대로 이곳으로 달려왔을 것이다. 그러나 그는 여호와의 동산 같고 비옥한 애굽 땅과 같았던 성읍과 지경(창13:10)이 마치 옹기점 연기같이 불타오르는 장면만을 목격하는 재난의 증인이 되고 말았다.

창19:28 소돔과 고모라 지면과 지역 땅 지면을 향하여 주목해 보았더니 보라 그 땅에서 불꽃이 올라가는데 마치 용광로에서 나는 연기 같더라

"연기가 치솟았다"고 하는데 70인 역은 연기가 아닌 "불꽃이 올라갔다"라고 말하고 있다.

창19:29 주께서 지역의 모든 성읍을 멸하실 때에 하나님께서 아브라함을 기억하시고 롯이 거하는 성읍들을 주님이 파괴하여 전복시킬 때 롯을 그 성읍에서 내보내셨더라

아브라함을 생각하사-비록 소돔과 고모라가 멸망하긴 하였지만 아브라함의 간구가 결코 헛되지 않았음을 보여 준다. 하나님께서 진노의 심판 중에서도 자신의 자비(16절)와 롯의 최소한의 믿음(1-8절, 벧2:7.8), 그리고 아브라함의 간절한 중보기도(창18:23-32)에 의거하여, 롯을 구원해 주셨기 때문이다. 이처럼 의인의 간구는 역사하는 힘이 큰데(약5:16), 특히 하나님께서는 우리가 이웃을 위해 드리는 도고(禱告)에 더욱더 귀를 기울여주신다(딤전2:1-3).

창19:30 롯이 소알에서 나와 그의 두 딸과 더불어 산으로 올라가 거주하였는데 이는 그가 소알에서 거주하는 것을 두려워했기 때문이라 롯이 그의 두 딸과 함께 굴속에서 거주하니라
창19:31 큰딸이 작은딸에게 말하기를 우리 아버지는 늙으셨고 땅 위에

온 세상의 적합한 방식에 따라 이 땅에는 우리에게 올 남자가 없으니

세상의 도리-이는 곧 혼기에 찬 남녀가 짝을 찾아 가정을 이루는 혼인 풍속을 의미한다. 이 "도리"를 70인 역서는 "정식, 접합한"으로 해석한다.

창19:32 오라 우리가 우리 아버지에게 포도주를 마시게 하여 우리가 아버지와 동침하고 우리 아버지의 씨를 보호하자 하고

"이어가자"라는 말은 "보호하자"라는 말로 되어 있다.

창19:33 그 날 밤 그들이 그들의 아버지에게 포도주를 마시게 하고 큰딸이 들어가서 자기 아버지와 동침하였으나 그는 그녀가 자고 일어나는 것을 결코 알지 못하였더라

깨닫지 못하였더라-술이나 술을 마시는 것 자체가 죄악은 아니지만, 자신을 주체하지 못할 정도로 술 취하는 것은 도덕성과 신앙이 마비될 뿐 아니라 무서운 죄를 깨닫지 못하게 되는 타락의 첩경임을 다시 한 번 단적으로 증거해 주고 있다. 물론 그동안 롯이 소돔 재앙과 아내를 잃은 데 대한 슬픔을 술로써 잊으려 했을 것이라고는 짐작이 가나 근친상간의 죄를 범하게 된데 대한 도덕적 책임은 면할 수 없다. 실로 노아 사건(창9:20-27) 이래 술 취함은 많은 죄를 짓는 첩경이었다(레10:1-9; 사5:11; 잠20:; 합2:15). 만일 롯이 술 취하지 않았더라면 그의 기본적인 도덕성 상(1-8절; 벧후2:7,8) 딸과의 근친상간이라는 무서운 죄(레20:11-17)를 범하지는 않았을 것이다.

창19:34 그 다음 날 큰딸이 작은딸에게 말하기를 보라 어젯밤에는 내가 내 아버지와 동침하였으니 오늘 밤에도 아버지에게 포도주를 마시게 하여 네가 들어가서 아버지와 동침하라 이는 우리가 아버지의 씨를 보호하기 위함이라 하니
창19:35 그들이 그 날 밤도 그들의 아버지로 포도주를 마시게 하고 작은 딸이 일어나 그와 동침하였으나 그는 그녀가 눕고 그녀가 일어나는 것을 알지 못하였더라
창19:36 그리하여 롯의 두 딸이 아버지로 인하여 임신하였으니

아비로 말미암아 잉태하고-술 취함으로 인한 한순간의 실수가 당대뿐 아니라 후대에 이르기까지 두고두고 롯의 생애 최대의 치욕으로 남게 되었음을 시사한다. 즉 (1) 모압('아버지로 말미암아'란 뜻)과 암몬('네 아비의 아들'이란 뜻)은 근친상간을 나타내는 이름으로 조상 롯의 수치를 영원히 후세에 전하고 있으며 (2) 그 결과 롯은 언제, 어디서, 어떻게 죽었는지조차 알려지지 않은 채 성경 역사에서 사라져 버린 것이다. 신약에 얼핏 기록된(눅 17:28,29,32; 벧후2:7,8) 그에 관한 이야기는 단지 경고를 하기 위한 의미만 담고 있을 뿐이다. 그런데 이렇게 롯의 딸들이 아버지와 동침해서 자녀를 낳은 것은 그들이 이미 소돔 땅에서 아버지와 딸들이 동침해 자녀를 낳는 것을 보았기 때문에 아무 거리낌 없이 아버지와 동침했던 것이다.

창19:37 첫딸이 아들을 낳아서 나의 아버지로 말미암았다 하여 그의 이름을 모압이라 불렀더라 그가 모압 족속의 아버지요 오늘까지 이르니라

"조상"이란 말을 70인 역에서는 "아버지"로 말한다. 이 일은 후에 사사시대를 거쳐 이스라엘의 가장 위대한 왕 다윗이 바로 이 모압 여인 룻에게서 나왔으며(마1:5,6), 그의 혈통을 좇아 예수 그리스도께서도 이 땅에 나셨다(눅3:23-31)

창19:38 작은딸도 아들을 낳아 나의 혈족의 아들이라 하여 그의 이름을 벤암미라 불렀으니 그가 암몬 족속의 아버지요 오늘까지 이르니라

| 창세기 20 장

창20:1 아브라함이 그곳에서부터 남쪽 네게브 땅으로 이동하여 가데스와 술 사이에 거하였고 그랄에 거주하였더라

거기서 남방으로 이사하여-헤브론 지경 아므레 상수리 수풀(창13:18)에서 장막을 걷고 남방 곧 팔레스틴 남쪽 지방인 네게브로 이주한 것을 가리킨다. 이주 원인은 아마 그 무렵 헤브론 지역에 침입한 셋 족속(23장)으로부터 안전을 도모하기 위함이었을 것이다. 그랄-팔레스틴 남부, 사해 서쪽에 위치한 조그마한 성읍이다. 후일 이삭도 흉년을 피해 이곳으로 이주하였으며(창26:1) 유다 왕 아사가 구스 군대를 크게 격파했던 곳이기도 하다(대하14:13).

창20:2 아브라함이 그랄에 살면서 자기 아내를 누이동생이라 하였는데 나의 아내라 하면 그녀 때문에 성읍 사람들이 그를 죽일 것을 두려워함이었더라 그가 아내를 누이동생이라 함으로 그랄 왕 아비멜렉이 사람을 보내어 사라를 데리고 갔더니

개정성경에는 단순하게 누이라 하였다고 나오지만 70인 역은 왜 그렇게 했는지 이유가 나온다. 본문 내용을 어떤 학자들은 창12:10~20절의 동일한 사건의 반복 기록이라고 하지만 그렇지 않다. 앞의 사건은 아브라함 75세 때 애굽 왕 바로와 관계된 일이었으나, 본 장의 사건은 아브라함 99세 때 그랄 왕 아비멜렉과 관계된 일이기 때문이다. 아무튼 이처럼 아브라함이 20여 년 전에 저질렀던 것과 동일한 잘못을 또다시 범한 것은 (1) 그가 어떠한 이유에서든 약속의 땅 가나안을 떠나면 반드시 시험에 빠지고 말았다는 점과 (2) 한번 지은 죄에 대하여선 쉽게 재범할 가능성이 높다는 점을 교훈해 준다. 사람은 한번 지은 죄를 반드시 반복해서 짓는데 아브라함도 그랬다. 나이 많은 사라를 취하였는데 이러한 행위는 당시의 관습에 의해 가능한 일이었다. 당시 일국의 통치자는 어떤 처녀라도, 심지어는 그 땅의 일시적인 방문자 일지라도 마음에 들면 후궁으로 취할 수 있는 절대 권력을 갖고 있었기 때문이다.
그러나 정작 여기서 아비멜렉이 사라를 취한 이유는 90세가 다 된 사라의 미모에 반해서라기 보다는 정략결혼을 통해 자기 영토권 내로 이주한 부유하고 강력한 족장 아브라함과 동맹 관계를 맺기 위해서였을 것이다. 여기서 하나님이 간섭하시지 않았으면 이삭은 아브라함의 후손이 아닌 아비멜렉의 후손이 될 뻔했다. 아비멜렉이 사라를 취할 때 심히 아름다웠다는 말이 나오지 않음으로 이는 89세 먹은 사라의 미모가 뛰어나서 아비멜렉이 데려간 것이 아닌 정략결혼이 확실하다. 창12:11절에는 아름다웠다고 나오지만 본 절엔 나오지 않기 때문이다.

창20:3 그 밤에 하나님이 잠잘 때 아비멜렉에게 들어오셔서 그에게 말씀하시기를 보라 네가 취한 여인으로 인하여 네가 죽을 것이니 이 여자는 남편과 함께 살아온 여자라 하시더라

꿈에 나타나셨다고 하는 것을 70인 역은 하나님이 잠잘 때 꿈에 들어오셨다고 말한다. 남편이 있는 여자라는 말은 70인 역은 남편과 함께 살아온 여자로 되어 있다. 현몽하시고-하나님께서 자신을 나타내시는 계시의 방편으로 꿈을 사용하신 경우이다. 물론 택한 백성을 위해서도 하나님께선 꿈으로 계시하셨지만(창28:13-15; 37:5-11; 왕상3:5; 마1:18-24), 이러한 일은 특히 이방인에게 자주 일어났는데(창31:24; 41:1-13; 삿7:13,14; 단4:4-27; 마2:12), 이는 꿈이 하나님의 현현보다는 차원이 낮은 계시의 방편임을 시사해 준다. 네가 죽으리니-비록 왕이라 할지라도 남의 아내를 취하는 것은 하나님께서 제정하신 결혼 제도의 신성함을 부인하고 기본 인륜을 저버리는 행위이니 하나님의 진노를 면할 수 없었다. 이러한 정신은 고대 함무라비 법전에도 그대로 승계되었는데 거기에는 결혼한 여자를 범하였을 경우 쌍방 다 사형에 처하도록 규정되어있다.

창20:4 아비멜렉이 결코 그녀를 터치조차 하지 않았으므로 그가 대답하되 주여 주께서는 무지하고 의로운 백성도 죽이시나이까

개정성경에는 "의로운 백성"만 나오는데 70인 역은 무지, 즉 알지 못하는 백성도 포함되어 있다고 말하고 있다. 만약 하나님이 비상 섭리로 역사하지 않아 아비멜렉이 실제로 사라와 관계하였더라면 시기적으로 볼 때 사라가 낳은 아들 이삭(창21:2,3)은 블레셋 왕 아비멜렉의 아들일지도 모른다는 소문이 나돌았을 것이다. 의로운 백성을 히브리어로 직역하면 죄없는 이방인이란 뜻이다. 이로 미루어 볼 때 아비멜렉과 그의 백성은 어느 정도 아브라함의 하나님을 알고 있었으며 도덕적으로도 주변 성읍과는 달리 다소 나았던 것 같다. 이는 소돔과 고모라 멸망 시 그들이 함께 심판당하지 않았던 점에 의해서도 뒷받침된다(창19:24,25).
아비멜렉의 호소는 '구체적인 죄가 없는데도 벌 주시려나이까'라는 의미로 하나님의 공의에 근거한 호소라 하겠다.

창20:5 그가 나에게 이는 나의 누이라고 말하지 않았나이까 그녀 자신도 말하기를 그는 나의 오라비라 하였나이다 나는 마음의 깨끗함과 의로운 손으로 이렇게 하였나이다 하더라

아브라함이 아내를 누이라 한 것은 혈통 및 가계 상으로는 맞는 말(12절)이라 하더라도, 신앙 양심을 거스르고 세상 사람의 눈을 속이려 한 말이었다는데 아브라함의 잘못이 있다. 그가 사라를 취한 것은 온전한 마음과 깨끗한 손으로 했다는데 이는 결혼하지 않은 여인을 후궁으로 취할 수 있는 당시대의 합법적인 왕의 권한을 뜻하고 그중 '온전한 마음'은 사라에 대한 내적 동기를 가리키며, '깨끗한 손'은 그녀를 자기 내실로 데려오도록 시도한 외적 행위를 가리킨다.

창20:6 또 하나님께서 꿈에 그에게 말씀하시기를 나는 네가 네 마음의 온전함 속에서 이 일을 행한 줄 알았으므로 나도 너를 막아 내게 죄를 짓지 못하도록 금지 하였나니 내가 너로 그녀에게 터치하는 것을 결코 용인하지 아니하였느니라
창20:7 그러므로 이제 그 사람의 아내를 돌려보내라 그는 선지자니 그가 너를 위하여 기도하리니 네가 살 것이라 그러나 네가 그녀를 돌려주지 않는다면 너는 알지니 너와 네게 속한 모든 자를 죽이리라 하시더라

하나님께서 아브라함을 선지자라 하시는데 그것은 하나님의 뜻이 아브라함을 통하여 이루어지며 또한 아브라함은 하나님의 특별한 부르심을 받은 하나님의 사람이었기 때문이다. 한편 이 같은 아브라함의 선지자적 기능은 이번이 처음이 아니고 이미 소돔에 사는 조카 롯을 위한 중재 기도에서 발휘된 적이 있었다(창19:29)

창20:8 아비멜렉이 다음 날 아침 일찍 일어나 자기 신하들을 다 불러 모으고 그들의 귀에다 모든 말로 말하자 그들이 몹시 두려워하였다

아비멜렉이 자신의 신하들 앞에 자신의 잘못을 시인한다는 것은 힘든 일이다. 그러나 아비멜렉은 자신의 잘못을 그들에게 고함으로 저들도 연대책임을 느끼고 각성함으로 하나님의 진노를 면하도록 하였는데 하나님을 두려워하는 그의 겸허한 마음과 참된 용기가 잘 드러나 보인다.

창20:9 그때 아비멜렉이 아브라함을 불러 말하길 네가 어째서 우리에게

이런 일을 행하였소 내가 너에게 무슨 죄를 지었기에 네가 나와 내 왕국에 큰 죄를 가져왔느냐 네가 나에게 해서는 안 될 일을 행하였도다하고

창20:10 아비멜렉이 아브라함에게 말하기를 네가 무엇을 보고 네가 이 일을 행하였느냐 하니

"뜻으로"라는 말이 70인 역에는 "눈에 보이는 것"으로 되어 있다. 오늘날에도 교회와 성도가 세상 사람들로부터 이유 있는 조소와 질책을 당할 때 그것은 다시 한 번 예수의 손에 못을 박는 행위가 됨을 명심해야 한다.

창20:11 아브라함이 말하기를 이곳에는 결코 경건한 사람이 없기에 내 아내로 인하여 그들이 나를 죽일 것이라고 생각했음이라

"하나님을 두려워하다"라는 말이 70인 역에는 "경건"으로 나온다.

창20:12 또 그녀는 진실로 내 누이라 그녀는 내 아버지의 딸이지만 내 어머니의 딸은 아니지만 내 아내가 되었도다

사라가 아브라함의 아버지 데라의 딸인 이복 누이인지 확실하지 않다고 하지만 정말로 즉 진실로라는 말이 70인 역에는 들어감으로 확실히 아브라함의 이복누이이다. 아델프헤라는 말은 친족 여인을 말할 때 쓰는 단어이기 때문이다.

창20:13 하나님께서 나의 아버지 집에서 나를 인도 하셨을 때 내가 그녀에게 말하기를 만일 어느 장소에 들어가든지 당신은 모든 장소에서 그는 나의 오라비라고 칭의하여 행하라 말하였노라

아브라함이 사라에게 말하길 나의 오라비라 부르라 했는데 이 말이 70인 역에서는 "칭의하여"라고 말했다고 나온다. 또한 "이것이 그대가 내게 베풀 은혜라"라는 말은 나오지 않는다. 우리의 가는 곳마다-아브라함이 애굽에서도 사라를 가리켜 이복누이라 칭한 것을 상기시켜 주는 말이다(창12:13). 아브라함 시대 고대 근동지방에서는 자신의 아내가 실제 누이가 아니라 할지라도 아내를 가리켜 누이라 칭하는 것이 관례적인 표현이었다. 따라서 아브라함의 처신이 결코 거짓말을 위한 거짓말이거나 치졸한 변명만은 아니었다.

창20:14 아비멜렉이 천드크마와 양과 소와 남종들과 여종들을 취하여 아브라함에게 주었고 그의 아내 사라도 그에게 돌려주며

개정성경에는 천 드라크마를 주었다는 내용이 나오지 않지만 70인 역에는 나온다. 그런데 본 장 16절에 보면 천 드라크마를 주었다고 나오므로 70인 역이 더 정확하게 해석하고 있다. 아브라함은 한마디로 뒤로 넘어져도 돈을 줍고 일어나는 자였다. 이것이 아브라함의 복이다. 그에게는 늘 반전의 복이 따랐다.

창20:15 아비멜렉이 말하기를 보라 내 땅이 네 면전에 있으니 만일 네가 기뻐하는 곳이라면 네가 거기에 거주하라 하고

이 일로 인해 아브라함은 아비멜렉의 영토에서 우물을 파고 지낼 정도로 장기 체류를 하였다(창21:25,34)

창20:16 사라에게 말하기를 보라 내가 네 오라비에게 은 천 개를 주었노라 이것이 너와 너와 함께한 모든 사람과 너의 얼굴에 대한 대가가 될 것이라 그리고 너는 모든 일에 진실 되게 말해야 하느니라 하며 책망하였더라

70인 역에서는 천 드라크마를 주었다고 나오는데 이는 개정성경에는 안 나오지만 70인 역에서는 14절에 이미 천 드라크마를 주었었기 때문이다. 개정성경은 은 천 드라크마를 주었다고 나오지만 70인 역에는 은이라는 말이 나오지 않는다. 은 천 개는 천 세겔을 가리킨다. 여기서 '세겔'(Shekel)은 히브리인들의 화폐 단위(대상21:25)가 아닌 무게 단위(삼하14:26)로 대략 11.4g(약3돈)에 해당된다. 따라서 은 천 세겔은 11.4kg에 달하는 상당한 양이었음 알 수 있다. 이것은 아비멜렉이 사라를 아내로 취하려 했던 잘못에 대해 속죄하는 속전(贖錢)이자 동시에 아브라함과의 관계가 회복되기를 바라는 화해의 선물이기도 하였다(신22:28,29).

창20:17 아브라함이 하나님께 기도하였더니 하나님께서 아비멜렉과 그의 아내와 그의 여종들을 치유해 주시므로 그들이 아이들을 낳았더라

아브라함이...기도하매 - 조금 전까지만 해도 아내를 누이라고 속인 일로 인해 아비멜렉 앞에서 위신이 크게 실추되었던 아브라함이 하나님의 도움에 처해 순식간에 권위를 회복하는 장면이다. 즉 하나님께서는 궁지에 몰린 아브라함이 선지자적 권위(7절)를 회복할 수 있도록 그의 기도를 들으시고 아비멜렉 집안의 우환을 치료하여 주심으로 모든 사람이 아브라함을 우러러보도록 도와 주셨던 것이다(18절). 여기서 여종은 첩들을 말하고 있다.

창20:18 이는 아브라함의 아내 사라 때문에 주께서 아비멜렉 집안의 모든 자궁을 폐쇄하고 폐쇄하셨기 때문이라

헬라어에서 같은 단어를 반복하는 것은 강조 용법인데 본 절에는 닫으셨다는 말을 폐쇄하셨다고 하면서 이 단어를 두 번 반복해서 강조하고 있다.

I 창세기 21 장

창21:1 주께서 말씀하셨던 대로 사라를 방문하셨고 주께서 말씀하셨던 대로 사라에게 행하셨으므로

"돌보셨고"라는 말이 70인 역에서는 "방문했다"라는 말로 되어 있다. 말씀하셨던 대로란 일전에 아브라함과 사라에게 주셨던 언약(창17:19-22; 18:9-15)을 가리킨다. 이제 예고하셨던 기간이 이르자(2절) 그 언약을 말씀대로 성취시키시는 하나님의 능력과 신실성을 증거해 준다. 행하셨다는 말은 임신하게 해 주셨다는 말이다.

창21:2 사라가 임신하여 노년의 아브라함에게 아들을 낳으니 이는 주께서 그에게 말씀하신 정하신 때라

시간에는 "카이로스"와 "크로노스"가 있는데 "카이로스"는 하나님의 시간으로 하나님이 정하신 시간을 말하고 "크로노스"는 사람의 시간인 24시간을 말한다. 그런데 본 절의 시간은 "카이로스"로 되어 있다. 이삭의 출생은 첫 계시 (창15:4) 이후 13년이 지난 시점에 이르러서야 성취되었다. 그런데 이렇게 첫 계시 후 13년이 지난 이유는 (1) 아브라함 나이 100세가 되어 그의 몸이 죽은 것 같은 때(롬4:19)를 기다림으로써 이삭 탄생이 전적으로 하나님의 능력과 섭리에 의해 이루어진 것임을 강조하기 위함이며(히11:11,12) (2) 언약의 일부분인 이스마엘 (창16:10-12; 17:20)이 독립할 수 있는 나이가 되도록 기다리시기 위함이었다(13,21절)

창21:3 아브라함이 자기에게 낳아 준 즉 사라가 그에게 낳아준 아들의 이름을 이삭이라 불렀더라

이름하여 이삭이라 하였고 이 이름은 그가 태어나기 전에 하나님께서 지어주신 이름이다(창17:19,21). 히브리인들의 이름은 그 사람의 성격이나 용모, 특징, 운명 등을 반영하고 있는데 '웃다'라는 뜻의 이 이름은 역시 탄생 전 수태고지 시에 아브라함과 사라가 '웃었던'사건에 기인한다. 동시에 이 이름은 이삭이 오랫동안 고대하던 아들로서 온 가족들의 기쁨 중 태어난 것을 보여 준다.

창21:4 아브라함이 하나님께서 자기에게 명령하신 대로 그 아들 이삭이 난 지 팔 일째에 할례를 주었더니

난 지 팔 일-하나님의 원 창조기간인 7일(창2:1-3)이 지난 재창조의 첫날(막16:9)로서 거듭 태어난 새 생명의 새 출발을 의미하는 날이다. 이스라엘 사람들은 할례를 팔 일 후에 하지만 아랍인들은 이스마엘이 13세 때 받았기에 13살이 되면 한다고 한다. 할례를 행하였더라- 당시 할례는 비단 히브리인뿐 아니라 애굽, 에디오피아 같은 고대 이방 민족들도 시행하던 의식이었다. 그러나 이방인들의 할례는 단지 어떤 고통과 질병 따위를 제거하려는 미신적인 성격을 가졌거나 혹은 출산 능력을 증가시키고자 하는 생식 수단으로서의 의미만을 지녔지만, 히브리인들의 할례는 언약과 관련하여 하나님의 명령에 근거한 철저히 종교적이고도 영적인 의미를 지녔다는 데 그 차이가 있다.

창21:5 그의 아들 이삭이 그에게 태어났을 때 아브라함이 백 세였더라.

백 세라-아브라함이 하나님의 언약을 믿고 고향을 떠난 지 25년째 되던 해이다(창12:4). 이처럼 하나님의 약속은 비록 더디 이루어지는 것 같아도 결국에는 다 이루어지고 만다. 따라서 성도는 그러한 기간 동안 신앙의 인내를 할 수 있어야 하는데(롬4:18-22) 인내는 연단을, 연단은 소망을 이루기 때문이다(롬5:4).

창21:6 사라가 말하기를 주께서 나를 웃게 만들었으니 들은 모든 사람이 나와 함께 축하하리라 하고

"웃으리로다"라고 개정 성경에는 되어 있지만 70인 역은 "축하"로 되어 있다. 언약의 아들 이삭의 탄생을 기뻐하며 하나님께 감사하는 어머니 사라의 찬송 시이다. 이것은 후일 예수 탄생을 기뻐하는 마리아 송가의 전조가 되었다(눅1:46-55).

창21:7 또 말하기를 사라가 자식들에게 젖을 물리겠다고 누가 아브라함에게 말하였겠는가 이는 내가 노년에 아들을 낳았도다 하니라
창21:8 아이가 성장해 젖을 떼고 이삭이 젖을 떼던 날에 아브라함이 큰 잔치를 마련하였더라

젖을 떼는 날에-당시 문화권에서는 아이들이 오늘날보다 나이가 더 들어서 젖을 떼었는데 대개 3살 경이었다(삼상 1:22-24) 이때 히브리인들은 종교의식과 더불어 이웃과 함께 큰 잔치를 베푸는 것이 관례였다. 따라서 이때 이스마엘 나이는 17세가량이 되었음을 알 수 있다(창16:16)

창21:9 사라가 보니 아브라함의 아들 애굽 여인 하갈의 아들이 이삭을 조롱하고 있더라

놀린다는 말을 70인 역은 조롱으로 말하고 있다. 이스마엘이 이삭을 조롱한 것은 이는 장난기 섞인 단순한 희롱이 아니라 17세나 된 이스마엘이 적자(嫡子) 이삭의 탄생으로 말미암아 상속권을 상실한 자신의 존재 가치에 불만을 품고 고의로 동생을 멸시하고 핍박한 행위를 가리킨다. 따라서 이처럼 애굽 여인의 소생인 이스마엘(창16:1)이 약속의 자녀인 이삭을 핍박한 본 사건은 (1) 역사적으로, 장차 애굽에서 애굽인들에게 이스라엘이 당할 400년간의 핍박 생활(창15:13)과 (2) 영적으로, 성령을 따라 난 신자들이 육체를 따라 난 불신자들에 의해 핍박당하는 것을 예표한다(갈:29).

창21:10 그러므로 그녀가 아브라함에게 말하기를 이 여종과 그녀의 아들을 내쫓으라 이 여종의 아들은 내 아들 이삭과 함께 결코 상속을 받지 못할 것이라 하니

이 여종과 그 아들을 내어 쫓으라-사라가 하갈을 가리켜 여종이라고 칭한 것은 종에게서 난 자식이 주인의 아들과 함께 상속자가 될 수 없음을 강조하기 위함이다. 그리고 여기서 내어 쫓으라는 말은 히브리어로 이혼하다(레21:7; 민22:13)는 뜻도 지닌 단어로 곧 법적 절차를 밟아 하갈과 이스마엘이 아브라함에 대하여 지니고 있던 권리 및 관계를 제거시키라는 의미이다.

창21:11 그의 아들로 인하여 그 말이 아브라함 면전에 매우 고민이 되었더라

근심이 되었더니-하갈과 이스마엘을 추방하라는 사라의 요구에 대하여 아브라함이 깊이 번민한 까닭은 (1) 비록 짧은 기간이었지만 그래도 한때 이스마엘을 약속의 후계자로 삼으려 했던 그의 부성애 때문이었으며(창17:18) (2) 하갈이 비록 사라의 몸종이긴 하나 주인에게 자식을 낳아 준 여종은 함부로 추방하지 못한다는 것이 족장 당시 고대 근동 지방의 풍습이었기 때문이다.

창21:12 하나님께서 아브라함에게 말씀하시기를 네 아이와 여종 때문에 너의 면전이 그 말로 인해 결코 고민하지 말라 사라가 네게 말한 모든 것에 있어 그녀의 목소리에 귀를 기울이라 이는 이삭 안에서 난 자가 네 씨라 불리울 것이며
창21:13 여종의 아들도 내가 앞으로 큰 민족을 만들리니 이는 그도 너의 씨임이라 하시더라

한편 이 같은 하나님의 약속은 후일 이스마엘에게서 12방백이 태어남으로써 실제로 성취되었다(창25:12-26).

창21:14 아브라함이 아침에 일찍 일어나 빵과 물 한 가죽 주머니를 취하여 하갈에게 주어 그녀의 어깨에 메어 주고 아이와 그녀를 내어 쫓으니 그녀가 나가서 맹세의 우물이라는 브엘세바의 광야에서 방황하더니

(1) 떡과 물 한 가죽 부대-여행길을 떠나는 데 있어서 필요한 가장 기본적인 준비물이다. 그런데 본문에는 언급되어 있지 않으나 이외에도 아브라함이 얼마만큼의 금품을 주었을 것으로 추정하기란 그리 어렵지 않다. 그는 충분히 그럴 수 있는 애정과 재산(창13:2; 20:14-16)을 갖고 있었기 때문이다(9절; 창16:1). 브엘세바 들에서 방황하더니-브엘세바는 헤브론 서남쪽 약 44km 지점에 위치한 팔레스틴의 국경 도시이다(삼상 3:20). 그런데 하갈이 이곳 들판에서 방황하였다는 것으로 보아 그녀는 고향 애굽으로 돌아가려 했으나 애굽을 떠난 지 이미 20년이 지난 뒤였으므로(창16:3) 길을 잃고 헤매었던 것 같다.
(2) 요세푸스는 말하길 하갈이 광야를 벗어 날 수 있었던 것은 양치던 목자들을 만났기 때문이라 말한다.

창21:15 가죽 주머니의 물이 소멸한지라 그 아이를 한 떨기나무 아래에 팽개쳐 두고

물이 다한지라-하갈은 본시 애굽 출신의 여종으로서 사막의 열기 가운데에도 장시간 힘든 일을 하는 것에 익숙해 있었지만 부유한 족장의 집에서 자란 이스마엘은 전혀 그런 경험이 없었으니 사막의 불볕 더위 하에서 물이 떨어졌다는 것은 곧 죽음을 의미한다.

창21:16 그녀가 가서 화살이 미치는 거리만큼 떨어진 곳에 마주앉아 말하기를 내가 결코 자식의 죽음을 보지 않으리라 하며 그녀가 주저앉아 이스마엘을 바라보았다 하갈은 이스마엘이 흐느껴 큰 소리로 울부짖는데도 주저앉아 그저 바라만 보았더라

개정 성경에는 하갈이 대성통곡하며 운 것으로 나오는데 70인 역과 공동번역은 이스마엘이 대성통곡을 하며 울었고, 그것을 하갈이 보았다고 나온다. 70인 역의 번역 맞는 이유는 17절을 보면 하나님이 응답을 주셨는데 하갈의 울부짖음 때문에 주시지 않고 이스마엘의 울부짖음 때문에 주셨다고 나오기에 70인 역 해석이 맞는 것이다.

창21:17 하나님께서 그 아이의 소리를 경청 하셨으므니 하나님의 천사가 하늘에서 하갈을 불러 말하기를 하갈아 무슨 일이냐 두려워 말라 이는 하나님께서 아이가 있는 곳에서 그의 소리를 경청하셨음이라.

16절에서 하갈이 울부짖은 것으로 나오는데 70인 역은 이스마엘의 울부짖음으로 나온다. 본 절을 보면 하나님이 하갈의 소리를 들은 것이 아닌 이스마엘의 소리를 들었다고 나온다. 하나님의 사자-일전에 하갈에게 현현하셨던 여호와의 사자(창16:7)와 동일한 존재이다.

창21:18 일어나 아이를 일으켜 네 손으로 그를 붙들라 이는 내가 그로 큰 민족을 이룰 것임이라 하더라.

지금 이스마엘은 보잘것없는 소년이지만 장차 아라비아 족속의 원조가 될 것이라는 희망찬 메시지이다

창21:19 하나님께서 그녀의 눈을 열어 주시니 그녀가 물웅덩이를 보고 가서 물을 가죽 주머니에다 채워 아이에게 주어 마시게 하더라

"물병"을 70인 역에는 "가죽 주머니"라 나온다. 그리고 "샘물"을 70인 역에는 "물웅덩이"로 나온다. 그런데 이 샘물들에는 돌로 입구를 막고 특수한 표시를 해놓기 때문에 그 샘의 표시를 모르는 자는 찾아낼 수가 없었다. 그런데 하나님께서는 하갈을 간섭하셔서 그녀로 하여금 이 같은 샘을 발견하도록 역사하셨다. 그러므로 메튜 헨리는 이 샘을 가리켜 은총의 계약으로 이미 주어졌던 샘물 즉 죄 가운데 방황할 때 발견되어지지 않지만 하나님께 부르짖을 때에는 발견되어지는 샘물(요4:13,14)이라고

묘사하였다.

창21:20 하나님께서 그 아이와 함께 계시니 그가 자라서 광야에서 거하며 활 쏘는 자가 되었더라
창21:21 그가 바란 광야에 거했는데 그의 어미가 그에게 애굽 땅에서 아내를 취해 주었더라

바란 광야-아카바 만과 수에즈 운하 사이에 위치한 곳으로 가데스 바네아 남쪽 지역으로 하갈은 계속 팔레스틴 남방으로 내려갔다.
애굽 여인을 취함-이스마엘은 애굽 여인 하갈과 히브리인 아브라함 사이의 혼혈아인데 그 역시 애굽 여인과 결혼함으로 후손 아라비아인들은 히브리, 애굽인 간의 완전한 이중 혼혈족이 되고 말았다.

창21:22 그때에 아비멜렉과 그의 아내의 보호자 아훗삿과 그의 군대 사령관 비골이 아브라함에게 일러 말하기를 네가 무슨 일을 하든지 하나님께서 너와 함께 하시도다

개정성경에는 그의 군대 장군만 나오지만 70인 역에는 그의 아내의 보호자인 아훗삿도 아비멜렉과 같이 왔다고 나온다. 아비멜렉과 그 군대 장관 비골 - 당시 아브라함이 거주하던 지역(34절)의 최고 통치자인 아비멜렉과 그의 군대 장관이 아브라함을 방문한 까닭은 상호 동맹 관계를 맺기 위해서였다. 즉 이미 하나님의 간섭(창20:3-7)을 체험한 바 있는 아비멜렉은 하나님에 의해 점점 장성해 가고 있는 아브라함이 두려워 상호 불가침 조약을 맺기 원하였다. 인구도 부족하고 국가 조직도 미비한 당시 상황에서는 약자에 대한 강자들의 약탈이 빈번하였기 때문에 강력한 이웃의 세력과 조약을 맺는다는 것은 바로 생존과 직결되는 중대사였다.

창21:23 그러므로 지금 너는 나와 나의 씨와 나의 이름도 해치지 않겠다고 여기서 하나님을 가리켜 나에게 맹세하라 내가 너에게 정의를 베풀었던 대로 너도 나와 네가 외국인으로 거주하는 동안 이 땅에 행할 것이니라 하니

내 아들과 손자에게 거짓되지 않게 행한다고 맹세하라 하지만 70인은 손자라는 말이 나오지 않고 후손에 해당하는 씨로 나오고, "거짓되지"라는 말은 "해치지 않게"하는 말로 나오고, "후대했다"는 말은 "정의"라는 말로 나온다.

나와 내 아들과 내 손자에게-상호동맹 조약의 효력이 당대뿐 아니라 자손들에게까지도 적용되기를 바라는 아비멜렉에게서 우리는 그가 얼마나 아브라함을 창대케 하시는 하나님을 두려워하고 있는지를 인지할 수 있다.
이제...맹세하라-그 즉석에서 상호 불가침 조약이 체결되기를 염원하는 아비멜렉의 간청이다. 한편 맹세(솨바)란 말은 "세바"(일곱)에서 파생된 말로 맹세의 엄중성 및 신성성을 강조해 준다. 히브리인들에게 있어서 7이란 숫자는 천지 창조 기간과 관련하여 더하거나 감할 수 없는 성수 및 완전수였기 때문이다. 구속사적 맥락에서 이 맹세와 일곱의 관계는 그리스도의 가상칠언(마27:46,47; 눅23:34,43; 요19:26-30)에서 결정적으로 나타났다.

창21:24 아브라함이 말하기를 내가 맹세하리라 하고
창21:25 아브라함이 아비멜렉의 종들이 폭력으로 빼앗은 물웅덩이로 인하여 아비멜렉을 꾸짖으니

우물을 늑탈한 일 - 팔레스틴 남부 사막 지대의 유목민들에게 있어서 우물은 생활의 필수 요건이자 가장 큰 재산이었다. 따라서 이러한 우물을 장악하기 위한 분쟁이 종종 일어나곤 하였는데(창26:17-22) 심할 때는 대대적인 전쟁으로 비화하기까지 하였다.

창21:26 아비멜렉이 말하기를 누가 그런 일을 행하였는지 내가 결코 알지 못하노라 너도 내게 말하지 않았고 나도 듣지 못하였더니 오늘에야 들었노라 하더라
창21:27 아브라함이 양과 소를 취하여 아비멜렉에게 주고 두 사람이 계약을 입법화 하니라

"세우다"라는 말이 70인 역에는 "입법화했다"는 말로 나온다.
양과 소를...주고- 동맹 체결을 확정하는 의미에서 주는 선물이다. 즉 고대 근동에 있어서 국가나 개인 간에 선물을 수납하는 것은 화친을, 거절은 불화와 전쟁을 의미하는 행위였다(사30:6; 39:1).

창21:28 아브라함이 암양 새끼 일곱 마리를 따로 떼어 놓으니
창21:29 아비멜렉이 아브라함에게 말하기를 이 암양 새끼 일곱 마리를 네가 따로 떼어 놓으니 무슨 일이뇨 하니
창21:30 아브라함이 말하기를 너는 내 손에서 이 암양 새끼 일곱 마리를 받으리니 그것들이 내가 이 우물을 팠다는 증거가 되리라 하고

창21:31 두 사람이 거기에서 맹세하였으므로 그가 그곳을 맹세의 우물이라 하여 브엘세바라 불렀더라

브엘세바-일곱 암양 새끼로 맺은 맹세를 기념하는 명칭으로 일곱의 우물 또는 맹세의 우물이란 뜻이다.

창21:32 그리하여 그들이 맹세의 우물이라는 브엘세바에서 계약을 입법화하고 아비멜렉과 그의 아내의 보호자 아웃삿과 그의 군대 사령관 비골이 일어서서 블레셋이라는 뜻을 가진 팔레스티아인들의 땅으로 돌아갔더라

아비멜렉과 같이 온 사람이 군대 장관만 온 것으로 되어있지만 그의 아내의 보호자인 아웃삿도 같이 왔다고 앞에서 말했는데 이들이 돌아갔는데 그곳이 블레셋 땅이라 한다. 정확히 말하면 이때는 아직 땅의 경계가 명확하지 않아 모세가 기록할 당시 지명으로 불렀던 것이다. 블레셋을 헬라어로 팔레스타인이라 하는데 그 이유는 팔레스타인이라는 뜻이 블레셋에서 유래했기 때문이다.

창21:33 아브라함은 맹세의 우물이라는 브엘세바에 에셀나무을 심고 거기서 영원하신 주 하나님의 이름을 불렀더라

에셀나무는-위성류로서 사막의 모래 언덕이나 염분이 많은 늪지대에서 잘 자란다. 아브라함이 단단하고 수명이 긴 이 나무를 심은 이유는 아비멜렉과 맺은 언약의 공고성과 지속성을 기원하는 마음에서였다.

창21:34 아브라함이 블레셋이란 팔레스티아인들의 땅에서 많은 날을 거주하더라

| 창세기 22 장

창22:1 그 일 후에 하나님께서 아브라함을 시험하시려고 그에게 말씀하시기를 아브라함아 하시니 그가 말하기를 보소서 내가 여기 있나이다 하더라
창22:2 하나님께서 말씀하시기를 네가 사랑하는 아들 그 사랑하는 아들 이삭을 취하여 높은 땅으로 가서 산 중에서 내가 네게 알려 줄 한 산에서 그를 번제로 드리라 하시더라

70인 역에서는 "독자 아들"이라 하지 않고 사랑하는 그 아들이라 나오고 또한 모리아 산으로 나오지 않은 높은 땅으로 나온다. 이 모리아 산에 훗날 솔로몬이 성전을 건축한다(대하3:1).

창22:3 아브라함이 아침에 일찍 일어나서 그의 나귀에 안장을 올리고 그와 함께 있는 두 종과 그의 아들 이삭을 데리고 번제에 쓸 나무를 쪼개어 가지고 일어나서 하나님께서 자기에게 일러 주신 곳으로 갔더라

팔레스틴의 구릉 지대엔 대부분 나무가 없었기에 번제용 나무를 미리 준비해야 했다

창22:4 삼 일째 되던 날 아브라함이 눈을 들어 멀리 있는 그곳을 보고

유대 전승에 의하면 이때 하나님은 햇빛에 영롱히 반사되는 구름 덩어리를 그곳 모리아 산에 머물게 하심으로 아브라함이 쉽게 제단 쌓을 곳을 발견할 수 있었다고 한다.

창22:5 아브라함이 그의 종들에게 말하기를 너희는 나귀와 함께 여기서 앉아 기다려라 나와 아이는 저기로 가서 경배드리고 다시 너희에게로 돌아오리라 하고

롬4:18-22. 히11:17-19절을 보면 아브라함이 하나님의 능력에 의해 이삭이 다시 돌아올 것을 확신했다고 한다.

창22:6 아브라함이 번제에 쓸 나무를 들어서 그의 아들 이삭에게 지우고 그는 자기 손에 불과 칼을 들고 두 사람이 함께 가더라

이삭에게 지우고-하나님께서 인간들이 짊어져야 할 십자가를 독생자 예수 그리스도에게 옮겨 지우신 대속(代贖) 사역(사53:4-6; 요19:17)을 연상시켜 주는 장면으로 예표론적 의미를 지닌다.

창22:7 이삭이 그의 아비 아브라함에게 고하여 말하기를 나의 아버지여 하니 그가 말하기를 내 아들아 무슨 일이냐 하니 그가 말하기를 불과 나무를 보소서 그런데 번제에 쓸 어린 양은 어디 있나이까 하자

아브라함의 경건 생활과 제사 행위를 통해 이삭은 제사를 드리는 절차와 방법, 필요한 제물에 대하여 소상히 알고 있었음을 나타내 준다. 이렇게 아브라함을 통해 이삭은 예배드리는 방법을 잘 알고 있었이다. 그러므로 부모의 신앙생활이 자녀에게 영향을 미치는 것이다.
이스라엘 민족은 수없는 어린양을 죽이며 제사를 드리면서도 아이러니하게도 그 어린양이 어디에 있는지 해답을 찾지 못했다(사1:11-14). 그러나 성경은 '세상 죄를 지고 가는 하나님의 어린양'이 누구이신지를 분명히 증거해 주고 있는데 곧 예수 그리스도이시다(요1:29).

창22:8 아브라함이 말하기를 내 아들아 번제할 어린 양은 하나님이 자기를 위하여 친히 준비하시리라 하고 두 사람이 함께 가더라

아브라함은 이런 상황에서 부정적인 말을 하지 않았다. 그러자 그가 말한 대로 되는 결과가 따른다. 또한 "롬4:17 그가 믿은바 하나님은 죽은 자를 살리시며 없는 것을 있는 것으로 부르시는 이시니라" 이 말씀을 그대로 믿었다.

창22:9 그들이 하나님께서 말씀하신 그곳에 와서 아브라함은 그곳에서 제단을 쌓고 나무를 가지런히 놓고 그의 아들 이삭을 묶어서 제단의 나무 위에 올려놓고

1) 이로써 이삭은 아브라함이 자신을 제물로 삼아 제사를 드리려 한다는 것을 분명히 깨닫게 되었을 것이다. 따라서 혈기 왕성한 이삭은 하려고만 하였다면 노쇠한 아버지의 이해할 수 없는 행동을 얼마든지 뿌리칠 수 있었을 것이다. 그러나 이삭은 아버지의 뜻에 묵묵히 순종하였는데 아마 아브라함의 행위가 하나님의 뜻 안에서 작정된 것임을 알았기 때문일 것이다. 이런 점에서 이삭의 순종은 하나님의 뜻에 따라 자신을 대속 제물로 십자가에 내어 주기까지 한 그리스도의 순종(빌2:8)과 속죄 사역(사

53:5)을 예표 한다.
2) 요세푸스에 이때 이삭의 나이 25세였다고 나온다.
3) 이때 이삭에게 아브라함이 한 말이 요세푸스의 책에 나온다. 그 내용은 이렇다. "사랑하는 나의 아들아 나는 너의 출생을 위해 하나님 앞에서 수많은 날을 기도로 보냈다. 네가 이 세상에 태어났을 때 너를 기르느라 해보지 않은 고생이 없었고 네가 별 탈 없이 무럭무럭 자라는 것을 지켜보는 것보다 더 행복한 날은 없다고 생각했단다. 내가 죽으면 나의 모든 통치권을 네게 넘겨 주려고 결심했다. 그러나 내가 네 아버지가 된 것도 하나님의 뜻이었으니 이제 그분의 마음을 기쁘게 해드리기 위해 부득이 너를 포기하지 않으면 안 되겠구나. 이것이 하나님의 뜻인 것 같으니 넓은 마음으로 이 아비를 용서해다오. 이제는 나의 후원자요. 나의 보호자이며 나에게 은혜를 베풀어 주시고 그 은혜에 대한 보답을 요구하시는 하나님께 너를 바쳐야 하겠구나. 사랑하는 나의 아들아. 너는 세상의 다른 사람들이 죽는 것과 같이 평범하게 죽는 것이 아니라 하나님께 순종하는 마음으로 네 아비의 손에 의해 하나님께로 가는 것을 자랑스럽게 여기거라 나는 하나님께서 보통 사람들처럼 질병이나 전쟁과 같은 혹독한 방법으로 너의 생명을 앗아가지 않으시고 너의 영혼을 이처럼 기도와 거룩한 예물로 받으시고 당신의 곁에 두셔서 이 아비의 노년에 아비의 원조자와 후원자가 되게 하시리라 굳게 믿고 있단다. 하나님께서 이 아비 대신 너의 영혼을 위로해 줄 줄로 믿는다."
4) 이때 이삭이 아버지에게 한 말이 요세푸스의 책에 나온다. "만일 제가 하나님의 뜻과 아버지의 결정을 무시하고 두 분의 선하신 뜻에 따르기를 거절해 버릴 몸이라면 처음부터 이 세상에 태어날 가치조차 없었을 것입니다. 이 일을 비록 아버지 혼자 결정했다 할지라도 그 말씀에 순종하지 않는다면 그것은 자식 된 도리를 다한다 할 수 없는 것입니다"

창22:10 그의 손을 내밀어 칼을 잡고 이삭을 죽이려 하는데

아브라함이 할 수 있었던 순종의 마지막 행위이다. 따라서 이제 이삭은 죽은 목숨이나 다름없다. 그러므로 구태여 이삭을 죽이지 않더라도 아브라함의 신앙은 입증되었으며 제사의 정신도 성취되었다고 할 수 있다. 하나님께서 이삭을 살리신 까닭(12절)이 바로 여기에 있는데 비록 이삭은 죽지 않았으나 죽었고, 죽었으나 다시 살아났다. 바로 이것이 기독교의 페러독스(paradox=모순) 이다(마10:39; 16:25). 한편 여기서도 이삭의 순종은 간과되어선 안 되는데 아브라함의 칼 앞에서 잠잠했던 이삭의 모습은 병정들의 창칼 앞에서 잠잠했던 그리스도의 모습을 예표해 준다(마

26:47-56).

창22:11 주의 천사가 하늘에서 그를 불러 말하기를 아브라함아 아브라함아 하니 그가 말하기를 내가 여기 있나이다 하더라

아브라함아 아브라함아=다급한 반복은 사태의 긴박성과 함께 이름이 지닌 의미를 분명히 보여 주기 위함이다. 즉 이삭은 결코 죽임당해서는 안 되며 아브라함은 약속의 상속자인 이삭을 통해서만 진정 열국의 아비가 될 수 있음을 강조해 준다(창17:5).

창22:12 그가 말하기를 그 아이를 결코 제거하지 말라 아무 일도 그에게 하지 말라 나를 위하여 극진히 사랑하는 네 아들을 결코 아끼지 아니하였으니 나는 이제 네가 하나님을 두려워하는 줄을 아노라 하더라

1) "손을 대지 말라"는 말이 70인 역은 "제거하지 말라"고 되어 있고, 또한 네 독자까지 아끼지 않았다는 말을 70인 역은 "아가페토스"라 해서 감정을 가지고 극진히 사랑하는 아들을 아끼지 않았다는 말로 나온다. 이 말을 통해 아브라함은 이삭을 우상처럼 사랑했던 것을 알 수있다. 그래서 이삭을 번제로 드리라 한 것이다. 요세푸스는 아브라함이 이때 이삭을 하나님의 은총으로 노년에 낳은 이삭을 끔찍이 사랑했다고 하고 있다.
2) 내게 아끼지 아니하였으니-여호와의 사자가 자신과 하나님을 동일시하고 있다. 그런데 이 여호와의 사자를 70인 역은 천사로 말하고 있다.
3) 하나님을 경외하는 줄을 -자신이 근본 하나님이면서도 여호와의 사자가 이처럼 하나님을 객관화시켜 이야기 하고 있는 것은 성부, 성자, 성령 하나님같이 구별된 위격(位格)이 있음을 시사해 준다.

창22:13 아브라함이 눈을 들어 살펴보았더니 보라 뿔이 수풀에 걸린 숫양이 있는지라 아브라함이 가서 숫양을 잡아와서 그의 아들 이삭을 대신해서 번제로 드렸더라
창22:14 아브라함이 그곳의 이름을 주님이 보신 장소라 하여 히브리어로 여호와 이레라(주님이 보신다) 불렀더니 오늘까지도 말하여지기를 산에 주님이 나타났다하더라

1) 70인 역에는 "여호와"라는 말이 나오지 않고 "주님"으로 나온다. 그러나 여기서 "여호와 이레"라 한 것은 히브리식으로 그대로 표현한 것이지 70인 역은 "주님이 보신다"라는 뜻이다.

2) 여호와 이레-'여호와께서 돌보신다'는 뜻으로 8절에 의거하여 명명한 이름이다. 즉 하나님께서는 성도의 쓸 것을 미리 아시고 때에 따라 공급해 주시는 분(마6:25-32)임을 찬양한 기념비적 이름이다. 그러나 70인 역의 뜻은 주심이 보신이라는 뜻이다.
3) 준비되리라-70인 역의 산에 주님이 나타나셨다는 뜻이다.

창22:15 주의 천사가 하늘로부터 두 번째로 아브라함을 불러
창22:16 말하기를 주가 말하노라 내가 스스로 맹세하노라 이는 네가 이같이 행하여 나를 위하여 극진히 사랑하는 너의 아들을 결코 아끼지 아니하였기에

나를 가리켜 맹세하노니-맹세라는 것은 본래 자기보다 높은 자가 아니면 절대자의 이름을 걸고서 하는 것이 관례이다. 그래야만 맹세의 권위가 서기 때문이다. 그런데 하나님께 있어서는 자신보다 더 높은 이가 없다. 그러므로 그분은 자신을 가리켜 맹세할 수밖에 없었던 것이다.

창22:17 진실로 너를 축복하고 축복을 주고 번식하고 번식하여 내가 너의 씨를 하늘의 별들처럼 또 바닷가의 모래처럼 많게 하리니 네 씨가 원수들의 성읍들을 상속받으리라

1) 헬라어에서 두 번 반복은 강조 용법으로 틀림없음을 상징하는 것인데 여기서 그 용법을 사용하고 있다. 번성하게 한다는 말은 70인 역에서는 물질이 아닌 후손이 많아지는 다산의 복을 말한다. 대적의 성문을 차지한다는 말은 원수들의 성읍들을 하나님이 빼앗아 상속으로 준다는 말이다.
2) 문을 얻으리라-문 곧 성문은 성내의 주민들과 성읍의 안녕(安寧)을 지켜 주는 방어물이니 이러한 문을 얻고 열어젖힌다는 것은 성읍을 점령하였다는 말과 상통한다. 따라서 본 절의 일차적 의미는 아브라함의 후손인 이스라엘이 원수를 물리치고 약속된 성읍 가나안을 점령할 것이다. 그런데 이에는 보다 깊은 영적 의미가 담겨 있는데 곧 장차 메시야를 통하여 그를 믿는 모든 성도, 즉 아브라함의 영적 후손들이 복음으로 세상을 정복할 것이라는 뜻이다(갈3:7-9,14).

창22:18 네 씨 안에서 땅의 모든 민족이 축복을 받으리니 이는 네가 나의 말에 따랐기 때문이라 하더라

1) 네 씨로 말미암아-복의 근원자가 될 특정한 씨, 곧 발꿈치로 사단의 머리를 상하게 할 '여자의 후손' 예수 그리스도를 가리킨다(창3:15;갈

3:16).
2) 천하 만민이 복을 얻으리니-그리스도를 통하여 전 세계에 복음이 전파 되고 이로써 그들이 구원의 축복을 얻게 되는 것을 뜻한다.

창22:19 그리하여 아브라함이 그의 종들에게로 돌아와서 그들이 일어나 함께 맹세의 우물이라 하는 브엘세바로 떠났으니 그가 브엘세바에 거하였더라
창22:20 이 일들 후에 누군가가 아브라함에게 고하여 말하기를 보라 말가가 당신의 형제 나홀에게 아들을 낳았다 하니

아브라함이 우르를 떠난 후(창11:27-32) 처음으로 접하는 동생 나홀의 근황(近況)이다. 일견 갑작스러운 듯한 본 기사는 24장의 서론 격으로 이삭의 아내가 될 리브가가 다름 아닌 나홀 집안의 사람임을 보여 주는 데 의의가 있다.

창22:21 그의 첫아들은 우스요 그의 아우인 부스와 아람의 아버지인 그므엘과

우스는 창10:23절의 셈의 손자와는 다른 우스이고, 아람 역시 아브라함의 동생 나홀의 후손 중 하나이지 아람 족속의 조상이 아니다.

창22:22 게셋과 하소와 빌다스와 이들랍과 브두엘이라

1) 게셋-갈대인의 조상이거나 그 후손인 것 같다. 욥의 재산을 약탈한 자들이 바로 이 갈대인이다(욥1:17).
2) 브두엘-매우 경건했던 자로 훗날 이삭의 아내가 된 리브가의 아비이다(창24:15, 24, 27).

창22:23 브두엘은 리브가를 낳았더라 이 여덟 명의 아들은 아브라함의 형제 나홀이 밀가에게서 낳았더라

리브가-이삭의 사촌 형제의 딸로서 후에 이삭의 아내가 되었다(창24:67).

창22:24 또 나홀의 첩의 이름은 르우마인데 그녀가 데바와 가함과 다하스와 마아가를 낳았더라

마아가-마아갈 족속(신3:14; 수12:5)의 시조로 추정된다.

| 창세기 23 장

창23:1 사라가 백이십칠 세였는데 이것이 사라의 햇수였더라

성경상 에서 여자로서는 나이가 언급된 유일한 경우이다. 이러한 연유는 사라가 '약속의 자녀'의 어머니(창17:19)로서 모든 성도의 믿음의 어머니였기 때문이다(히11:11, 12)

창23:2 사라가 가나안 땅 헤브론 즉 계곡에 위치한 기럇아르바 성읍에서 죽으니 아브라함이 사라를 위하여 와서 가슴을 치며 울며 애곡하더라

기럇아르바인에 이곳을 70인 역은 계곡으로 말하고 있다. 기럇아르바는 헤브론의 옛 이름이기도 하다. 이곳은 롯과 헤어지기 전 20년 동안 거했던 장소이며 롯과 헤어진 후 아브라함은 그랄과 브엘세바에서 거하다 다시 헤브론으로 온 것이며 이곳에서 결국 아내와 자신도 죽는다. 결국 이후 아브라함은 이곳에서 계속 살았다는 뜻이다.

창23:3 아브라함이 그 시체 앞에서 일어서서 헷의 아들들에게 일러 말하기를

이들 헷 족속은 후에 샘족 즉 이스라엘에 동화되어 유대인이 된다. 다시 말해 사라와 아브라함을 선대 한 자들에게 하나님은 결국 유대인이 되는 복을 주신 것이다.

창23:4 나는 당신들 가운데 나그네요 외국인으로 거류하는 자니 당신들 가운데서 죽은 자를 위해 매장지를 내게 소유로 주어서 나의 죽은 자를 내 앞에서 장사하게 해 주시오 하니

당시 아브라함은 가나안땅에서는 외국인이요 나그네에 지나지 않았다. 아브라함이 사라가 죽자마자 장례를 서두른 이유는 팔레스틴은 북위 31도 15' 사이에 위치하고 있으므로 더우면서도 지중해의 영향을 받아 다습(多濕)한 기후를 띠고 있다. 그러므로 시체가 금방 부패하기 마련인데 사후(死後) 24시간 이내에 장사하는 것이 상책이다. 아브라함이 사라의 죽음을 놓고 마냥 슬퍼하고 있지만 않고 서둘러 매장지를 구한 까닭도 이 때문이다.

창23:5 헷의 자손들이 아브라함에게 대답하여 말하기를
창23:6 내 주여 들으소서 당신은 우리에게 있어서 하나님 곁에 계신 왕이시니 우리의 묘실 중에서 좋은 것을 골라 당신의 죽은 자를 장사 하소서 우리 중에는 아무도 자기의 묘실에다 당신의 죽은 자를 장사함을 금지시킬 자가 없으리이다 하니

1) 아브라함을 헷 족속은 퀴리오스 즉 주님으로 부르고 있다.
2) 아브라함을 개정성경에는 방백으로 나오나 70인 역은 왕으로 나오는데 이에 대하여 요세푸스는 베로수스의 책을 인용해 "홍수 이후 10대째에 의롭고 위대하고 천체과학에 뛰어난 사람이 갈대아인 가운데 살고 있었다"라고 말했다. 그리고 다메섹의 니콜라스(주전 20년 사람)는 아브라함에 대하여 이렇게 말했다. "아브라함은 갈대아 땅이라고 부르는 베벨론 위쪽 군대를 이끌고 온 외국인으로서 다메섹(현재는 시리아)을 지배했다. 그러나 오랜 후에 그는 백성들과 함께 그 나라를 떠나서 그 당시엔 가나안 땅이라 불렸지만 현재는 유대 땅이라 불리 우는 땅으로 돌아왔다. 그리고 이곳에서 그의 후손들은 크게 번성하였다". "오늘날(니콜라스와 요세푸스) 아브라함이란 이름은 다메섹에서 아직도 유명하며 그의 이름을 따서 아브라함의 거주지라고 부르는 마을도 있다"라고 나온다. 니콜라스는 아브라함에 대하여 이렇게 말한다. "다메섹 왕 아젤루스 이후 이스라엘 왕이 도망갔다"라고 말이다. 이렇게 볼 때 아브라함을 지금 방백이라 부르는데 이는 왕이란 뜻이다. 이는 우리가 알고 있는 아브라함과는 다른 것이다. 이렇게 아브라함이 왕이기에 애굽 왕과 그랄 왕과 사라를 가지고 정략결혼을 시키기까지 한 것이다.

창23:7 아브라함이 일어서서 그 땅의 백성들 곧 헷의 자손들에게 몸을 굽히고

아브라함이 무덤을 분양받게 되는데 이때 헷 족속의 사람들이 다 나온 것은 당시 고대 근동의 풍습에 의하면 모든 거래에 있어 보증인의 역할을 하는 중개인의 입회가 필요했는데 이 무리가 바로 보증인 것이다.

창23:8 그들과 이야기하여 말하기를 내가 나의 죽은 자를 내 면전에서 장사해야 하는 것이 당신들의 영혼이라면 내 말을 듣고 나를 위하여 소알의 아들 에브론에게 간청하여

"뜻을" 70인 역에서는 "영혼"으로 해석하고 있다.

창23:9 그가 그의 밭(들판) 일부에 속해 있는 이중동굴인 막벨라 굴을 내게 주게 하되 그 값에 해당한 합당한 은을 받고 그 굴을 내게 주어 매장지로 소유하게 하소서 하니

막벨라굴을 히브리어와 70인에서는 두 개(이중)로 되어 있는데 아마 굴 속에 또 하나의 굴이 있었던 것 같다. 어쨌든 굴이 하나로 되어 있는 것이 아닌 이중동굴로 되어 있다고 나온다. 아브라함이 굴 값으로 돈을 주었다고 나오는데 정확하게 말하면 은을 주었다고 나온다. 이로 보아 당시 물물교환의 매개체로 귀금속인 은이나 금이 사용되었음을 보여주는 성경상의 첫번째 기록이다.

창23:10 에브론이 헷의 자손 중에 주저앉아 있더니 헷 족속 에브론이 그의 성읍에 들어온 모든 헷 자손이 듣는 데서 아브라함에게 대답하여 말하기를

성문 앞에 헷 족속 자손들이 모여 있는 중에 에브론과 아브라함의 이야기가 오가는데 이것이 곧 계약이며 공증이었다. 당시에 정확한 등기법이 시대에 거래의 합법적인 공증(公證)을 받으려면 이처럼 모든 거래 행위와 공공 생활의 중심지였던 성문(34:20; 삼하15:2; 느8:1; 렘17:19)앞에서, 그리고 여러 증인 앞에서 공식적인 거래를 하여야 했기 때문이다. 그래서 성경에 성문 앞 광장이 많이 나오는 것이다.

창23:11 나의 곁에 계신 주여 그리 마시고 내 말을 들으소서 그 밭(들판)을 당신께 드리며 거기 있는 이중동굴도 당신께 드리어 내 백성의 면전에서 내가 그것을 당신께 드리오니 당신의 죽은 자를 장사하소서 하더라

1) 본 절에도 헷족속 사람들이 아브라함을 내 주여 하고 부르고 있다.
2) 그 밭을...그 속의 굴도 당신께 드리되-아브라함이 매장지로 사용하기 위하여 막벨라 굴만을 사려 했으나 에브론이 굴뿐 아니라 그 굴이 있는 밭까지 아브라함에게 무상(無償)으로 주려 한 것은 굉장한 호의임이 틀림없으나 그 이면에는 다분히 이해 타산적인 동기가 담겨 있음을 간과할 수 없다. 당시 법에 의하면 땅 주인이 그 땅에 속한 모든 것의 세금을 내게 되어 있었으니 막벨라 굴만을 아브라함에게 양도하면 그 굴에 대한 납세 의무는 여전히 에브론에게 남기 때문이다. 그러므로 에브론은 납세 의

무의 원천이 되는 밭 전체에 대한 소유권을 아브라함에게 완전히 넘겨주려 하였음을 쉽게 추정할 수 있다. 한편 여기서 말하는 밭이란 좁다란 개간지가 아니라 넓은 들판을 가리키기에 70인 역에서는 언제든지 밭이 아닌 들로 해석하고 있다.

창23:12 아브라함이 그 땅의 백성들 앞에서 몸을 굽히고
창23:13 그리고 그가 그 땅 백성들이 듣는 데서 에브론에게 일러 말하기를 당신이 그것을 주신다면 부탁하노니 내 말을 들으시오 내가 그 밭(들판)의 값을 은으로 드릴 테니 내게서 받으시오 그러면 내가 내 죽은 자를 거기 장사하리다 하자

아브라함이 들 값을 지불한 이유는-가나안 땅은 하나님께서 아브라함과 그의 후손에게 기업(基業)으로 주시겠다고 약속하신 땅이다(창13:15). 그럼에도 만일 아브라함이 에브론에게 막벨라 굴과 밭을 무상으로 양도받았다고 할 것 같으면 그는 자신의 기업을 하나님이 아닌 이방 족속으로부터 받은 셈이 될 것이다. 이는 곧 하나님의 약속을 정면으로 거부하는 행위가 되니 아브라함은 에브론의 제의를 거절하고 끝까지 그에 준하는 값을 치르려 한 것이다.

창23:14 에브론이 아브라함에게 대답하여 이르되
창23:15 아닙니다 내 주여 내 말을 들으소서 그 땅은 은 사백 세켈이나 나와 당신 사이에 무슨 문제이니이까 당신의 죽은 자를 그곳에 장사하소서 하니
창23:16 아브라함이 에브론의 말을 듣고 아브라함이 헷의 아들들이 듣는 데서 그가 말한 대로 상인들이 거래하는 은 사백 세겔을 에브론에게 달아 주더라
창23:17 마므레 앞 막벨라 이중동굴에 있는 에브론의 밭(들만) 곧 밭(들판)과 거기 있는 이중 동굴 밭(들판) 사면의 경계에 있는 모든 나무가

여기서 이 굴이 있는 들의 경계는 나무로 되어 있다는 말이다.

창23:18 성읍에 들어온 모든 헷 자손들의 면전에서 아브라함의 소유로 확정되었더라

성읍 안에 있는 사람들 앞에서 합당한 대금을 지불하고 정식 계약을 체결했는데 이는 여러 증인 앞에서 공증(公證)하기 위함이다. 이로 미루어 보아 당시에도 초보적인 문자가 있기는 하였으나 아브라함과 에브론은 문서가 없는 구두 계약(口頭契約)을 맺었거나 아니면 간략한 매매 계약서와 함께 여러 사람 앞에서 공증받는 병행 계약을 맺었던 것 같다.

창23:19 이 일 후에 아브라함이 그의 아내 사라를 가나안 땅 헤브론 곧 마므레 앞 막벨라 밭(들판)의 이중동굴에 장사하였더라

1) 사라를...장사하였더라-사라가 처음으로 묻힌 이래 이곳에는 아브라함(25:9)과 이삭, 리브가, 야곱과 레아(창49:31; 50:13) 등의 3대 족장과 그의 아내들이 묻히었다. 그러나 특이하게도 요셉은 야곱이 하몰의 자손들에게서 산 세겜 땅에 장사 되었다(수24:32).
2) 마므레는 곧 헤브론 이라-엄밀히 얘기하면 마므레는 헤브론 지경 내의 한 지역이다(창13:18). 그리고 '마므레'란 지명은 그곳을 점령한 아모리 종족의 한 부족장 이름으로부터 유래한 것이다(창14:13).

창23:20 이와 같이 그 밭(들판)과 거기에 속한 굴은 헷의 아들들에 의하여 아브라함에게 매장지로 소유권이 확정되었더라

I 창세기 24 장

창24:1 아브라함이 나이 많아 늙었고 주께서는 모든 일에 아브라함에게 복을 주셨더라

본 절에 아브라함이 늙었다 함으로 이젠 아브라함의 시대가 지나고 이젠 이삭의 시대가 도래할 것을 암시하는 말이다. 또한 범사에 복을 주셨다는 말은 나이 75세에 하나님의 부르심을 받은 이래(창12:4) 175로 세상을 하직하기 까지(창25:7) 험난한 나그네 생활을 하며 많은 고초를 겪었는데도 불구하고 그의 생을 가리켜 범사에 하나님께 축복받은 삶이라고 한 것은 하나님께서 먼저 아브라함을 찾아오셔서 그의 삶 전체가 의로운 것이 되게 하시고 믿음의 아비가 되게 해주신 것(창17:5)을 의미하는 말이다. 물론 물질적인 복도 포함하고 있다.

창24:2 아브라함이 자기가 소유한 모든 것을 통치하는 자기 집의 장로인 그의 종에게 말하기를 내가 네게 청하노니 네 손을 내 넓적다리 밑에 넣으라

이 종을 가리켜 70인 역에서는 장로로 말하고 있는데 히브리 원문에도 장로로 되어 있다. 그런데 이 종은 다메섹 사람 엘리에셀(15:2)로 60전에 아브라함의 상속자로 지명되기도 했던 사람이다. 허벅지 밑을 70인 역에서는 넓적다리 밑을 말하지만 공동번역은 사타구니를 말한다. 고대에서는 맹세할 때 남자의 성기를 잡고 맹세를 했는데 이는 충성과 맹세와 절대복종을 의미하는 엄숙한 서약을 표현하는 고대의 관습이다.

창24:3 내가 하늘의 하나님이시며 땅의 하나님이신 주를 두고 너로 맹세하게 하노니 너는 내가 거하는 가나안의 딸 중에서 내 아들을 위하여 아내를 얻지 말고

1) 하늘의 하나님 땅의 하나님이신 여호와란 하나님만이 우주 만물의 절대 주권자이심을 의미한다 (느9:6).
2) 가나안 족속의 딸 중에서...택하지 말고-이삭을 자기 혈통과 결혼시켜 순수성을 보존할 뿐 아니라 가나안 족속의 방종한 생활에 물들지 않도록 구별 짓기 위함이다. 즉 가나안 족속의 도덕적 문란을 익히 알고 있던 아브라함(창18:16-33; 19:27, 28)은 이삭이 그들의 딸과 결혼함으로 말미

암아 악에 물들 가능성을 사전에 배제하려 하였던 것이다. 한편 훗날 모세의 율법에서도 이스라엘인이 우상 숭배 행위에 탐닉해 있는 가나안인과 혼인하는 것은 엄격히 금지 되었는데(출 34:16; 신 7:3) 이는 믿는 자와 함께 멍에를 같이 함(고후6:14)이 하나님의 기뻐하시는 뜻임을 알 수 있다(고전7장, 그리스도인의 결혼관).

창24:4 너는 내 고향 내 족속에게 가서 내 아들 이삭을 위하여 아내를 얻으라 하더라

내 고향 내 족속-갈대아 우르(창11:28)가 아닌 유프라테스 강 건너편의 하란 지역을 가리킨다(10절; 창11:31,32; 창12:4).이 지역 주민들은 가나안 주민들보다 덜 문란할 뿐 아니라 여호와에 대한 지식이 있었던 것으로 보인다. 물론 그들은 완전한 여호와 종교의 추종자로 볼 수는 없고 라반(창31장) 집안의 경우처럼 몇몇 이방 신과 더불어 여호와를 경배했던 혼합종교 주의자로 여겨진다. 한편 아브라함이 에벧의 후손인 메소포타미아 지역의 주민들(창11:15-26)을 '내 족속'이라고 부른 것은 당시 아직 이스라엘 민족이 성립되지 않았기 때문이다.

창24:5 그 종이 그에게 말하기를 여자가 이 땅으로 나를 따라오기를 결코 원치 아니하면 내가 주인의 아들을 주인이 나오신 그 땅으로 다시 데리고 가리이까 하니

하란 땅은 문명의 도시이고 가나안은 척박한 땅이라 아마 가나안땅으로 들어오지 않을 경우는 어떻게 해야 하느냐, 그런 때는 하란 땅으로 아들을 데리고 들어가야 하느냐는 말이다.

창24:6 아브라함이 그에게 말하기를 내 아들을 결코 그곳으로 데리고 돌아가지 않도록 조심해야 하느니라
창24:7 하늘과 땅의 하나님 주님께서 내 아버지의 집과 내 고향 땅에서 나를 취하여 떠나게 하시고 내게 말씀하시며 내게 맹세하시며 말씀하시기를 내가 이 땅을 네 씨에게 주리라 하셨으니 그분께서 그의 천사를 네 앞에 보내실 것이며 네가 거기서 내 아들을 위하여 아내를 취하리라

아브라함은 약속을 믿는 믿음을 가졌다. 그래서 주님의 말씀이라면 그대로 믿었다.

창24:8 만일 그 여자가 너를 따라오고자 원치 아니하면 그때는 나의 이 맹세로부터 네가 깨끗하게 되리니 내 아들 홀로 결코 데려고 그것으로 가지 말지니라 하더라
창24:9 그 종에게 맡기고 그 종이 자기 손을 그의 주인 아브라함의 넓적다리 아래에다 넣고 그 일에 관하여 그에게 맹세하였더라
창24:10 그리고 그 종이 자기 주인의 낙타 중에서 열 마리를 취하여 떠났으니 이는 자기 주인의 모든 좋은 것을 가지고 떠나 그가 일어나 메소포타미아로 가서 나홀의 성읍에 이르니라

1) 메소포다미아(아람 나하라임)-'두 강'(나하라임)과 '아람'이 합쳐진 말로 '두 강들의 아람' 이라는 뜻. 여기서 두 강은 티그리스와 유프라테스강을 가리키고 '아람'은 '고지' 또는 '산지'란 뜻이다. 이는 곧 티그리스와 유프라테스 사이의 고원 지대를 가리키는데 세계 3대 문명 발상지 중의 하나로 히브리와 헤라 문명에 크게 영향을 준 근원지이다. 당시 메소포타미아 하면 이라크와 로마와 페르시아 시리아지역을 포함하는 말로 한마디로 메소포타미아 제국을 일컫는 말과 같은 말이다. 당시 메소포타미아의 갈대아 우르는 지금의 이라크 지역에 해당하고, 하란은 밧단 아람에 속한 밧단 아람의 중심도시의 이름으로 지금의 터키지역에 속해 있다고 하고, 밧단 아람은 지금의 시리아 지역에 많이 속해있어 일반적으로 지금의 시리아 지역이라 한다. 성경에서 밧단 아람이라 하면 밧단아람의 중심도시인 하란을 이야기하는 말이다. 다시 말해 성경에서 밧단 아람과 하란은 같은 지역을 말하는 말이다. 하란에서 갈대아 우르까지의 거리는 45키로 거리이고, 갈대아 우르에서 에덴동산까지의 거리는 19.3키로 거리에 있었다고 한다.
2) 메소포타미아 나홀의 성읍에 도착했다고 하는데 창25:20절을 보면 이곳을 메소포타미아의 밧단아람인 시리아로 되어 있다.
3) 요세푸스는 이 종이 라반의 집에 도착하는데 예정보다 늦게 도착했는데 그것은 광야에서 겨울에는 진흙 덩이에 빠지고 여름에는 혹심한 가뭄을 만났고 또 강도 떼를 만나 예정보다 늦게 도착했다고 나온다.

창24:11 저녁때에 그가 자기 낙타들을 성읍 밖 우물 곁에서 잠을 자게 하니 그때는 여인들이 물 항아리를 가지고 나올 때였더라.

1) 낙타를 꿇렸다는 말이 70인 역은 잠을 자게 했다는 말인데 이는 자면서 잠시 쉬게 했다는 말이다. 물을 길으러 나왔다는 말은 항아리를 가지고 나왔다는 말로 되어 있다.

2) 여인들이 물을 길러 나올 때- 팔레스틴의 낮은 매우 무더우므로 특별한 경우가 아니고서는 대개 서늘한 아침과 저녁 두 차례에 걸쳐 공동으로 물을 길었다. 그리고 이때 신분의 고하를 막론하고 여자들은 고유 의무로서 우물터에 물을 길으러 나왔으며 그곳에서 각종 정보를 교환했다. 남자들이 물을 길으러 나오는 것이 일반적이었지만 작은 시골 마을에서는 여자들이 물을 길어 어깨나 머리에 이고 나르는 것이 보통이었다.

창24:12 그가 말하기를 나의 주인 아브라함의 하나님 주께 간구하오니 오늘 나의 면전에 순조로운 여행을 하게 하시어 내 주인 아브라함에게 은혜를 베풀어 주소서

순조롭게 만나게 하사라는 말은 순조로운 여행을 하게 해달라는 말로 목적이 잘 성취되게 해달라는 말이다.

창24:13 보소서 내가 우물 곁에 서 있고 성읍의 집의 딸들이 물 길으러 나오면

우물(아인)-히브리어 원래의 뜻은 눈이다. 이는 아마 눈에서 눈물이 흘러나오는 현상이 샘에서 물이 솟아나는 현상과 유사성을 지니기 때문인 듯하다.

창24:14 내가 그 소녀에게 말하기를 부탁하노니 너는 네 물 항아리를 경사 지게 하여 나로 물을 마시게 하라 하여 그녀가 말하기를 마시소서 당신이 물을 마시는 것을 중지할 때까지 내가 당신의 낙타들에게도 마시게 하리이다 하면 그녀는 주께서 주의 종 이삭을 위하여 준비하신 것이니 그것으로 나는 주께서 내 주인에게 은혜를 베푸심을 알겠나이다 하더라

당신의 약대에도 마시오리라 하면 -약대 곧 낙타는 긴 여행 끝에 상당히 많은 물을 섭취해야 하는 짐승이다. 따라서 여행자뿐 아니라 그와 동행하는 낙타에게까지 자원해서 물을 길어 먹일 정도의 여자라면 상냥하고 친절한 마음씨와 함께 센스(sense) 까지 겸비한 여자라는 좋은 증거가 된다. 이처럼 순수한 사랑과 봉사 정신, 지혜를 갖춘 여인을 이삭의 아내로 책정해 다라고 기도한 엘리에셀은 그 역시 인간의 지혜가 아닌 하나님께서 부여해 주신 지혜를 갖춘 자였음이 분명하다.

창24:15 그가 마음속으로 말하는 것을 마치기도 전인데 보라 끈 고리라는 뜻을 가진 리브가가 물항아리를 어깨에 메고 나오니 그녀는 아브라함의 형제 나홀의 아내 밀가의 아들 브두엘에게서 태어났더라

1) 종이 마음속으로 기도하는 기도도 응답이 오는 것을 통해 묵상기도도 응답이 있는 것이다.
2) 리브가-"끈, 고리"라는 뜻으로 이삭과는 오촌 간이면서 그의 아내가 되었는데 이로써 하나님의 언약 혈통을 잇는 자가 되었다는 데 그 이름의 뜻이 있는 것 같다 (창22:23).
3) 물 항아리(카드) - 일반적으로는 물을 길어 나르는 조그마한 항아리나 바께쓰(bucket)를 가리키는데 예외적으로 저장용 큰 항아리나 통을 의미하기도 한다(왕상17:12).

창24:16 그 처녀는 보기에 심히 아름답고 결코 남자를 알지 못하는 처녀더라 그녀가 샘에 내려가서 자기 물항아리에 물을 채워서 올라오는데

1) 심히 아리땁고 마음씨 뿐 아니라 외모도 아름다운 것은 아브라함과 이삭, 야곱의 아내들의 공통점이다(창12:11; 26:7; 29:17).
2) 처녀로 나오는데 이는 숫처녀를 말하는 팔데노스로 되어 있다.

창24:17 그 종이 달려가 그녀를 만나서 말하기를 부탁하노니 네 물 항아리에서 물을 내게 조금 마시게 하라하니

요세푸스는 이 종이 우물가에 도착하여 다른 처녀들에게도 똑같은 말을 했지만 다른 처녀들은 한 사람도 물을 주거나 낙타에게 물을 주지 않았다고 한다.

창24:18 그녀가 말하기를 내 주여 마시소서 하고 서둘러 자기 물 항아리를 팔에서 내려 그에게 마시게 하더라

아브라함도 부지중에 천사를 대접해 이삭을 낳은 것 같이 지금 리브가가 부지중에 종을 대접함으로 아브라함의 반열에 서게 된다. 우리도 손님을 이렇게 잘 대하자

창24:19 그녀가 그에게 물을 마시게 한 뒤 말하기를 당신의 낙타들을 위

해서도 내가 물을 길어 물을 다 마시게 하리이다 하고

배불리 마시게…모든 약대를 위하여 긷는지라-낙타는 항상 위(胃)에 물을 저장해 두는 덕에 장기간 물을 마시지 않고도 견딜 수 있는 반면 한번 물을 마시기 시작하면 엄청난 양을 마신다. 따라서 여행 끝에 지친 열 마리의 낙타들 (10절)이 배불리 마실 수 있을 만큼 구유에 물을 가득 채우려면 리브가가 우물에 몇십 번을 왕래하여야만 했음이 틀림없다.

창24:20 그녀가 서둘러서 자기 물 항아리를 구유에 붓고 다시 물을 길으러 우물로 달려가서 그의 모든 낙타를 위하여 물을 긷더라
창24:21 그 사람은 침묵하며 그녀를 생각하며 주께서 자기의 여행을 순조롭게 하셨는가 아닌가를 알고자 하더니
창24:22 낙타들이 물을 다 마신 뒤에 그 사람이 반 드라크마의 금귀걸이와 그녀의 손의 팔목에 금 십 드라크마의 팔찌 두 개를 주며

"세겔"이 70인 역에는 "드라크마"로 되어 있다. 또한 "목고리"라 되어 있는데 70인 역과 히브리 원어에서는 "귀고리"로 되어 있다. 그리고 "손고리"는 "팔찌"로 되어 있는데 그 무게가 10드라크마로 되어 있다.

창24:23 말하기를 네가 누구의 딸이냐 내가 네게 부탁하노니 내게 말하라 네 아버지 집에 우리가 유숙할 곳이 있느냐 하니
창24:24 그녀가 그에게 말하기를 나는 밀가가 나홀에게 낳은 아들 브두엘의 딸이니이다 하고
창24:25 그녀가 그에게 더 말하기를 우리에게는 짚과 여물이 많으며 유숙할 곳도 있나이다 하니
창24:26 그 사람이 기뻐하며 주께 경배하고
창24:27 그가 말하기를 나의 주인 아브라함의 하나님 주님을 찬양하오니 나의 주인에게 주의 정의와 진리를 결코 저버리지 아니하셨음이니이다 내 주인의 형제 집으로 주님께서 순조롭게 인도하셨나이다 하니라

히브리어에서는 정의를 "세드"라 해서 "은혜. 자비. 긍휼"로 해석했지만 70인 역은 "정의"로 해석한다.

창24:28 그 소녀가 달려가서 이 말을 자기 어머니 집에 전하였더라

어미 집에 고하였더라-아비 집이 아닌 어머니 집이라 함으로 혹자는 리브가의 집에서는 여자가 가장임을 나타내는 것이라고 주장하나 이는 당시 여자들이 남자들의 장막과는 따로 구분된 장막(창18:10)에서 생활한 데서 나온 표현으로 아비나 다른 형제들에 앞서 먼저 어머니에게 달려간 것을 가리킨다.

창24:29 리브가에게는 오라비가 있는데 이름은 하얀 백색이라는 뜻을 가진 라반이라 라반이 그 사람에게 달려가 우물에 이르니
창24:30 그가 귀고리와 자기 누이 손에 있는 팔찌들을 보고 또 자기 누이 리브가가 그 사람이 내게 이렇게 말하였다라고 말하는 것을 듣고 그 사람에게 갔더니 그는 우물에 있는 낙타들 곁에 섰더라
창24:31 그가 말하기를 주님께 축복을 받은 분이여 이리로 들어 오소서 어찌하여 밖에 서 있나이까 내가 방과 낙타를 위한 처소를 준비하였나이다 하더라
창24:32 그 사람이 집으로 들어가자 라반이 그 사람의 낙타들의 짐을 내려놓고 짚과 여물을 낙타들에게 주었으며 그 사람의 발과 그의 일행의 발 씻을 물을 주더라

발 씻을 물을 주고-사막 지방의 경우 손님이 자기 집을 방문하였을 때 가장 먼저 행하던 접대 풍습이다(창18:4).

창24:33 그의 앞에 먹을 빵을 차려 놓았으나 그가 말하기를 내가 내 할 말을 말하기 전에는 결코 먹지 않으리이다 그리고 그는 발표하며 말했다

1) 개정성경에는 "라반이 말하소서" 했다고 나오지만 70인 역에는 그런 말이 없고 "그가 발표하여 말했다"라고 나온다.
2) 내 일을 진술하기 전에는-일반적인 상황에서는 주인과 손님이 음식을 들면서 이야기를 나누거나 아니면 식사 후에 담소(談笑) 하는 것이 보통이다. 그러나 엘리에셀은 오랜 여행 끝에 지칠 대로 지쳤으면서도 여독을 풀 수 있는 식사 시간을 갖기에 앞서 자신의 여행 목적을 밝히려 들었는데 이는 (1) 자신이 아브라함의 명령을 받고 파송된 종이라는 점과 (2) 주인 앞에서 하나님의 이름으로 맹세한 환도 뼈 언약(9절)을 잊지 않은 그가 자신의 몸을 돌보지 않고 맡은 바 사명을 다 하려 한 아름다운 모습이다.

창24:34 그가 말하기를 나는 아브라함의 종이니이다

창24:35 주님께서 나의 주인을 심히 축복을 주셨기에 그는 위대하게 되었으며 주께서 그에게 양 떼와 소 떼와 은과 금과 남종들과 여종들과 낙타들과 당나귀들을 주셨으며

주님이 나의 주인을 심히 축복해 주셨다-본 절을 보면 주님이 아브라함을 축복하셨는데 이는 우리가 아는 데로 영혼만 잘되는 복을 주신 것이 아니라 실상적으로 물질의 복을 주셨다고 나온다. 그러므로 우리가 물질의 복을 구하는 것을 기복 신앙이라 하는데 그렇지 않음을 본 절을 통해 알 수 있다.

창24:36 내 주인의 아내 사라가 늙어서 나의 주인에게 아들을 낳았더니 그가 자기의 모든 소유를 그 아들에게 주었나이다
창24:37 나의 주인이 나로 맹세하게 하고 말씀하시기를 너는 내가 외국으로 거주하는 땅 가나안 인들의 딸 중에서 결코 내 아들을 위해 아내를 택하지 말고
창24:38 너는 내 아버지의 집 내 족속에게로 가서 내 아들을 위하여 아내를 택하라 하시기에
창24:39 내가 내 주인에게 말씀드리기를 혹 여자가 나를 따라오지 아니하면 어찌하리이까 하니
창24:40 주인이 내게 말씀하시기를 내가 그분 면전에서 기쁘게 행하나니 주께서 그의 천사를 너와 함께 보내어 네 길을 순조로운 여행을 하게 하시며 네가 내 족속 중 내 아버지의 집에서 내 아들을 위하여 아내를 택할 것이니라

"섬기는" 이란 말이 70인 역에는 "기쁘게"로 되어 있다. 다시 말해 아브라함은 하나님을 섬기되 하나님을 기쁘시게 섬겼다는 것이다.

창24:41 네가 내 족속에게 가면 그때에는 네가 나의 이 맹세에서 폐기되리라 만일 그들이 네게 결코 주지 않는다 해도 너는 나의 맹세에서 폐기되리라 하였으니

"상관없다"는 말이 70인 역에서는 "폐기"로 나온다.

창24:42 내가 오늘 그 우물에 와서 말하기를 내 주인 아브라함의 하나님이여 주께서 만일 내가 지금 그를 향하여 가는 나의 길에 순조로운 여행

을 하게 하신다면
창24:43 보라 내가 우물곁에 서 있다가 성읍 사람의 딸들이 물을 끌어올리러 나오면 내가 그녀에게 말하기를 내가 부탁하노니 네 물 항아리의 물을 조금 마시게 하라 해서
창24:44 그녀가 내게 말하기를 마시소서 또 내가 당신의 낙타들에게도 물을 공급하리이다 하면 그 여자가 주께서 나의 주인의 아들을 위하여 전문 케어 하도록 준비하신 자인 줄 알겠나이다 왜냐하면 나의 주인 아브라함에게 은혜를 베풀었기 때문이리이다

"정해 준 자"라는 말은 70인 역에는 "전문 케어" 즉 전문적으로 "돕는 배필"로 되어 있고, 또한 "왜냐하면 나의 주인 아브라함에게 은혜를 베풀었기 때문이리이다" 이라는 말은 70인 역에만 나오는 말이다.

창24:45 내가 내 마음속에 그 말을 마치기도 전에 즉시 리브가가 물 항아리를 어깨에 메고 와서 우물로 내려가 물을 끌어올리기에 내가 그녀에게 말하기를 내가 부탁하노니 나로 물을 마시게 하라 하니
창24:46 그녀가 급히 자기 물 항아리를 자기 어깨에서 내리며 말하기를 마시소서 내가 당신의 낙타들도 마시게 하리이다 하기에 내가 마셨으며 그녀가 낙타들에게도 마시게 하였나이다.
창24:47 내가 그녀에게 물어 말하기를 네가 누구의 딸이냐 하니 그녀가 말하기를 밀가를 통해 나홀이 낳은 아들 브두엘의 딸이라 하기에 내가 그녀의 귀에 귀고리를 끼워주고 팔찌를 그녀의 손에다 끼워 주고

"코걸이"로 개정성경에 나오는데 70인 역은 "귀걸이"로 나오고, "손목걸이"는 팔찌로 나온다.

창24:48 내가 내 머리를 숙여 주께 경배하였고 내 주인 아브라함의 하나님 주님을 찬송하였나니 이는 그분께서 나를 순조로운 여행을 하게 하사 바른길로 인도하시어 내 주인의 동생의 딸을 주인의 아들을 위하여 취하게 하셨음이라
창24:49 이제 당신들이 나의 주인에게 은혜와 진실하게 행하려거든 소식을 전해 주시고 그렇지 않을지라도 내게 말해서 나로 하여금 오른편으로나 왼편으로 돌아가게 하소서 하였더라

1. "대접하려거든"이란 말이 70인 역에서는 "행하다"라고 되어 있다.
2. 나로 좌우간 행하게 하소서-리브가에 대한 청혼의 수락 여부를 분명

히 해주어야 자신이 주인과 맺은 약속, 즉 본토 혈족 중에서 신부를 구하는 일을 차질 없이 수행할 수 있다는 뜻이다(공동 번역). 이는 라반이 청혼을 거절한다 하여도 낙심치 않고 속히 다른 곳에 가서 신부를 찾아보겠다는 굳은 의지의 표명이다.

창24:50 라반과 브두엘이 대답하여 말하기를 그 명령은 주님으로부터 나온 것이니 우리가 당신에게 나쁘거나 좋다고 결코 논쟁할 수 없도다

"말미암았다"는 말이 70인 역에는 "명령으로 되어 있고", "말할 수 없다"는 말이 70인 역에는 "논쟁할 수 없다"라고 되어 있다.

창24:51 보라 리브가가 그대 앞에 있으니 그녀를 데리고 가서 주께서 말씀하신 대로 그녀가 당신 주인의 아들의 아내가 되게 하라 하니

데리고 가서...되게 하라-자녀에 관한 모든 일, 그중에서 특히 결혼 문제에서 당사자의 의견보다 부모와 가문의 의견이 더 중요시되었던 것은 비단 옛날의 우리나라뿐 아니라 고대 근동 지방의 관습이었다.

창24:52 아브라함의 종이 그들의 말을 듣고 나서 땅에 엎드리어 주께 경배하더라
창24:53 그 종이 은금 패물과 의복을 꺼내서 리브가에게 주고 그녀의 오라비와 어미에게도 귀한 것들을 주니라

은금 패물과 의복...보물-22절과 같이 단순한 감사 선물이 아니라 결혼 성립을 뜻하는 공식적인 예물이다. 즉 이는 고대의 관습을 따라 여러 증인이 있는 자리에서 신랑과 신랑 측의 이름으로 신부와 신부 가족들에게 준 결혼 빙폐(聘幣)이다.

창24:54 이에 그들 곧 종과 그와 함께 있는 남자들이 먹고 마시고 잠을 자고 아침에 일어나서 그가 말하기를 나를 나의 주인에게로 보내소서 하니
창24:55 그녀의 오라비와 어머니가 말하기를 처녀가 며칠 또는 열흘을 우리와 함께 있게 하고 그 후에 그녀와 함께 돌아가라 하더라
창24:56 그가 그들에게 말하기를 나를 머물게 하지 마소서 주께서 내 길을 형통케 하셨으니 나를 방출하여 내 주인에게로 떠나가게 하소서 하더라

"나를 보내어"라는 말이 70인 역에서는 "나를 방출해 달라"고 되어 있다.

창24:57 그들이 말하기를 우리가 소녀를 불러 그녀에게 직접 물어보리라 하고
창24:58 그들이 리브가를 불러서 그녀에게 말하기를 네가 이 사람과 함께 떠날 것이냐 하니 그녀가 말하기를 내가 떠나겠나이다 하더라
창24:59 그들이 그들의 누이 리브가와 그녀의 재산(유모)과 아브라함의 종과 그와 함께한 자를 방출하며

1) "유모"를 70인 역에서는 "재산"으로 말하고 있다. "보내다"라는 말이 "방출"로 되어 있다.
2) 그의 유모와-이름은 드보라이다(창35:8). 유아 시절부터 신부를 계속하여 돌보아온 유모를 신부의 시중을 위해 함께 시집에 보내던 일은 당시 부유층과 저명인사들 사이에서 행해지던 관례적인 일인데 지금도 아라비아의 일부 나라들에서는 행하여지고 있다.

창24:60 리브가에게 축복하며 말하기를 우리 누이동생이여 너는 천만인의 어머니가 될지어다 너의 씨들은 원수들의 성읍을 상속으로 받을 지어다 하더라

1) 원수의 성문을 얻을 것이라 했는데 이 말이 70인 역에는 너희 씨들이 원수들의 성읍을 상속으로 받을 것이라고 되어 있다.
2) 너는 천만인의 어미가...얻게 할지어다-자손 번성과 장막의 터를 넓히기를 기원하는 이러한 축복은 고대 근동 여인들에게 주어지던 최대의 축복이다. 당시에 다산은 최고의 복이었기 때문이다.

창24:61 리브가가 일어나서 그녀의 기사도들과 낙타들을 타고 그 사람을 따르니 그 종이 리브가를 데리고 그의 길을 가더라

개정 성경에 "여종으로" 나오는데 70인 역에서는 "기사도들"로 나온다. 또한 "타고"라는 말이 70인에서는 "거주자"로 나온다.

창24:62 그때에 이삭은 사막 지역인 환상의 우물이라는 브엘라해로이로 나아갔으니 이는 그가 남쪽 땅인 네게브 지역에 거하였음이라

70인 역에는 "브엘라헤로이"를 "환상의 우물"이라 하는데 이는 하갈이 광야에서 환상으로 본 우물을 말한다. 그런데 이삭이 지금 어머니가 죽은 후 그곳에 거주했다고 한다. 그런데 그곳은 네게브 지역에 속해있는데 이 네게브를 70인 역은 남쪽 땅을 의미한다.

창24:63 이삭이 저녁때에 들에 나가 경외하다가 눈을 들어 보니 낙타들이 오고 있더라.

"묵상"을 70인 역에서는 "경외"로 말한다.

창24:64 리브가가 자기 눈을 들어 이삭을 보고 낙타에서 뛰어 내렸으며

개정성경은 리브가가 천천히 내린 것 같이 말하지만 70인 역은 뛰어내린 것으로 나오는데 당시 풍습에서는 여자가 낙타를 타고 가는 경우 남자를 만났을 때 잽싸게 내려 상대에게 예를 갖추는 것이 보편적인 예법이었다고 한다. 그러므로 70인 역이 더 정확하다.

창24:65 그녀가 그 종에게 말하기를 들에서 우리를 만나러 걸어오는 사람이 누구냐 하니 그 종이 말하기를 나의 주인이니이다 하자 그녀가 베일을 취해 가리더라

1) "너울"이라고 되어 있는데 70인 역 "베일"로 되어 있다. 즉 베일이란 여자들이 얼굴을 가리거나 몸을 장식하기 위해 쓰는 얇은 망사로 된 천이나 망을 가리킨다.
2) 면박을 취하여 스스로 가리더라-'면박'(차이프)은 보통의 수건이나 베일(veil)보다는 훨씬 큰 '너울'(공동 번역)을 가리킨다. 리브가가 이러한 너울로 자신을 가린 것은 결혼하기 전의 신랑이 신부의 얼굴을 보아서는 안 되던 당시의 관습에 따른 것인데 신랑에 대한 신부의 겸양(謙讓)과 복종, 순결을 나타내 준다(고전11:10).

창24:66 그 종이 이삭에게 그가 행했던 모든 말을 말했더니
창24:67 이삭이 그녀를 자기 어머니 집으로 데리고 들어가서 리브가를 취하니 그녀가 그의 아내가 되었고 그가 그녀를 사랑하였더라 이삭이 자기 어머니 사라가 죽고 난 후 위로를 받았더라

1) 모친 사라의 장막으로 들이고-당시 족장이나 부유층의 사람들은 여러

개의 크고 작은 장막을 갖고 있어 가족의 신분에 따라 적당한 장막을 분배해 주었다. 따라서 족장의 부인인 사라가 생전에 기거하였던 장막은 아브라함 집의 소중한 유물이 되었을 것이다. 그런데 이삭이 리브가를 이곳으로 인도하였다 함은 이제 리브가가 실질적인 새 안주인으로서 아브라함 집의 모든 특권을 누릴 수 있는 존귀한 위치가 되었다는 것을 뜻한다.

2) 이삭이 어머니를 애도한 기간이 3년이 된다. 이삭 탄생 시 사라의 나이는 90세였고(창17:17; 21:5) 사라 운명 시 이삭의 나이는 37세였으며(창23:1), 이삭이 리브가와 결혼한 것은 그의 나이 40세 때였으니(창25:20) 이삭은 3년 동안 어머니를 위해 애도했다. 구약에서 위대한 인물들의 죽음을 슬퍼하는 공식적 애도 기간은 보통 30일 내지는 70일이었는데 말이다(창50:3; 민20:29; 신34:8).

ㅣ창세기 25 장

창25:1 아브라함이 다시 아내를 취하여 추가했는데 그 사람의 이름은 향기라는 뜻을 가진 그두라더라

70인 역에서는 "후처"를 "추가"로 말하고 있다.

창25:2 아브라함이 시므란과 욕산과 므단과 미디안과 이스박과 수아를 낳았고
창25:3 욕단은 스바와 다이만과 드단을 낳았고 드단의 자손은 라구엘과 납데엘과 앗수르와 르두시와 르움미이며

개정성경엔 욕단의 아들이 둘만 나오지만 70인 역은 세 명이 나온다. 개정성경은 드단의 아들이 셋이 나오지만 70인 역은 5명으로 나온다

창25:4 미디안의 아들은 에바와 에벨과 하녹과 아비다와 엘다아니니 이들 모두는 그두라의 자손이었더라
창25:5 아브라함이 그의 재산 모두를 그의 아들 이삭에게 주었고
창25:6 아브라함은 자기가 살아 있을 때 자기 첩의 아들들에게 선물을 주어 자기 아들 이삭으로부터 첩의 아들들을 동쪽 땅 안에 있는 동쪽으로 멀리 보냈더라

"재물"이라는 말이 70인 역에는 "선물"로 되어 있다. 그리고 "동방"은 동쪽으로 되어 있는데 "아라비아"이다.

창25:7 아브라함의 생명의 연수의 날들이 이러하니 일백칠십오 년을 살았더라

일백칠십 오세-아브라함은 75세에 소명 받은 후 100년간의 나그네 생활을 마치고 175세를 일기로 하나님이 계신 영원한 가나안으로 들어갔다.

창25:8 아브라함은 나이 많아 충분히 장수하고 아름답게 늙어 기력이 쇠하여 죽어 그의 하나님 사람들의 옆자리에 놓였더라

열조라는 말이 λαὸν"라온"으로 되어 있는데 이는 하나님의 사람들이란

뜻을 가지고 있다.

창25:9 그의 아들 이삭과 이스마엘이 마므레 앞에 있는 헷족속 소할의 아들 에브론 밭(들판)에 있는 이중 동굴로 되어 있는 막벨라 안에 그를 장사 지냈으니

70인 역에서는 "막벨라 굴"로 나오지 않고 이중 동굴로 (굴이 두 개임) 나온다.

창25:10 그들과 굴은 아브라함이 헷의 아들로부터 산 것인데 그곳에 아브라함과 그의 아내 사라가 장사 되었더라
창25:11 아브라함의 죽은 후에 하나님께서 그의 아들 이삭에게 축복을 주셨고 이삭은 환상의 우물이라는 브엘라해이 근처에 거주하였더라
창25:12 이것은 사라의 하녀 하갈이 아브라함에게 낳은 이스마엘의 족보이라
창25:13 이것은 이스마엘의 아들들의 이름인데 그 아들들이 태어난 순서를 이름대로 하면 이스마엘의 장자는 느바욧이고 둘째는 게달 셋째는 앗브엘 넷째는 밉상과
창25:14 다섯째는 미스마 여섯째는 두마 일곱째로 맛사
창25:15 여덟째로 하닷과 아홉째로 데마와 열째로 여둘과 일한번째로 나비스와 열두번째로 게드마니
창25:16 이들은 이스마엘의 아들들인데 그들이 거주한 지역과 동네는 그들의 이름을 따서 지어졌는데 그 민족대로 열두 왕들이 있더라
창25:17 이것은 이스마엘의 생명의 연수인데 그는 일백 삼십칠 세에 기력이 쇠하여 죽어 그 혈족 옆자리에 눕혀졌고

이스마엘은... 일백삼십칠 세-아브라함 사후 48년 만에 이스마엘은 파란 많은 생을 마감했다. 비록 그에게는 언약의 후손 이삭과 같은 축복이 주어지지 않았지만 아브라함의 죽음에 대한 기사인 8절과 동일한 필치로 그의 죽음을 언급한 것으로 보아 그는 아브라함과 동일한 사후 거처에 들어간 것으로 보인다. 즉 막벨라굴에 장사된 것이다.

창25:18 그의 자손들은 하윌라로부터 술까지 거주하였는데 그곳은 애굽 동쪽 앗수로로 가는 곳으로 아브라함의 다른 모든 형제의 맞은편에 거주하였더라
창25:19 이것은 아브라함의 아들 이삭의 후손인데 아브라함이 이삭을

낳았고

창25:20 이삭은 사십 세에 시리아의 밧단아람 사람 브두엘의 딸 리브가를 자신의 아내로 취했는데 그녀는 메소포타미아인 이라크 출신의 시리아 사람 라반의 누이동생이었더라

"밧단아람"이라는 말이 70인 역에는 "지금의 시리아"로 나오고, "아람족속"이라는 말이 "메소포타미아"로 나오는데 이곳은 밧단 아람이란 메소포타미아의 한 지역을 말하는 말로 지금의 시리아를 말하는데 창24:10절을 반드시 참고하라

창25:21 이삭이 아내의 불임으로 하나님께 아내 리브가를 위해 간구하며 기도하매 하나님은 그의 간구를 들으시고 아내 리브가에게 잉태케 하셨더니

잉태하지 못하므로-이삭은 40세에 결혼하였으나 20년 동안 리브가를 통하여 자식을 갖지 못했다. 아브라함의 후처인 그두라는 벌써 6형제를 낳았고 그 자손들까지 번성하고 있었을 뿐만 아니라, 첩의 소생인 이스마엘 역시 이미 12형제와 12방백을 이루고 있었다. 결국 근 20년의 기도가 응답되어 나이 60세에 쌍둥이를 얻게 될 뿐 아니라 그의 후손도 번성케 된다(히6:14,15). 하나님의 은총이 지연될 때 10년을 견디지 못하고 첩을 얻었던 아브라함과는(창16:3) 달리 이삭은 그런 실수를 범치 않았다.

창25:22 그녀 태안에서 아이들이 뛰놀자 리브가는 말하길 어떻게 이런 일이 나에게 오게 되었는지 무엇 때문에 나에게 이런 일이 일어났는지 하고 주님께 묻자 온대

개정성경에서는 "싸우는지라"라고 되어 있지만 70인 역에는 싸운다는 말이 나오지 않고 "깡충깡충 아이들이 뛰노는 것"으로 나온다. 이는 두 아이가 태동을 하는 것이다. 아마 쌍둥이기에 태동이 더 심했을 것이다. 그런데 이것을 리브가는 싸우는 것으로 느꼈던 것 같다.

창25:23 주님이 그에게 말씀하시길 너의 배 안에 두 나라가 있는데 너의 배로부터 두 백성이 분리되어 이 백성이 저 백성보다 강하겠고 큰 자가 적은 자를 섬기리라 하셨더라

이 족속이 저 족속보다 강하겠고...섬기리라-예언적인 신탁의 형태로 표

현된 이 대답은 한 태속에서 두 국민과 두 민족의 창시자인 야곱과 에서가 출생하여 그 후 야곱의 장자권 계승과 더불어 그들의 후손인 이스라엘과 에돔 사이의 뿌리 깊은 갈등과 반목 그리고 이미 승부가 결정 난 필연적인 싸움이 계속되리라는 예언이다.

창25:24 그리고 그를 낳을 날이 찾는데 리브가의 자궁 안에 쌍둥이가 있었는데
창25:25 먼저 나온 아들은 붉고 몸 전체의 피부는 덥수룩한 머리 같아서 그 남자의 이름을 에서라 불렀고

"털 옷 같아서"라는 말이 70인 역에서는 "덥룩룩한 머리 같다"는 말로 되어 있다.

창25:26 후에 나온 아우는 손으로 에서의 발꿈치를 잡았으므로 이름을 야곱이라 했는데 리브가가 그들을 낳을 때 이삭은 육십 세였더라
창25:27 그들이 청년으로 성장했는데 에서는 들에서 사냥을 전문으로 하는 사람이었고 야곱은 발육이 부족해 항상 집에 거주하는 사람이었다

익숙한 사냥꾼이라는 말이 70인 역에서는 전문적으로 사냥만 하는 사람으로 나오고, 야곱은 발육이 부진해 집에만 거했다고 나오는데 이를 구글에서는 "무형성증 병"으로 인해 그렇다고 나온다. 야곱이 에서에게서 죽으로 장자권을 뺏으려 했던 이유와 에서가 400명의 군사를 끌고 올 때 약한 모습을 보여줬던 이유를 알 것 같다. 발육부진으로 그는 형과 힘으로 대항할 수 없는 작은 체구를 가졌기에 술책을 부려 장자권을 빼앗은 것이고 또한 형 에서를 주님이라 하며 맞이했던 것이다.

창25:28 이삭은 에서가 사냥한 고기를 좋아해 그를 사랑했고 리브가는 야곱을 사랑했더라
창25:29 어느 날 야곱이 수프를 요리하고 있었는데 에서가 들에서 사냥에 실패하고 돌아왔더라

"죽이라"고 되어있지만 70인 역에서는 "수프"로 나오고, "쒀었더니"라는 말은 "요리로" 나오고, "심히 곤비하여"라는 말은 "사냥에 실패"했다고 나온다.

창25:30 에서가 야곱에게 말하길 내가 사냥에 실패했으니 그 붉은 수프

를 나로 먹게 하라 한지라 그러므로 에서의 이름을 붉다는 의미로 에돔이라 불러지게 되었더라

붉은 수프를 먹었다 하여 에서의 이름이 에돔으로 불리게 되었다.

창25:31 야곱이 에서에게 말하길 너의 장자의 권리를 오늘 나에게 넘겨라

보통 쌍둥이들이 반말하듯이 70인 역에서 야곱도 에서에게 형이라는 말을 붙이지 않고 "너"라고 말하고 있다.

창25:32 에서가 말하길 보라 내가 지금 죽게 되었는데 나의 그 같은 장자의 권리가 무엇이 유익하겠는가

장자의 명분을 야곱에게 판지라-구약 당시 장자권의 상실은 (1) 본 절 처럼 본인의 의사로 맹세를 통하여 직접 양도할 때 (2) 서자가 장자일 경우 합법적인 아내가 그 후 아들을 낳아 장자의 명분을 요구할 때(창21:10) (3) 아비의 직권으로 다른 아들을 선택할 때(창48:22, 대상26:10) (4) 중죄에 대한 징벌로 박탈당할 때(창49:3,4; 대상5:1) 합법적으로 가능했다.

창25:33 야곱이 에서에게 말하길 나에게 맹세하라 에서가 맹세하고 장자의 권리를 야곱에게 팔았더라
창25:34 야곱이 에서에게 빵과 렌즈콩으로 만든 수프를 주었더니 에서가 그것을 먹고 마시고 일어나 갔는데 이는 에서가 장자의 권리를 사악한 것으로 알았기 때문이라

"팥죽"이 70인 역에서는 "렌즈콩 수프"로 되어 있고, 장자의 명분을 경홀히 여겼다는 말은 장자의 권리를 사악한 것으로 여겼더라고 되어 있다. 즉 경시 정도가 아니라 사악한 것으로 여겼다고 되어 있는데 이는 히브리어에서도 경멸하다라고 되어 있기에 70인 역 해석이 더 정확한 표현이라 본다.

I 창세기 26 장

창26:1 그 땅에 기근이 왔는데 이 기근은 그 옛날에 아브라함의 때에 있었던 기근과 같은 그런 기근이 와서 이삭은 팔레스타인인 그랄 땅 블레셋 왕 아비멕렉에게 갔더니

블레셋이란 지금의 팔레스타인을 말한다. 이곳에 이삭은 아버지 아브라함이 갔던 곳을 70년 만에 다시 가게 된다(창20:1).

창26:2 주님께서 이삭에게 나타나셔서 말씀하시길 애굽으로 내려가지 말고 내가 너에게 말할 그 땅 안에 거주하라
창26:3 그리고 이 땅에서 나그네로 있으면 후에 너의 것이 될 것이며 너를 축복해서 너뿐만 아니라 너의 후손에게도 이 땅 모두를 줄 것이라 이는 너의 아버지 아브라함에게 맹세한 나의 맹세를 이루어

"유하면"이라는 말이 70인 역에는 "나그네"로 되어 있다.

창26:4 그리고 너의 씨를 하늘의 별과 같이 번식하게 하며 이 땅 모두를 너의 씨에게 줄 것이며 너의 씨로 인하며 모든 나라가 은혜를 받을 것이다.

"천하 만민"이란 말이 70인 역에서는 그 땅 모든 나라로 되어 있다.

네 "자손으로 인하여"라는 말은 예수를 말하고 있다.

창26:5 이는 너의 아버지 아브라함이 나의 말에 순종하고 나의 명령과 계명과 의와 관습을 지켰음니라 하시리라
창26:6 이삭이 그랄에 거주하였더라
창26:7 그곳 사람들이 이삭의 아내 리브가 때문에 질문하매 이삭이 말하길 그는 나의 아내라 말하길 두려워하여 누이동생이라 하니 이는 리브가가 너무 아름답게 보였기 때문에 그곳 남자들이 그를 살해하지 않을까 해서였더라

아브라함이 범했던 것과 동일한 잘못이란 점에서(창12:10; 창20:1-18) 우리는 부모의 그릇된 언행이 자녀들에게 어떠한 영향을 미치는지를 분명히 교훈 받을 수 있다(엡6:4).

창26:8 이삭이 거기서 오래 거주하였는데 그랄 왕 아비멜렉이 몸을 안으로 구부려 창밖을 내다보니 이삭이 그의 아내 리브가를 절정에 이르도록 애무하고 있더라

"껴안고"라는 말이 히브리어에서는 "애무하다"라고 되어 있는데 그것도 절정에 이르는 애무라고 되어 있다.

창26:9 아비멜렉이 이삭을 불러 말하길 이 여자는 틀림없이 당신의 아내인 것 같은데 왜 무엇 때문에 그녀를 누이동생이라 했느냐 묻자 이삭이 아비멜렉에게 말하길 그 여자 때문에 결코 죽고 싶지 않아서 그렇게 말했나이다 하니
창26:10 아비멜렉이 그 남자에게 말하길 어찌 우리에게 이같이 행하였느냐 너의 아내와 나의 백성 중 어떤 사람이 잠깐 잠을 잤으니 우리를 길게 무지에 유도하게 할 뻔하였도다 하고

1) 죄를 입혔으리라 할 때 "죄"가 70인 역에서는 "무지. 불가지론"으로 되어 있고 "입혔으리라"는 말은 "유도하다. 암시하다"로 되어 있다.
2) 동침하기 쉬웠을 뿐이라는 말이 70인 역에는 작은 수면을 했다고 나온다. 구글 번역기는 "우리 종족의 누군가가 당신의 아내와 함께 잤으며"로 해석을 한다. 그러나 70인 역에서는 동침하다 앞에서 "미크루"라는 말이 붙어 "작은, 짧은. 약간. 가장 작은"이란 말이 붙음으로 말미암아 아마 누웠다 바로 일어난 것으로 나온다. 그런데 이를 히브리어에서도 "키므앗"이라 해서 "거의"란 뜻으로 이 말은 그랄 백성 중 하나가 리브가를 범하려 할 뻔했던 위기 상황에까지 이르렀었음을 암시해 준다.

창26:11 아비멜렉이 그 모든 백성에게 지시하여 모두에게 말하길 그 사람이나 그의 아내에게 손대면 죄가 있어 죽게 될 것이니라 하였더라

"범하면"이란 말이 70인 역에는 "손을 대면"이란 말로 되어 있다.

창26:12 이삭이 그 땅에 보리를 뿌렸는데 그가 일 년 안에 보리를 백배로 얻었고 주님이 그를 축복하심으로

개정성경에는 무슨 농사를 지었는지 나오지 않지만 70인 역엔 "보리농사"를 지었다고 나온다.

창26:13 그리고 주님이 그를 높이고 더 많은 것을 이동하게 하여 그를 매우 큰 사람이 되게 하셨으니

개정성경에는 100배로 복을 주셨다고만 나오지 구체적으로 어떻게 복을 주셨는지 나오지 않지만 70인 역에는 "왕성하게 하다"라는 말이 "이동하게 하여 매우 큰 부자가 되었다"고 나온다.

창26:14 그리고 그가 가축인 양과 소와 많은 토지를 가짐으로 팔레스타인이라는 블레셋 사람들이 질투하여

개정 성경에는 "많은 심복"이라 나오지만 70인 역은 "많은 토지"로 나온다.

창26:15 이삭의 아버지 때 아버지의 종들이 판 모든 우물을 팔레스타인이라 하는 블레셋 사람들이 우물을 막고 흙으로 채웠더라

물이 귀한 팔레스틴에서 이런 행위는 곧 전쟁 도발 행위요(왕하3:25; 사15:6), 간접적인 추방 명령으로 간주되었다.

창26:16 아비멜렉이 이삭에게 말하길 우리로부터 떠나라 왜냐하면 우리보다 매우 강하기 때문이라
창26:17 이삭이 그곳을 떠나 그랄 골짜기에서 숙박을 하고 그곳에 거주하니라

이삭은 블레셋 땅에 15년을 거주한다.

창26:18 그의 아버지 아브라함의 종들이 팠던 곳인데 그의 아버지 아브라함이 죽은 후에 팔레스타인이라 불리는 블레셋 사람들이 그것을 막았었는데 이삭이 그 샘물을 다시 파서 아브라함이 불렀던 그 이름 그대로 불렀더라
창26:19 이삭의 종들이 그랄 골짜기 안에서 파서 거기서 새로운 샘물까지 찾아냈더라

"샘의 근원을 얻었다"는 말은 이삭의 종들이 그곳에서 샘을 파서 새로운 우물을 찾아냈다는 말이다. 히브리어 뜻도 역시 똑같다.

창26:20 그랄의 목자들과 이삭의 목자들이 함께 싸웠는데 그랄의 목자들이 주장하길 그 물은 그전부터 존재했던 것으로 우리의 것이라 하매 이삭이 불공평하다 하여 그 이름을 에섹이라 불렀으니 이는 다투었기 때문이라

개정성경은 싸움의 우물이라 해서 "에섹"이라 불렀지만 70인 역은 "불공평의 우물"이라 불렀다.

창26:21 또 이삭은 다른 우물을 그곳에 팠는데 그 우물 때문에 비판이 벌어져 그 우물 이름을 증오라는 뜻의 싯나라 불렀더라

"다투다"라는 뜻이 70인 역은 "비판, 판사"로 나온다.

창26:22 또 다른 우물을 그곳에 팠는데 이번에는 우물 때문에 결코 싸우는 일이 없었더라 그래서 그 이름을 광대함이라는 뜻의 르호봇이라 불러 말하되 이제 주님이 우리에게 넓은 장소를 주셨기 때문에 그 땅에서 우리가 다산하리라 하였더라

70인 역에서 "번성"은 "다산"으로 나온다. 또한 "르호봇"이란 뜻은 "광대함"으로 나온다.

창26:23 이삭이 그곳에서부터 맹세의 우물이라는 브엘세바로 올라갔더니
창26:24 주께서 그 밤에 그에게 나타나시어 말씀하시기를 나는 네 아버지 아브라함의 하나님이라 두려워 말라 네 종 아브라함을 위하여 내가 너와 함께 있으며 너에게 복을 주고 네 씨를 번식하리라 하시더라
창26:25 그리고 이삭이 그곳에 제단을 세우고 주님의 이름을 부르고 텐트를 치고 이삭의 종들은 그곳에 우물을 팠더라
창26:26 아비멜렉이 그랄로부터 그의 아내의 보호자 아훗삿과 군대 사령관 비골과 함께 이삭을 찾아온지라

개정성경에는 "아훗삿"이 친구로 나오지만 70인 역에는 "아내의, 보호자"로 나온다. 그리고 또한 당시 왕의 친구라 하면 이는 고문 또는 조력자를 말한다.

창26:27 이삭이 그들에게 말하길 나를 너희가 혐오해 너희가 나를 쫓아

내 놓고 무엇 때문에 나에게 왔느냐

"미워하다"라는 말이 70인 역에는 "혐오하다"라고 되어 있다.

창26:28 그들이 말하기를 주께서 너와 함께 계심을 우리가 분명히 보았으므로 우리가 말하노니 우리 사이 즉 우리와 네 사이에 이제 맹세를 두어 너와 언약을 맺으리니

"맹세"라는 말의 본래 뜻은 히브리어로 "알라"라 해서 이는 저주가 임하기를 기도하는 것으로 여기서는 맹세로 기록하고 있는데 이는 약속인 계약을 어기면 저주가 임해달라는 간구를 말하는 것이다. 그래서 70인 역에서는 "아라"라 해서 "맹세, 저주, 기도"라 해석된다. 그래서 맹세를 저주로 해석해도 된다.

창26:29 결코 우리가 악한 일을 행하지 않을 것이니 우리가 악을 행하지 않은 것 같이 당신도 결코 가증되게 행하지 말라 우리가 선하게 당신을 잘 대해 주었으니 당신은 평안히 가라 이제 당신은 주님께 축복을 받은 자니라

"범하지 말라"라는 말을 70인 역에서는 "가증되게 행하지 말라"는 말로 되어 있다.

창26:30 이삭이 아비멜렉 일행을 위해 잔치를 베풀자 그들이 먹고 마시었고
창26:31 아침에 일어나 아비멜렉의 가까운 사람인 이삭과 맹세한 후 그들을 이삭이 보내매 그들이 안전하게 갔더라

"서로 맹세했다"는 말이 히브리어로 직역하면 "형제가(아비멜렉) 형제로(이삭) 더불어 맹세한 뒤에"로 되어 있다. 그래서 70인 역에서도 이삭을 아비멜렉의 가까운 사람으로 표현하고 있다. 이는 그들이 서로 형제와 같이 우의를 나눌 정도로 절친한 사이가 되었다는 뜻이다. 평안히 갔더라라는 말이 안전하게 갔다고 나온다.

창26:32 그날에 이삭의 종들이 와서 자기들이 팠던 우물에 관하여 말하길 우리가 먼저 팠던 그 우물에서 물을 결코 찾지 못했었는데 그곳에서

다시 물이 나오기 시작했나이다 하고 그에게 말하더라

70인 역에서 "우크"라는 말이 나오는데 그 뜻은 결코 물을 찾지 못했다는 뜻인데 이는 25절에 이미 팠던 우물이 말랐었는데 계약을 한 후 그 날부터 그 말랐던 우물에서 다시 물이 나오기 시작했다는 뜻이다. 이처럼 아비멜렉의 계약이 축복이라는 보증으로 하나님은 브엘세바에 다시 물을 허락하셨다.

창26:33 이삭이 그것을 맹세라는 불렀는데 이로 말미암아 그 성읍의 이름이 오늘날까지 맹세의 우물이라 해서 브엘세바라 부르더라

"세바"라는 말의 히브리어 뜻은 "일곱 또는 맹세"이다. 그런데 70인 역은 "맹세"로만 해석이 된다. 브엘세바는 "일곱 우물"인데 70인 역은 맹세의 우물로 되어 있다.

창26:34 에서는 사십 세에 헷 족속 브에리의 딸 유딧을 아내로 취했고 히위 족속 엘론의 딸 바스맛을 아내로 취했더라

개정 성경에는 에서의 아내가 둘 다 헷족으로 되어 있지만 70인 역에서는 한 명은 헷 족속이고, 한 명은 히위 족속으로 되어 있다. 그리고 40세에 결혼했는데 이삭도 40세에 결혼했기 그 당시에 결혼의 적령기가 40세였던 것 같다.

창26:35 그들은 이삭과 리브가와 자주 언쟁 하였더라

여기서 "그들은"에서의 처들을 말하고, 마음에 근심이 되었다고 나오지만 70인 역은 자주 다투다. 싸우다로 나온다. 에산이 미완료 시제이기 때문에 싸움이 한 번으로 끝나지 않고 자주 있었다는 뜻이 된다. 아마 이 일로 인해 에서의 처들과 이삭과 리브가가 고부간의 갈등으로 언쟁을 자주 했던 것 같다. 그래서 창27:46절에 리브가가 야곱에게 말할 때 절대로 헷 여인과 결혼하지 말라 당부하고 있는 것이다. 창27:46절에서 리브가는 에서의 아내들 때문에 "헷 자손의 딸들 때문에 내 생명이 슬픔을 당하였거늘"이라 말하고 있다.

| 창세기 27 장

창27:1 이삭이 나이 많아 늙어 그의 눈이 어두워 잘 보이지 않자 그의 맏아들 에서를 불러 말하길 나의 아들아 하니 그가 말하되 내가 여기 있나이다 하니
창27:2 이삭이 말하길 보라 내가 이제 늙어 어느 날 죽을지 결코 모르니
창27:3 그러므로 지금 너의 장비 두 가지 화살통과 화살을 취하여 들로 나가 나를 위해 짐승을 사냥하라
창27:4 그리고 나를 위해 내가 좋아하는 요리를 만들어 가져와서 나로 먹게 하라 그리하면 내가 죽기 전에 나의 영혼이 너를 축복하겠다.

"마음 것"이라는 말이 70인 역에는 "영혼"으로 되어 있다. 70인 역에서는 마음을 영혼으로 본다.

창27:5 이삭이 그 아들 에서에게 말하는 것을 리브가가 들었더니 에서가 그의 아버지가 말한 대로 사냥하여 잡아 오려고 들로 나가매
창27:6 리브가 그녀의 작은 아들 야곱에게 말하길 보라 내가 너의 아버지께서 너의 형 에서에게 말하는 것을 들었다 하거늘
창27:7 나에게 사냥해서 가져와서 나를 위해 요리를 만들라 내가 먹고 죽기 전에 주님 면전에서 너를 축복할 것이다 했으니
창27:8 그러므로 이제 나의 아들아 내 말을 잘 들어라 내가 네게 명한 그대로
창27:9 가축을 향해 나아가 좋고 부드러운 염소 새끼 두 마리를 그곳에서 내게 잡아오면 너의 아버지가 좋아하는 것으로 요리를 만들리니

개정성경은 "염소 새끼"라고만 되어 있지만 70인 역은 "두 마리"로 나와 있다

창27:10 너의 아버지께 가져와서 드시게 해서 그가 죽기 전에 너의 아버지께서 너를 축복하게 하라
창27:11 야곱이 그 남자의 어머니 리브가에게 말하길 나의 형 에서는 털이 무성한 남자이고 나는 매끈매끈한 남자인즉
창27:12 아버지께서 나를 만지시면 내가 아버지 면전을 경멸한 것 같이 될 것이니 이는 저에게 저주를 가져올 것이지 결코 복이 아니나이다 하매

"아버지께 속이는 자로 보일지라"라는 말이 70인 역에는 "아버지의 면전을 경멸한 것이 될 것이니"로 해석하고 있다.

창27:13 그에게 어머니가 말하길 아들아 너의 저주는 내가 돌리고 나의 말에만 순종하여 가서 나에게 가져와라
창27:14 야곱이 나가서 취한 후 어머니에게 가져왔고 그의 어머니가 그의 아버지가 좋아하는 요리를 만들었더라
창27:15 리브가가 집안 자기 처소에서 맏아들 에서의 좋은 옷을 취해서 그녀의 작은 아들 야곱에게 옷 입히고
창27:16 그리고 염소의 가죽을 그의 팔과 그의 매끈매끈한 목에 입히고
창27:17 그리고 요리와 빵을 주며 그 아들 야곱의 손에 들게 하매
창27:18 야곱이 아버지에게 가져와서 아버지여 하고 부르니 아버지가 말하되 내가 여기 있노라 아들아 너는 누구냐
창27:19 야곱이 그의 아버지에게 말하되 나는 아버지의 장자 에서로소이다 저에게 말씀 하신 대로 만들었사오니 일어나 앉으셔서 제가 사냥한 것을 드시고 아버지의 영혼이 저를 축복하소서 하더라

"마음 것"이 70인 역에서는 영혼으로 되어 있다.

창27:20 이삭이 그의 아들에게 말하되 오 내 아들아 그것을 어떻게 그렇게 빨리 잡았느냐 야곱이 대답하되 아버지의 하나님 주님께서 나의 앞에 보내주셨나이다 하더라

"순전히 만나게 했다"는 말이 70인 역에서는 "나의 면전에 하나님께서 보내주셨다"고 되어 있다.

창27:21 이삭이 야곱에게 말하길 나에게 가까이 오라 너를 만져보아 네가 나의 아들 에서인지 아닌지 확인해야겠노라

70인 역에서는 이삭이 만져서 확실하게 확인하려고 했다라고 되어 있다.

창27:22 야곱이 그 남자의 아버지 이삭에게 가까이 가니 이삭이 더듬어 만지며 말하길 진실로 목소리는 야곱의 목소리인데 그 손은 에서의 손이로다 하며

70인 역에서는 이삭이 야곱을 대충 만진 것이 아니라 장님이 더듬어 자세히 만지는 것이 야곱인지 아닌지 확인하며 만졌다고 나온다. 이를 통해 우리는 이삭이 야곱에게 속아준 것으로 아는데 그렇지 않고 야곱인지 에서인지 철저하게 확신했음을 알 수 있다.

창27:23 이삭이 결코 그를 알아보지 못했으니 야곱이 그의 형 에서의 손이 털로 얽히고설킨 것 같이 그의 손도 털로 얽히고 설키었기 때문이라 그래서 이삭은 그를 축복했더라

에서의 손이 털로 얽히고설킨 것 같이 야곱의 손도 그렇게 했다는 것이다.

창27:24 이삭이 말하길 네가 참으로 나의 아들 에서이냐 야곱이 대답하여 말하길 내가 그러하니이다
창27:25 이삭이 말하길 나에게 접근하라 내 아들아 네가 사냥한 것을 먹고 내 영혼으로 너를 축복하리라 야곱이 이삭에게 가져가매 그가 먹고 또 포도주를 가져가매 그가 마셨고
창27:26 그의 아버지 이삭이 그에게 말하길 내 아들아 나에게 가까이 와서 내게 입 맞추라
창27:27 그리고 이삭이 그에게 가까이 가서 입 맞추자 야곱의 옷에서 나오는 향기를 맡고 그를 축복하여 말하되 보라 나의 아들의 향기는 주님이 축복한 들의 향기가 가득한 향기 같도다

70인 역에서는 "밭"을 "들"로 해석하고 또한 "향취"를 "향기"로 해석한다.

창27:28 하나님이 너에게 하늘의 이슬과 땅에 기름짐과 가득한 옥수수와 포도주를 주시며

"풍성한 곡식"이 70인 역에서는 "풍성한 즉 가득한 옥수수"로 되어 있다.

창27:29 나라들이 너를 섬기고 왕들이 너에게 굽실굽실거릴 것이며 너의 형제들의 주가 될 것이고 너의 부모의 아들들이 너에게 굽실굽실거릴 것이며 너를 저주하면 저주를 받을 것이며 너를 축복하면 축복할 것이니라 하더라
창27:30 이삭이 그 아들 야곱을 축복하기를 마친 후에 야곱이 아버지 이삭의 면전에서 나오게 되었을 때 야곱의 형 에서가 사냥을 하고 온지라
창27:31 에서가 요리를 만들어 그의 아버지에게 가지고 가서 아버지께 말하되 아버지 일어나소서 당신의 아들이 사냥한 것을 잡수시고 그리하

여 아버지 영혼이 나를 축복하소서
창27:32 아버지 이삭이 말하길 너는 누구냐 에서가 대답하되 저는 아버지의 아들 곧 장자 에서로소이다 하더라
창27:33 이삭이 정신을 잃을 정도로 놀라 몹시 크게 당황해 말하되 그러면 나에게 사냥하여 잡은 것을 가지고 나를 안으로 데리고 들어갔던 자가 누구냐 네가 오기 전에 다 먹고 그를 축복하였은즉 그가 축복을 받을 것이니라 하더라
창27:34 그 때에 에서가 그의 아버지 이삭의 말씀을 듣고 나서 큰 소리로 부르짖으며 몹시 비참해하며 말하길 나에게도 축복하소서 아버지

"대성통곡했다"는 말이 70인 역은 "몹시 비참해하며 큰 소리로 부르 짖은" 것으로 나온다.

창27:35 이삭이 에서에게 말하길 너의 동생이 와서 너의 축복을 교활하게 취하여갔도다

"간교하다"라는 말을 70인 역에서는 "술책, 계략, 기만"으로 해석하는데 이는 지금으로 말하면 "사기쳤다"는 말이다. 창3:1절에서 뱀을 가리켜 간교하더라 했는데 이는 "프흐로니모타토스(지혜로운)"로 지혜로운 이라는 말인데 야곱의 간교는 사기꾼으로 표현하고 있으므로 이삭이 야곱의 속임을 뱀보다 더 간교한 것으로 취급하고 있음을 알 수 있다.

창27:36 에서가 말하되 그의 이름을 야곱이라 부르는 것이 정당하지 아니하니이까 그가 나를 속인 것이 벌써 두 번째니이다 한번은 나의 장자의 권리를 빼앗았고 이제는 나의 축복을 빼앗았나이다 에서가 그의 아버지에게 말하길 아버지 나에게 축복을 결코 남겨 두지 아니하셨나이까 하니
창27:37 이삭이 에서에서 대답하여 말하되 그를 너의 주인으로 세웠고 그의 모든 형제를 그 집안의 종으로 세웠으며 그에게 옥수수와 포도주를 공급하였으니 내 아들아 내가 너에게 무엇을 행할 수 있겠느냐

"곡식과 포도주를 공급했다"는 말은 옥수수와 포도주를 끊임없이 지원했다는 말로 옥수수와 포도주가 끊어지지 않는다는 말이다.

창27:38 에서가 그의 아버지에게 말하길 아버지 당신에게 축복할 것이 결코 하나뿐입니까 아버지 나에게 이제 축복하소서 이삭이 입을 다물자 에서가 이삭에게 큰 소리로 부르짖으며 흐느껴 큰 소리로 울부짖으니

개정성경에는 "이삭이 아무 말도 하지 않았다"고 나오지 않으나 70인 역과 공동번역은 이삭이 말을 맞추고 입을 다물었음(제어)을 말하고 있다. 그러자 에서가 부르짖은 것이다. 그것도 애걸복걸하면서 말이다.

창27:39 그의 아버지 이삭이 대답하여 그에게 말하되 보라 너의 거주지는 땅이 기름질 것이며 위로는 하늘의 이슬이 내릴 것이며

개정 성경은 에서가 거할 땅에 척박하고 이슬이 내리지 않을 것으로 되어 있지만 70인 역은 정반대로 말하며 기름진 땅과 이슬이 내릴 것이라고 하는데 킹 제임스 역본만 70인과 같이 해석하고 나머지 성경은 다 개정성경처럼 해석하지만 킹 제임스 번역이 70인 역과 일치한다.

창27:40 그리고 너는 칼을 의지해서 살게 되고 너의 동생을 섬기고 너의 목으로부터 멍에를 풀 때는 무엇이든지 스스로 제거해야 할 것이니라 하였더라

"멍에"란 "지배"를 말한다.

창27:41 그리고 에서가 야곱을 축복한 그 일로 인하여 에서가 야곱을 미워해 마음속으로 말하길 나의 아버지의 애도하는 날이 가까이 왔으니 나의 동생 야곱을 살해하리라 하였더니

1) 에서는 아버지가 돌아가신 후라 하지 않고 애도라는 뜻으로 즉 죽음으로 인해 슬퍼하는 애도라는 말로 쓰고 있다. 그런데 여기서 70인 역에서는 이삭이 야곱을 축복한 일로 인해 에서가 아버지가 빨리 죽기를 바랐다고 마음으로 말하고 있다. 그래서 "하이 헤메라이 펜두스 투 파투로스 무"라 해서 나의 아버지 애도하는 그 날이 근처에 있다고 해석하고 있다.
2) 그런데 분명히 마음속으로 말했다고 되어 있는데 42절을 보면 이 말을 리브가가 들었다고 하고 있다. 이는 누군가가 리브가에게 그 소식을 전했다고 42절을 70인 역에는 번역하고 있다.
3) 이스라엘에서 마음은 중얼거리는 것이고 헬라에서는 속으로 생각하는 것이다. 에서의 이 말을 다른 사람이 듣고 리브가에게 말해 결국 야곱이 외삼촌 집으로 피난을 가기 때문이다.

창27:42 그녀의 맏아들 에서의 말을 듣고 누군가가 리브가에게 소식을 전하자 리브가는 사람을 보내 그녀의 작은 아들 야곱을 불러 그에게 말하

길 보라 네 형 에서가 너를 살해하려고 너를 위협하고 있으니

1) 개정성경은 리브가가 에서의 말을 들은 것으로 되어 있는데 70인 역은 "소식을 전하다. 보고하다"라고 되어 있으므로 다른 누군가가 리브가에게 이 말을 전한 것으로 되어 있다.
2) 또한 에서가 한 말을 들었다고 하는데 히브리적 개념의 마음으로 말했다는 뜻은 중얼거리는 것을 말하고, 헬라어적 개념의 마음은 생각으로 말하는 것을 말한다. 그러므로 에서의 이 중얼거림을 다른 사람이 들었던지 리브가가 들었던지 어쨌든 들었다. 이것은 롬10:10절의 마음이라는 뜻이 헬라적 개념과 히브리적 개념이 다름을 말하는데 이는 저의 책 "기도 응답은 만들어 받는다는 책을 참고하라"

창27:43 아들아 지금 나의 말을 듣고 일어나서 내 말을 따라 메소포타미아로 향하여 하란에 나의 오빠 라반에게 가라

개정성경에는 "메소포타이마를 향하여 가라"고 되어 있지 않지만 70인 역은 "메소포타미아의 한 도시라 하란 땅으로 가라"고 나온다.

창27:44 형의 분노가 풀리기까지 수일 동안 라반과 함께 거주하라

"몇 날 동안이" 70인 역에는 "헤라라스 티나스"는 "당분간, 몇일, 얼마 동안"으로 해석되는데 행24:24절엔 "수일"로 해석하고 있다. 다시 말해 리브가는 며칠만 있게 하려고 야곱을 피신시켰지만 그 날이 20년이 되고 만다.

창27:45 너로 인한 네 형의 분노를 네 형이 잊어버리면 내가 사람을 보내어 너를 그곳으로부터 불러오리라 어떻게 내가 한 날에 너희 둘을 사별할 수 있겠느냐
창27:46 리브가가 이삭에게 말하길 헷 자손의 딸들 때문에 내 생명이 슬픔을 당하였거늘 만일 야곱이 이 땅의 딸들과 같은 딸들을 아내로 취하면 내가 무엇 때문에 살겠느냐

"싫어하거든"이란 말을 70인 역에서는 "분노를 느끼다. 슬픔을 당하다"로 되어 있다. 이렇게 볼 때 창26:35절의 리브가가 며느리 헷 여인과 고부간의 갈등이 있었음을 알 수 있다.

I 창세기 28 장

창28:1 이삭이 야곱을 불러 축복하고 그에게 명령하여 말하길 가나안 사람의 딸로부터 아내를 결코 취하지 말라

개정 성경은 "부탁"으로 되어 있지만 70인 역은 "명령"으로 되어 있다.

창28:2 일어나 내 말을 따라 메소포타미아로 가라 네 어머니의 아버지 브두엘의 집안에서 네 어머니의 오빠 라반의 딸 중에서 너 자신의 아내를 취하라

개정성경에는 "밧단아람"으로 되어 있지만 70인 역은 "메소포타미아"로 되어 있다. 밧단아람은 메소포타미아의 한 지역인 시리아이기 때문이다. 너의 어머니의 아버지는 곧 외할아버지를 말하고 어머니의 오빠는 곧 외삼촌을 말한다.

창28:3 나의 하나님이 너를 축복해 너를 다산하게 하여 너를 번식하사 많은 족속을 이루게 하시고

"생육하고 번성"하라는 말은 "다산하여 번식"하라는 말이다.

창28:4 나이 아버지 아브라함의 복을 너에게 주시되 너와 너와 함께 너의 씨에게 주사 너로 하나님께서 아브라함에게 주셨던 땅 곧 네가 외국인으로 있는 그 땅을 상속받기를 원하노라 하며
창28:5 이삭이 야곱을 보내매 야곱이 메소포타미아를 향하여 나아가서 야곱과 에서의 어머니 리브가의 오빠 밧단아람 사람 브두엘의 아들 라반에게 이르렀더니

에서보다 야곱을 먼저 쓴 것은 야곱이 영적 장자이기 때문이다.

창28:6 에서가 보니 이삭이 야곱을 축복하고 메소포타미아의 시리아로 보내어 그곳에서 자신의 아내를 취하라 하고 그를 축복하고 그에게 명령하여 말하길 가나안 딸로부터 아내를 절대로 취하지 말라 하는 것을 보고

"밧단아람"을 70인 역은 "메소포타미의 시리아"로 되어 있지 밧단아람으로 되어 있지 않다.

창28:7 야곱이 아버지와 그의 어머니 명령을 듣고 메소포타미아의 시리아를 향하여 떠난 것을 듣고

"부모"를 70인 역은 "어머니 아버지"로 되어 있고, 밧단 아람을 메소포타미아 시리아로 되어 있고, 또한 "야곱이 부모의 명을 좇아"로 되어 있는데 70인 역은 "듣고"라고 되어 있다.

창28:8 에서가 또 본즉 그의 아버지 이삭의 면전에서 그들 가나안의 딸들이 악한지라

70인 역에서는 이삭을 가나안의 딸들이 기쁘게 못 했다고 되어 있는데 70인 역은 악하다는 포네로스를 쓰고 있다. 이로 말미암아 고부간의 갈등이 심했음을 알 수 있다.

창28:9 그 때에 에서가 이스마엘에게 가서 아브라함의 아들 이스마엘의 딸이며 느바욧의 누이인 마할랏을 그의 아내들에 더하여 아내로 취하였더라

1) 여기서 이스마엘에게 간 것으로 되어 있지만 사실 이스마엘은 이미 13년 전에 사망했다(창25:17). 그러므로 그 후손들에게 갔다는 뜻이다.
2) 에서가 가나안 여인이 아닌 이스마엘의 딸과 다시 결혼했는데 이는 이삭과 에서가 보기에 더 어리석은 짓이었다. 일부일처를 어겼고, 그 여자 역시 약속의 자녀가 아니었기 때문이다. 즉 아버지의 축복을 받지 못한 것이 아내들 탓이라 생각해 아버지의 마음에 들기 위해 때 늦게 후회하는 것이 보인다.

창28:10 야곱이 맹세의 우물이라는 브엘세바에서 떠나 하란을 향하여 가더니
창28:11 한곳을 만나서 해가 진지라 자려고 그곳에서 돌을 취하여 그의 머리를 돌에 두고 거기서 잠들었더라

"이르러"가 70인 역에서는 "만나다"로 되어 있고, "베개"라는 말은 "그 머리를 돌에 두고"라고 되어 있다.

창28:12 꿈에 본즉 사다리가 있는데 땅 위에 고정되어 있었고 그 사다리의 끝은 하늘에 도달해 있었는데 그것을 통하여 하나님의 천사들이 그 위에서 오르락 내리락 하고
창28:13 주님이 그 위에 서서 말씀하시되 나는 주님이니 너의 아버지 아브라함의 하나님이요 이삭의 하나님이라 결코 놀라지 말라 네가 누운 그 땅을 너와 네 씨에게 주리라

개정성경에서 조부라는 말이 70인 역에는 나오지 않고 아버지로 나오는데 아브라함을 조부로 말한 것은 히브리적 개념에서는 할아버지라는 말이 없기 때문이다. 아버지라는 말이 조상이기 때문이다.

창28:14 너의 후손이 땅의 모래 같이 되어서 동서남북으로 넓혀질 것이며 땅의 모든 민족이 너로 인하여 축복을 받게 될 것이며 너의 씨로 인하여 축복을 받게 될 것이니라

여기서 씨는 예수를 가리킨다

창28:15 보라 내가 너와 함께 있어 모든 길에서 너를 지킬 것이며 네가 어디든지 가든지 이 땅으로 너를 돌아오게 할 것이며 내가 너에게 말한 일들이 모두 이루어질 때까지 너를 결코 버리지 않을 것이라 하신 지라
창28:16 야곱이 잠에서 깨어나 말하길 주님이 이곳에 계시다는 것을 내가 결코 알지 못하였도다
창28:17 야곱이 놀라서 말하길 이곳은 소름 끼치도록 두려운 장소로 결코 다른 곳이 아닌 하나님의 집이요 이곳이 하늘의 문이로다 하고

1) 개정성경 "전으로" 되어 있는데 70인 역은 "집으로" 되어 있다. 계시록에서 천당엔 전이 없다고 했는데 왜냐하면 하나님 자체가 성전이기 때문이다. 그런데 이 성전을 요14:2 내 아버지 집으로 표현하는데 오늘 본문에서도 바로 전을 집으로 해석하고 있다. 이는 전이라는 말과 집이라는 말이 같은 뜻이기 때문이다.
2) 유대인들은 하늘의 문이 실제로 있다고 생각했는데 벧엘이 바로 그런 문이 있는 실제적 장소라는 것이다. 상징이 아니다.

창28:18 야곱이 아침에 일어나 그의 머리를 벴던 돌을 취해 그것을 내려놓고 그것으로 널판지를 세워 널판지 꼭대기서 부터 올리브 기름을 부었더라

"기둥"을 70인 역은 "널판지"로 해석하는데 요세푸스도 널판지로 해석한다. 그리고 "기름"은 "올리브기름"을 말한다.

창28:19 야곱이 이곳 이름을 하나님의 집이라고 해서 벧엘이라 불렀는데 이 성의 원래 이름은 루스더였더라

70인 역에서 벧엘은 하나님의 집이라 불렀다.

창28:20 야곱이 원하여 서원하여 말하되 만일 하나님 주님이 나와 함께 하셔서 무엇이든지 할 수 있게 하시고 이 길에서 나를 지키시고 내가 저곳으로 나아갔을 때 나에게 먹을 빵과 입을 옷을 주시면

70인 역에서는 야곱이 "에워사토"라 해서 자발적으로 서원했고, 개정성경에는 만일이 빠져있는데 70인 역은 야곱은 서원하며 말하길 만일 하나님이 주님이라고 되어 있다.

창28:21 나를 구원하셔서 후에 내 아버지의 집에 돌아오게 하시면 주님께서는 나의 하나님이 되실 것이요

개정성경은 "평안히"라 되어 있지만 70인 역은 "소테리아"인 구원이라 말하고 있다.

창28:22 그리고 이 돌 널판지로 세운 이것은 나에게 하나님의 집이 될 것이며 또한 무엇이든지 나에게 주신 모든 것에서 하나님께 십분지 일인 십일조를 드리겠나이다 하였더라

"기둥"을 70인 역에서는 "널판지"로 말하고 또한 "전"을 "집"으로 해석하고 있다.

I 창세기 29 장

창29:1 야곱이 가벼운 발걸음으로 야곱과 에서의 어머니 리브가의 오빠 시라아의 밧단아람 사람 브두엘의 아들 라반이 사는 동방 땅에 도착하니

개정성경은 "동방 땅에 도착했다"고 나오지만 70인 역은 야곱과 에서의 어머니 리브가의 오빠 "시라아의 밧단아람 사람 브두엘의 아들 라반이 사는 동방 땅에 도착하니"라는 말이 더 포함되어 있다.

창29:2 본즉 들에 우물이 있는데 그 곁에 세 양 떼가 거기서 쉬고 있었는데 이는 이 우물을 양떼에게 마시게 하기 위함이라 큰 돌로 우물의 입구를 덮었다가
창29:3 모든 양 떼가 그 우물가에 모이면 우물 입구의 돌을 굴려 양들에게 물을 마시게 하고 다 마시면 다시 그 돌을 굴려 우물 입구를 막았더라
창29:4 야곱이 그 남자들에게 말하길 형제여 당신들은 어디서 왔느뇨 하니 그들이 말하기를 우리는 하란에서 왔노라 하더라
창29:5 야곱이 그 남자들에게 말하길 나홀의 아들 라반을 아느냐 그들이 대답하길 아노라

사실은 라반은 나홀의 아들이 아닌 나홀의 손자이고, 나홀의 아들이며 라반의 아버지는 브두엘이다. 그런데 당시 나홀이 더 잘 알려져 있기에 나홀을 야곱이 묻는 것이다.

창29:6 야곱이 그 남자들에게 말하길 건강 하느냐 그들이 대답하길 건강하니라 보라 그의 딸 라헬이 양들과 함께 지금 오고 있느니라
창29:7 야곱이 말하길 아직 해가 지려면 멀었으니 양을 모을 시간이 아니니 양에게 물을 주고 가서 풀을 더 뜯기라
창29:8 목자들이 말하길 모든 목자가 모이기 전까지는 결코 그렇게 할 수 없나니 목자들이 모이면 그들이 우물 입구의 돌을 옮기는데 그때서야 양들에게 물을 먹일 수 있느니라

개정성경은 양 떼가 모이는 것으로 되어 있지만 70인 역은 양 떼가 아닌 목자들이 모여야 가능하다고 하고 있다. 우물 입구를 막고 있는 돌이 워낙 크기에 모든 목자가 힘을 합쳐야 옮길 수 있기 때문이다.
개정성경에서 양 떼가 모여야 한다고 해석했는데 이도 일리가 있다. 양 떼가 모이면 자동적으로 목자들이 모이게 되어 있고, 목자들이 모이면 양 떼가 모이게 되어 있기 때문이다. 그러므로 개정성경으로 해석한다고 해서 결코 잘못된 것은 아니다.

창29:9 야곱이 아직 목자들과 말하고 있을 때 라반의 딸 라헬이 아버지의 양들과 함께 왔는데 이는 그녀가 그의 아버지의 양들을 돌보는 목자였기 때문이었더라
창29:10 야곱이 어머니의 오빠인 외삼촌 라반의 딸 라헬과 어머니 오빠인 외삼촌의 양을 보았을 때 그는 우물에 가까이 다가가서 우물 입구를 막고 있는 그 돌을 옮겨 주어 라반의 양 떼가 물을 마실 수 있게 해 주었더라

"외삼촌"이 70인 역에서는 "야곱의 어머니의 오빠"로 나온다.

창29:11 야곱이 라헬에게 입 맞추고 크게 소리 내어 흐느끼며 울부짖으며
창29:12 야곱이 라헬에게 나는 그대 아버지의 형제이고 리브가의 아들이요 하고 말하자 라헬이 그 말 그대로를 그녀의 아버지에게 달려가 소식을 전하며

70인 역에서는 "생질"이 아닌 "형제"라고 되어 있지만 이는 생질 즉 누이동생의 아들을 뜻하는 말이다.

창29:13 라반이 그의 누이동생의 아들 야곱의 이름을 듣자마자 그에게 달려가서 만나고 그를 껴안고 입을 맞추고 그를 자기 집으로 데리고 들어갔고 야곱은 그동안에 있었던 일을 모두 라반에게 말하매

야곱이 누구를 닮아서 약삭빠르냐 하니 라반을 닮았던 것이다.

창29:14 라반이 말하길 너는 내 뼈의 근원이며 내 살의 근원이로다 하였더라 야곱이 한 달 동안 그와 함께 있었더니

"골육"이라는 말이 70인 역에서는 "뼈와 살"이라는 말로 나온다.

창29:15 라반이 야곱에게 말하길 너는 나의 형제니 나를 무료로 더이상 섬기지 말고 너는 급여로 얼마를 원하는지 내게 말하라

"생질"이라 하지 않고, 70인 역에서는 "형제"로 말하고 있고, 라반이 지금 야곱에게 고용 계약을 맺기를 원하는데 이는 야곱이 라헬을 사랑하는 것을 알았기에 야곱이 큰 조건을 내걸지 않을 것을 알고 물어본 것이다.

창29:16 라반에게는 두 딸이 있었으니 큰딸의 이름은 레아이고 작은딸의 이름은 라헬이더라
창29:17 레아는 시력이 나빴고 라헬은 암양이라는 이름과 같이 외모가 아름다웠고 귀엽게 보였으니

70인 역에서는 레아가 눈매가 부드러운 것이 아닌 눈이 나빴다고 나오고, 라헬은 퍼팩트한 외모를 가지고 있다고 나온다. 창세기에는 사라와 리브가와 라헬은 3대 절세가인으로 나오는데 그중 사라와 라헬은 성격이 그리 좋지 않은 것으로 나온다. 사라는 이삭을 놀렸다고 하갈과 이스마엘을 내쫓았고, 라헬도 역시 언니와의 경쟁에서도 좋지 않은 성격으로 나온다.

창29:18 야곱이 라헬을 사랑하므로 대답하되 외삼촌의 작은 딸 라헬을 위하여 외삼촌에게 칠 년을 봉사하리이다

개정성경은 "연애"로 되어 있지만 70인 역에서는 "감정을 가지고 사랑함"으로 라고 되어 있다.

창29:19 라반이 야곱에게 말하길 나의 딸을 너에게 주는 것이 다른 남자에게 나의 딸을 주는 것보다 더 좋으니 나의 집에 함께 있으라
창29:20 그리고 야곱이 라헬을 위하여 라반의 면전에서 칠 년을 봉사했으나 그가 그녀를 사랑했기에 짧은 시간 같이 여겼더라

70인 역은 "수일"이 아닌 "아주 짧은 시간 같이 여겼다"고 나온다.

창29:21 야곱에 라반에게 말하길 나의 날들이 찾으니 나의 아내를 주소서 내가 그녀에게 어떠하든지 들어가겠나이다

"들어가리라"는 뜻이 "성관계를 맺다"란 뜻으로 본문에서는 '결혼하겠나이다'란 의미이다. 이때 야곱의 단도직입적인 요구는 7년 봉사 기간 동안에 이미 장인의 야비한 성품에 익숙해져 있었음을 암시한다.

창29:22 라반이 그곳 사람 모두를 모아 결혼 잔치를 베풀었더라

개정성경에는 사람들을 모아 잔치하고 되어 있지만 70인 역은 결혼잔치를 한 것으로 나온다. 당시 결혼식은 7일간 계속되었다. 그리고 그날 저녁 첫날밤을 가졌는데 이렇게 많은 사람을 초청해 잔치를 벌인 의도는 야곱을 술 취하게 만들어 신부를 바꿔치기하기 위해서였으며 이 사람들을 증인으로 만들려는 술책이었다.

창29:23 저녁이 되자 라반이 그의 딸 레아를 취해 야곱에게 데리고 들어가매 야곱이 그 여자에게 들어갔더라

70인 역을 보면 라반이 레아를 신방까지 안내했고, 야곱이 알아보지 못했는데 그 이유는 술을 먹었고 또한 당시 결혼식은 베일로 가리웠기 때문이다.
레아가 아버지의 제안을 순순히 받아들인 이유는 레아도 야곱을 짝사랑했었기 때문이다.

창29:24 라반이 그의 딸 레아에게 자신의 여종 실바를 여종으로 주었더라

결혼 선물로 평생 수종들 몸종을 붙여 주는 것은 당시 사회의 관습이었다. 고대 근동의 생활 관습이 기록된 누지 토판에 나타난 결혼 규약에 의하면 상전의 계집종은 그녀가 출가할 때 함께 가도록 규정되어 있을 뿐만 아니라 임신하지 못하는 여주인 대신 아이를 낳아 상전의 소생으로 돌려졌다(창16:2; 창30:3,4).

창29:25 아침에 보니 레아가 옆에 있는지라 야곱이 라반에게 말하길 나에게 어떻게 그렇게 행하실 수 있습니까 당신 곁에서 라헬을 위하여 전력을 다해 봉사하지 아니하였나이까 나에게 어떻게 그렇게 불합리한 행동을 하셨습니까

내가 라헬을 위해 봉사하지 않았느냐를 70인 역은 "결코, 전혀, 전력"이라는 말이 들어가 전 힘을 다해 봉사했음을 말하고 있고, 또한 속이셨느냐는 말은 "불합리, 부조리"로 해석하고 있는데 다른 구글 번역에서는 기만으로 해석하기도 한다.

창29:26 라반이 말하길 우리 지방에서는 이와 같이 언니보다 앞서 동생을 주는 일은 결코 없는 바이라

이러한 관습이 고대 인도와 이집트 및 하란에서 행하여지던 일이라 할지라도 라반의 이 말은 변명에 불과하다. 그는 마땅히 처음 계약할 때 이런 관습을 이야기했어야만 옳았다. 이는 야곱이 형을 속인 것 같이 지금 속고 있는 것이다. 야곱은 아마 외삼촌 라반을 닮아 이렇게 서로 거짓말을 잘했던 것 같다. 심은 대로 거두고 있다.

창29:27 이 혼인 잔치 칠 일을 잘 끝내면 내가 너에게 라헬을 줄 것인데 대신해 너는 나의 곁에서 라헬을 위해 이후에 다시 칠 년을 노동해야 할지니

당시 결혼식은 7일이 계속되었는데 레아와 첫날밤은 첫째 날에 있었던 것 같다. 그런데 이 7일 잔치가 끝난 후 라반은 라헬을 아내로 주고 그 후 다시 7년을 봉사하게 했는데 70인 역에는 봉사로 나오지 노동으로 나온다.

창29:28 야곱이 그대로 행하여 그 칠 일을 채우매 라반이 자기의 딸 라헬을 그에게 아내로 주었고
창29:29 라반이 그의 여종 빌하를 그의 딸 라헬에게 여종으로 주매
창29:30 야곱이 라헬에게 들어갔고 그가 레아보다 라헬을 더욱 사랑했고 라반을 다시 칠 년을 더 봉사하였더라
창29:31 주님이 레아를 몹시 싫어함을 보시고 그녀의 자궁을 열었으나 라헬은 불임이었더라

"총이 없음"을 보고라는 말을 70인 역에서는 "야곱이 레아를 몹시 싫어하고 미워했다"고 나온다. 70인 역에서는 태가 아닌 "자궁을 열었다"라고 되어있다.

창29:32 레아가 임신하여 야곱의 아들을 낳고 그의 이름을 보라 아들이다라 해서 르우벤이라 부르며 가로되 주님이 나의 굴욕을 돌보셨기 때문에 이제 나를 남편이 사랑할 것이다 하였더라

개정은 괴로움이라 되어 있지만 70인 역은 굴욕이라 되어 있다.

창29:33 레아가 다시 임신하여 야곱의 두 번째 아들을 낳고 말하되 나를 몹시 싫어하기 때문에 주님이 들으셔서 아이를 나에게 주셨다 하여 그의 이름을 들으셨다라는 뜻으로 시므온이라 불렀더라

창29:34 그가 또 임신하여 아들을 낳고 말하길 내가 그에게 세 아들을 낳았음으로 나의 남편이 지금부터는 나에게 시간을 내주 주게 될 것이다라 하여 그 아이 이름을 달라 붙다라 해서 레위라 불렀으며

"연합하다"라는 말을 70인 역에서는 "시간을 내서 나와 함께하는 것"을 의미한다.

창29:35 그가 또 임신하여 아들을 낳고 말하길 이번에 또 아들을 주신 주님께 찬양으로 고백하리라 하여 아이의 이름을 찬양의 고백이라는 뜻을 가진 유다라 불렀고 그리고 레아는 아이 낳는 것이 멈추게 되었더라

"찬송하리로다"라는 말이 70이역에서는 "고백"을 말하는 유다로 되어 있는데 이는 찬양이나 감사라는 뜻을 포함한 고백을 말하는 말이다. 이는 히브리어의 뜻과도 일치되게 감사 고백을 말한다.

ㅣ창세기 30 장

창30:1 라헬은 자신이 야곱의 아이를 결코 낳지 못하는 것을 보고 자기 언니를 질투해 야곱에게 말하길 자식을 나에게 낳게 하라 그렇게 하지 않으면 내가 죽겠노라
창30:2 야곱이 라헬에게 분노하며 그녀에게 말하길 당신의 자궁에 열매를 맺지 못하게 하시는 이는 하나님이시니 내가 그 하나님을 대신 하겠느냐

야곱이 노를 발했다는 말이 70인 역에는 분노했다고 나온다. 유대 랍비들에 의하면, 하나님은 네 개의 열쇠를 갖고 계시는데 그것은 구름과 마음과 태를 여닫을 수 있는 열쇠라고 한다(욥11:10; 12:14; 시127:3; 계3:7).

창30:3 라헬이 야곱에게 말하길 나의 여종 빌하가 있으니 그 여자에게 들어가라 그가 아이를 낳아 나의 무릎 위에 그 아이를 두면 나도 그로 인하여 출산한 것이 되지 않느냐
창30:4 그리고 그 여자의 여종 빌하를 그 남편에게 아내로 주매 야곱이 그 여자를 향하여 들어갔더니
창30:5 라헬의 여종 빌하가 임신하여 야곱의 아들을 낳은 지라
창30:6 라헬이 말하길 하나님이 나에게 복수하게 나의 소리를 들으시고 나에게 아들을 주셨도다 하여 복수하다라는 뜻으로 그의 이름을 단이라 불렀더라

"억울함을 풀다"라는 말이 70인 역에서는 "복수하다"라고 되어 있다. 마지막 시대에 적그리스도가 단지파에서 나오는데 벌써 그 이름 속에 단지파에서 적그리스도가 나올 것이 예정되어 있다. 복수라는 뜻을 가지고 있기 때문이다.

창30:7 라헬의 여종 빌하가 다시 임신하여 야곱의 두 번째 아들을 낳으매
창30:8 라헬이 말하길 하나님이 나를 붙잡아 주셔셔 나의 언니를 역으로 이겼다 하여 그의 이름을 싸워서 이겼다 하여 납달리라 불렀더라

"경쟁하여 이겼다"는 말이 70인 역에서는 "역으로"라는 말로 되어 있다.

창30:9 레아가 자기의 생산이 멈추게 됨을 보고 그녀의 여종 실바를 취해

서 야곱의 아내로 주었더니
창30:10 야곱이 레아의 여종 실바에게 들어가니 실바가 임신을 해서 야곱의 아들을 낳으매
창30:11 레아가 말하길 행운이 있으리라 하여 그 이름을 갓이라 불렀고

라헬은 성격이 삐뚤어져서 빌하의 자녀들의 이름을 복수라는 뜻의 단과 싸운다는 뜻의 납달리라 지었지만 레아는 마음이 넓어 실바의 아들 이름을 갓이라 해서 행운(튀케)이 따라는 자라 지었고 공교롭게도 영어로 하나님이란 뜻도 된다.

창30:12 레아의 여종 실바가 임신하여 다시 야곱에게 두 번째 아들을 낳으매
창30:13 레아가 말하길 나는 행복하도다 여자들이 나를 행복하다고 말하기 때문에 그의 이름을 행복한자라 해서 아셀이라 불렀더라
창30:14 대여섯 된 르우벤이 추수하는 날 햇빛이 작렬하는 들에 나아가서 밭에서 남녀 강정제인 최음제 열매를 찾아 그의 어머니 레아에게 드렸더니 라헬이 레아에게 말하길 언니 아들이 준 최음제를 나에게 달라 했더라

70인 역에서는 합환채를 만드레이크로 번역하는데 개정 성경은 합환채라 하고 개정성경은 자귀나무라 하고 구글 번역기에서는 사과나무 열매로 번역하는데 가장 정확한 번역은 만드레이크나 구글 번역기이다. 왜냐하면 열매가 사과 열매같이 생겼는데 거기에 씨앗이 많이 들어 있다. 이것을 먹으면 사랑의 열매를 맺기에 사랑 사과 열매라고 영어 성경은 번역하고, 일본어는 연애 가지라 불렀고 아랍인들은 정욕을 불러일으킨다 해서 악마 사과라고 한다. 생김새가 산삼과 흡사하지만, 뽑으면 갓난아이와 비슷한 생김새의 모습과 비슷하다고 한다. 이 약초를 최음제라 하는데 최음제란 남녀의 생식기를 자극해서 그 기능을 촉진하기 위한 처방으로 성적 욕구를 자극하는 약이 들어 있기 때문인데 그런데 주위 하여야 할 것은 이 약초는 뿌리와 열매에 상당량의 독이 들어 있어 조금만 사용해야지 과다 복용하면 설사를 한다든가 뇌 손상을 일으켜 마친다고 한다. 아마 라헬이 일찍 죽은 이유가 이것을 너무 과다 복용해서는 아닐까 하지만 성경은 그렇다 않다고 말한다.

창30:15 레아가 말하길 나의 남편을 빼앗은 것이 너에게 있어서는 결코 작은 일이 아니지 않느냐 결코 나의 아들의 최음제는 빼앗기지 않으니라

라헬이 말하길 결코 그런 것이 아니고 언니 아들의 최음제 대신 오늘 밤에 남편이 언니가 함께 동침하리라 하니라
창30:16 레아가 나와서 그를 만나 말하길 오늘은 나에게 들어오라 나의 아들의 최음제 대신 내가 당신을 임대했노라 야곱이 밤에 그와 함께 동침하였더라

개정 성경은 "샀다"고 되어 있는데 70인 역은 "임대했다"고 되어 있다.

창30:17 하나님이 레아를 들으시고 임신하여 다섯째 아들을 야곱에게 낳았다

70인 역을 통해 볼 때 라헬보다 레아가 하나님께 잘했다. 그래서 레아의 후손에게서 메시야가 왔으며 레아가 말만 하면 하나님이 응답해 주셨다.

창30:18 레아가 말하길 나의 남편에게 나의 여종을 주었음으로 대신 나의 급여를 하나님이 주셨다 하여 그 남자의 이름을 하나님이 삯 또는 보상이라는 뜻으로 잇사갈이라 불렀으며
창30:19 레아가 다시 임신하여 야곱에게 여섯째 아들을 낳은 지라
창30:20 레아가 말하길 하나님이 나에게 무료로 좋은 선물을 주셨도다 아들 여섯을 낳았기에 이제는 이 일로 인해 남편이 나를 선택할 때가 되었도다 하여 그 이름을 선물이라는 뜻으로 스불론이라 불렀으며

개정성경은 "함께 거하리라"로 되어 있지만 70인 역은 "선택할 것이다"라고 되어 있다.

창30:21 후에 레아가 딸을 낳아 그 이름을 공의로우시다 하여 디나라 불렀더라
창30:22 하나님이 라헬을 생각하셔서 하나님이 그를 들으시고 그녀의 자궁을 여신고로

"태를 연 것"을 70인 역에서는 "자궁을 연 것"으로 말한다. 라헬의 성품이 하도 괴팍해서 하나님이 자녀를 주시지 않았던 같다.

창30:23 그가 잉태하여 야곱의 아들을 낳고 라헬이 말하길 나의 하나님이 치욕을 떼어버리시게 하셨다 하고

"부끄러움"이 아닌 70인 역에서는 "치욕"을 말하고 있다.

창30:24 그 이름을 요셉이라 불러 말하되 다른 아들을 하나님이 나에게 추가해 주실 것이라 하더라

요셉이라는 뜻이 "증가하다, 추가하다"라는 뜻을 가지고 있다.

창30:25 라헬이 요셉을 낳은 때에 야곱이 라반에게 말하길 나를 보내어 나의 고향 그 본토로 가게 하시며
창30:26 삼촌 곁에서 종이 되어 일해서 얻은 나의 아내와 아이를 내어 주어 떠나게 하소서 삼촌은 나를 노예 삼아 내가 노예 신세로 일한 것을 아심이니이다 하니

개정은 "봉사한 것"으로 되어 있지만 70인 역은 "둘레이안"이라 해서 "노예로 일했다"고 나온다.

창30:27 라반이 야곱에게 말하길 너는 하나님이 나를 축복하는 출입구였기 때문에 네가 나에게 호감이 있다면 머무르기를 바라노라 하고

"사랑스럽게"라는 말을 70인 역에서는 "호의, 호감"으로 말하고 있고, "너로 인해 복 주셨다"는 말을 70인 역은 "출입구였다"고 말한다. 즉 야곱이 복의 출입구라는 것이다.

창30:28 나에게 너의 급여를 크게 요구하라 그러면 그것을 주리라

"정하라"는 말을 70인 역에서는 "크게 요구하라"는 말로 되어 있다.

창30:29 야곱이 대답하여 말하길 내가 외삼촌의 노예처럼 일한 것과 가축이 나와 함께 하는 동안 외삼촌의 가축이 매우 많아진 것을 아시나이다.

"섬겼다"는 말을 70인 역은 "노예로 삼다"라고 되어 있다.

창30:30 내가 오기 전에 외삼촌의 재산은 미미할 만큼 적었으나 가득 차게 떼를 이루게 커졌나이다 나의 발이 닿는 곳마다 주님이 외삼촌을 축복해 주셨나이다 이제 나는 언제 내 집을 만들어야 하리이까

"적더니"라는 말을 70인 역은 "미미했다"고 말하고, "나의 공력을 따라" 라는 말은 70인 역엔 "야곱이 발을 밟는 곳마다 복을 주어 외삼촌이 복을 받았다"는 말로 되어있다.

창30:31 라반이 야곱에게 말하길 너에게 무엇을 주면 되겠느냐 야곱에 라반에게 말하길 나에게 어떤 것도 안 주셔도 되나니 만일 이 말씀대로만 나에게 행하신다면 다시 외삼촌의 양 떼를 돌보고 지키리이다
창30:32 오늘 내가 외삼촌의 모든 양 떼에게 가서 어린양 안에서 황갈색 양 새끼를 분리하고 염소 중에 점 있는 것과 아롱진 것을 분리하리니 그 것들이 나의 급여가 되리이다

양 중에 아롱진 것과 점 있는 것을 분리하는 것으로 나오지만 양 중에는 황갈색 양과 흰 양을 분리했고 염소 중에는 점 있는 것과 아롱진 것을 분리하겠다는 말이다.

창30:33 후일에 나의 급여에 관하여 외삼촌 면전에 서게 될 때 나의 정직함을 나에게서 듣게 되리니 만일 염소 중에 아롱지지 않거나 점이 없거나 어린 양들 중에 황갈색이 아닌 것이 있으면 내가 도둑질 한 것이 될 것이라

70인에서는 "검"은 것을 "황갈색"으로 해석하고 있다.

창30:34 라반이 야곱에게 말하길 너의 말대로 하리라
창30:35 그날 그가 모든 아롱아롱하고 점 있는 숫염소와 아롱아롱하고 점 있는 모든 암염소와 흰점 있는 모든 것들과 어린양 중에 갈색을 구별하여 그의 아들의 손에 주었더라
창30:36 야곱과 그들 사이를 삼일 길이나 떨어지게 했고 야곱은 라반의 나머지 양 떼를 치니라

70인에서는 "치다"를 "목회. 목사"로 말하고 있다.

창30:37 야곱이 녹색의 미루나무와 개암나무와 플라타너스 나뭇가지를 취해 그것을 꺾어 녹색 껍질을 벗겨 흰 줄무늬를 내서 가지들 속에 있는 흰색을 드러내 얼룩얼룩하게 했으며

"버드나무와 살구나무와 신풍나무"를 70인 역에서는 "미루나무와 개암나무와 플라타너스"로 해석하고 있다.

창30:38 이 꺾인 가지를 물을 마시는 구유 위에 나란히 놓으매 이에 물을 마시러 오는 양들이 정면으로 그것을 보면서 물을 마시게 했으니

"개천"이 아닌 70인 역은 "구유"로 되어 있고, 70인 역에서는 임신했다는 말은 나오지 않는다.
수태에 영향을 미치게 하는 이런 방법은 당시 근동 지역의 목자들이 사용했던 방법인데 과학적 근거는 없다.

창30:39 양들이 가지 앞에서 교미해서 점 있는 것과 얼룩얼룩 있는 것과 아롱진 잿빛 양 새끼를 낳은지라
창30:40 야곱이 새끼 양을 구별하고 양 떼들의 정면에 라반의 양 떼 중 점 있는 양들과 모든 얼룩얼룩한 양들을 향하게 하였더라 그가 자기 양 떼들은 따로 있게 하고 라반의 양 떼에 두지 않더라
창30:41 튼튼한 양이 새끼를 밸 때면 야곱이 가지를 구유 위 양 앞에 놓아 가지 아래에서 양들이 교미를 하게 하고

양은 일 년에 두 번 새끼를 배는데 이스라엘 사람들은 봄 양은 약한 양 가을 양은 실한 양으로 봤다고 한다. 그러므로 여기서 실한 양이라 하면 가을 양 새끼를 말하고 약한 양 하면 봄 양 새끼를 말하는 것이다.

창30:42 그러나 그 때에 약한 양이 교미를 할 때는 결코 가지를 두지 않았으므로 약한 것은 라반의 것이 되고 튼튼한 것은 야곱의 것이 된 지라
창30:43 그리고 그 사람이 심히 부유해져 양 떼와 소와 남종과 여종과 낙타와 당나귀가 많았더라

70인에서 강조할 때는 반드시 같은 단어를 반복해서 하는데 본 절도 "습호드라"를 두 번 반복함으로 야곱이 얼마나 큰 복을 받았는지 나온다.

I 창세기 31 장

창31:1 야곱이 라반의 아들들이 말하는 것을 들어보니 야곱이 우리 아버지의 모든 소유를 취해 우리 아버지로 인해 이 모든 영광을 누리게 되었다고 말하는지라

개정성경에서 "거부가 되었다"는 말을 70인 역은 "독사"라는 말을 쓰고 있다. 즉 "영광, 명예를 얻게 되었다"고 되어있다.

창31:2 야곱이 라반의 얼굴을 보고 말하길 보라 자기를 대함이 결코 어제와 셋째 날 같이 아니하니

"전과 같이 아니하다"는 말은 "어제와 셋째 날 같이 아니하다"고 되어 있다.

창31:3 주님이 야곱에게 말하길 너의 아버지의 땅과 너의 가족에게 돌아가라 내가 너와 함께 있을 것이다 하신지라

개정성경에는 조상의 땅이라 되어 있지만 70인 역은 아버지의 땅으로 되어 있는데 이는 조상은 곧 아버지이기 때문이며 또한 네 족속에게로 되어 있지만 70인 역은 가족으로 되어 있다.

창31:4 야곱이 사람을 보내어 라헬과 레아를 자기 양 떼가 있는 들로 불러서

야곱이 보내어...불러다가-직접 찾아가지 않고 사람을 보내 부른 이유는 라반의 식구가 행여 엿들을 것을 염려했기 때문이다. 한편 본 절은 이동 장막 생활을 했던 근동 지방의 유목민들은 대개 한가족 단위로 해서 양 떼를 나누어 관리했으며 또한 한 가족이라 할지라도 대부분 부녀자가 있는 장막을 중심으로 서로 떨어져서 생활했음을 잘 나타내 주고 있다.

창31:5 그 여자들에게 말하길 내가 당신 아버지의 얼굴을 보았더니 결코 나에게 어제와 셋째 날과 같이 아니하였사오나 그러나 나의 아버지의 하나님이 나와 함께 계셨느니라

"전과 같이 아니하도다"라는 말은 "어제와 셋째 날과 같이 안다"는 말이다.

창31:6 그대들도 알고 있듯이 나의 모든 힘을 다하여 당신 아버지의 노예가 되었거늘

개정성경의 "섬겼거늘"이란 말이 "노예"로 되어 있으므로 결국 이는 노예가 되어 섬겼다는 말이다.

창31:7 당신 아버지가 나를 기만하여 나의 급여를 열 번이나 어린양을 변경했으나 그러나 하나님이 결코 그가 나에게 행악을 행하지 못하게 하셨으며

1) 속여가 70인 역에는 기만으로 나온다.
2) 열 번이나-문자적으로 반드시 열 번이 아닌(민14:22; 욥19;3), '할 수 있는 대로 자주', '여러 차례' 내지는 '10'이란 숫자가 상징하듯이 '거의 매번'의 뜻으로, 가득 찬 수의 개념을 나타낸다.
3) 해(라아)-신성 모독적인 문맥에서는 '혐오스러운 것'을 뜻하나(사31:2; 습1:12) 본 절에서는 부정직으로 말미암는 재산상의 손실을 뜻함으로(창44:5; 신15:9). 개정성경의 해치지 못하게 했다는 표현은 적절하지 않고 70인 역과 같이 행악으로 해석하는 것이 적절하다.

창31:8 그 후에 말하길 얼룩얼룩 한 것이 너의 급여가 될 것이라 하면 모든 양이 얼룩얼룩한 양을 낳았고 만일 하얀 것이 너의 급여가 될 것이라 하면 모든 양이 하얀 양을 낳았으니

야곱의 "복"이란 "다바르"이다. 선포하면 그대로 되었다. 참으로 엄청난 복이다. 라반이 말하면 야곱이 돌보는 양들이 다 그대로 되어 결국 야곱이 복을 받게 된 것이다.

창31:9 하나님이 당신 아버지의 모든 가축을 빼앗아 그것들을 나에게 주셨느니라
창31:10 그 양들이 새끼 밸 때에 잠을 자며 그들을 환상으로 보니 보라 그 숫염소와 숫양이 양위에 올라가 교미를 하는데 그 교미하는 양과 염소들이 점 있는 것과 얼룩얼룩 있는 것과 아롱진 잿빛 이었더라

"꿈에 보니"를 70인 역은 "야곱이 꿈속에서 환상을 보았다"고 되어 있다.

창31:11 잠잘 때 하나님의 천사가 나에게 말씀하시길 야곱아 하기로 내가 여기 있나이다 무슨 일이십니까 하매

개정성경에는 "내가 여기 있나이다"라고 까지만 나오지만 70인 역은 야곱이 무슨 일이십니까 하고 묻는 것이 나온다.

창31:12 말씀 하시길 너의 눈으로 보라 양 떼 위에 올라가 교미하고 있는 숫양과 숫염소는 양과 염소 중에 점 있는 것과 얼룩얼룩한 것과 아롱진 잿빛이니라 라반이 너에게 행한 일들을 내가 보았노라
창31:13 나는 벧엘에서 너에게 나타난 하나님이라 네가 거기서 널판지에 기름을 붓고 나에게 다산하게 해달라고 서원했었으니 지금 일어나서 그 땅 밖으로 떠나 네가 태어난 그 땅으로 돌아가라 내가 너와 함께 할 것이니라

개정성경에는 "기둥"으로 나오지만 70인 역은 "널판지"로 나오고, "내가 너와 함께 할 것이라"는 말이 개정에는 안 나오지만 70인 역에는 나온다.

창31:14 라헬과 레아가 야곱에게 대답하여 말하되 우리 아버지 집에서 우리에게 어떤 몫이나 상속권이 있으리요
창31:15 아버지가 우리를 당신에게 팔고 그 은을 음식처럼 먹고 차지하고 우리를 외국인 같이 취급한 것이 아니뇨

개정성경에서 "돈"은 70인 역은 "은"으로 되어 있고, "돈"을 라반이 음식처럼 먹은 것으로 나온다.

창31:16 하나님이 우리 아버지에게서 모든 재산과 영광을 빼앗았는데 그것은 우리와 우리의 자식들의 것이 될 것이니 이제 하나님이 당신에게 말씀하신 일들을 확실하게 행하라
창31:17 야곱이 일어나 그 남자의 부인들과 그 남자의 자녀들을 낙타에 태우고
창31:18 그가 메소포타미아 밧단아람에서 얻은 모든 재산인 짐승들과 소유물을 꾸려 떠나 가나안 땅에 있는 그의 아버지 이삭을 향하여 떠나려 할새

"밧단아람"을 70인 역에서는 "메소포타미아"로 나온다.

창31:19 라반이 그의 양 털을 깎으러 갔을 때에 라헬이 그녀의 아버지 우상을 도적질하고

드라빔은 당시 사람의 형상으로 만든 것으로 가정 우상 또는 가족 우상으로 섬겼다는 것이다. 내 생각에는 아마 조상의 형상을 만들었지 않나 싶다. 문신을 성경에서는 금했는데 왜냐하면 조상의 모습을 문신으로 새겼기 때문이다. 그러므로 드라빔도 결국 조상신이 아닐까 한다.

창31:20 야곱이 시리아 사람 라반에게 비밀리하고 결코 떠나는 것을 그에게 알리지 않았더라

"아람"이라는 말이 70인 역에는 "시리아"로 되어 있다.

창31:21 그가 모든 소유물을 가지고 강을 건너 길르앗 산으로 가기 시작했더라
창31:22 삼 일 후에 야곱이 도망간 것을 시리아의 밧단아람에 있는 라반이 전해 들었더라
창31:23 그리고 그와 함께 그의 모든 형제를 동원해 칠 일 길을 뒤를 추적해 길르앗 산에서 그를 점유했더라

개정성경엔 그를 만난 것으로 되어 있지만 70인 역은 쫓아가 야곱을 점령한 것으로 나온다.

창31:24 밤에 시리아 밧닷아람 사람 라반에게 환상 가운데 하나님이 찾아오셔서 말하길 너는 너 자신을 지켜 야곱에게 나쁜 말을 하지 말라 하셨느니라
창31:25 라반이 야곱을 점유할 때 야곱은 길르앗 산에서 텐트를 이미 고정 시켰고 라반도 그의 형제와 함께 길르앗 산에 텐트를 쳤더라
창31:26 라반이 야곱에게 말하길 무엇 때문에 이렇게 했느냐 무엇 때문에 나의 것을 도난하고 비밀리에 나의 딸들을 칼로 잡은 포로 같이 끌고 갔느냐

개정성경에는 "딸들을 끌고 갔느냐" 했지만 70인 역은 "칼로 잡아 포로로 끌고 갔느냐" 묻고 있고, 또한 나의 것을 도난 했느냐 묻고 있다.

창31:27 만약 나에게 알렸더라면 너를 기쁨과 노래와 북과 수금으로 보냈을 것이거늘

개정성경의 "어찌하여 네가 나를 속이고 가만히 도망" 이 부분이 70인 역엔 나오지 않는다.

창31:28 결코 나의 딸들과 나의 아이들에게 키스하는 것 외에는 요구하는 것이 없었는데 이렇게 떠난 것은 어리석은 행동이도다.

"입 맞추다"라는 말은 70인 역에는 "키스하다"라고 되어 있고, "손자들"이라는 말은 "나의 아이"로 되어 있는데, 이는 히브리 사상에서 손자, 손녀, 할아버지, 할머니라는 말이 없기 때문이다.

창31:29 지금 너를 해할 수 있는 능력이 내 손에 있으나 너의 아버지의 하나님이 나에게 어제 말씀 하시길 너 자신을 지켜 결코 야곱에게 행악을 행하지 말라 하셨느니라
창31:30 이제 너의 아버지의 집을 향하여 떠나기를 갈망하고 동경하여 가는 것은 이해하나 무엇 때문에 나의 신을 훔쳤느냐

라반이 "나의 신"이라 하고 있는데 이 신을 70인 역은 "데우스" 즉 하나님으로 말하고 있다. 다시 말해 이방인의 신 할 때 70인 역에는 똑같이 데우스를 쓰고 있는 것이다.

창31:31 야곱이 라반에게 대답하여 말하길 내가 말하길 나로부터 외삼촌의 딸들과 나의 모든 재산을 외삼촌이 빼앗지나 않을까 하였음이니이다
창31:32 외삼촌께서 외삼촌의 신들을 뉘게서 찾든지 그는 결코 살지 못할 것이요 우리 형제들 앞에서 나와 함께 있는 것들이 외삼촌의 것으로 판별되면 외삼촌이 가지소서 하더라 이는 그의 아내 라헬이 우상을 훔친 것을 야곱이 결코 깨닫지 못했더라
창31:33 라반이 레아의 텐트에 들어가 조사했지만 결코 찾지 못하고 나와 야곱의 텐트로 들어갔고 두 여종의 텐트에 들어가 조사했지만 결코 찾아내지 못했고 나와 라헬의 텐트 안에 들어가매
창31:34 라헬이 우상을 취해 낙타 안장 아래에 그것을 끼워 넣고 그 위에 앉았더라

개정성경의 "라반이 그 장막에서 찾다가 얻지 못하매"라는 말이 70인 역에는 나오지 않는다.

창31:35 그녀의 아버지에게 말하길 내 주여 지금 생리에 중독 중이라 몸이 무거워 움직이면 안 되므로 아버지 앞에서 결코 일어날 수 없습니다 라반이 모두 조사했으나 결코 집에서 우상을 찾지 못한지라

"생리"를 70인 역은 "생리에 중독되었다"고 표현한다. 생리에 해당하는 단어가 "귀나이콘"인데 그 뜻은 "여성. 여자. 생리"로 해석이 된다. 구글 vip해석에 나옴

창31:36 야곱이 화를 내며 라반을 비난하며 야곱이 라반에게 대답하여 말하되 나의 악행이 무엇이냐 나의 죄가 무엇이기에 왜 나를 따라 수색했느냐
창31:37 외삼촌께서 내 물건들을 다 조사해 보셨으니 외삼촌의 모든 집안 물건 중에서 무엇을 찾아내셨나이까 여기 내 형제들과 외삼촌의 형제들 앞에 그것을 놓아두고 그들로 우리 둘 사이를 판단하게 하소서

"외삼촌"이라는 말이 "당신의"로 나오고 있지만 저는 그냥 개정성경 그대로 외삼촌으로 번역했다.

창31:38 내가 그곳에서 이십 년 동안 외삼촌과 함께 있을 때 외삼촌의 양이나 염소가 결코 유산하지 않았고 외삼촌의 숫양과 암양을 결코 먹지 아니하였으며
창31:39 물려 찢긴 것은 결코 외삼촌에게 가져오지 않았고 낮에 도둑질 당하고 밤에 도둑질당한 것을 내가 내 자신의 것으로 보충했으며
창31:40 내가 낮에는 뜨거운 열기와 밤에는 서리를 맞으며 수행했고 눈붙일 겨를도 없었나이다
창31:41 내가 외삼촌 집에 이십 년 동안 있을 때 외삼촌의 두 딸을 위해 십사 년 외삼촌의 양을 위해서 육 년을 노예로 섬겼는데 외삼촌은 나의 급여를 열 번이나 불합리하게 처리하셨사오니

"열 번이나"라는 말이 "10 암양"으로 되어 있고, "번역했다"는 말은 "불합리하게 했다"는 말로 되어 있다.

창31:42 만약 나의 아버지의 하나님과 아브라함의 하나님 곧 이삭이 두

려워했던 하나님이 나와 함께 하시지 않으셨으면 지금 나를 텅 빈 상태로 멀리 보냈을 것이나 나의 굴욕과 나의 손에 수고를 하나님이 보시고 어젯밤에 외삼촌을 책망하셨나이다

"공수"를 70인 역은 "텅 빈 상태"로 해석한다. "고난"을 70인 역에서는 "굴욕"으로 해석하고 있다.

창31:43 라반이 야곱에게 대답하여 말하되 그 딸은 나의 딸이요 그 자식은 나의 자식이요 그 가축은 나의 가축이요 네가 보는 많은 것들은 다 나의 것이라 내가 오늘 내 딸들에게나 그들이 낳은 자식들에게 무엇을 할 수 있겠느냐
창31:44 지금 이리로 와서 내가 너와 확실하게 계약을 입법화해서 나와 너 사이에 증거가 되게 하고 그것이 우리와 함께하지 않을지라도 하나님이 이 일에 증인이 될 것이라

"그것이 우리와 함께하지 않을지라도 하나님이 이 일에 증인이 될 것이다" 이 말은 70인 역에만 나온다.

창31:45 이에 야곱이 돌을 취해 그 널판지를 세우고

"기둥"을 70인 역에서는 "널판지"로 해석한다.

창31:46 야곱이 그 남자의 형제들에게 돌을 모으라고 말하니 그 돌을 모아 무더기를 만들자 그 무더기 위해서 먹고 마셨고 라반이 야곱에게 말하길 이 무더기가 오늘 너와 나 사이에 증인이 될 것이라 하더라

"라반이 야곱에게 말하길 이 무더기가 오늘 너와 나 사이에 증인이 될 것이라" 이 라반이 말한 부분은 개정성경에는 나오지 않는다.

창31:47 라반이 그것을 증거의 무더기라 해서 여갈사하두다라 불렀고 야곱은 그것을 증거의 무더기이라 해서 갈르엣이라 불렀더라
창31:48 라반이 야곱에게 말하길 이 무더기와 이 널판지를 보라 이것을 나와 너 사이에 세웠으니 이 무더기와 널판지가 증거가 될 것이라 그러므로 그 이름을 무더기 증인이라 해서 갈르엣이라 불렀으며

"이 널판지를 보라 이것을 나와 너 사이에 세웠으니 이 무더기와 널빤지가" 이 부분은 70인 역만 나온다.

창31:49 또 이곳을 환상이라는 뜻으로 미스바라 말하되 우리가 서로 다른 곳으로 멀리 떨어져 뿔뿔이 흩어졌다 해도 나와 너 사이에 하나님이 지켜볼 것이라 함이라

"미스바"를 70인 역에서는 "호라시스"라 해서 환상이라 불렀다

창31:50 만약 나의 딸을 비천하게 하거나 나의 딸 외에 다른 아내를 취하면 사람의 눈에 보이지 않아도 하나님은 우리와 함께할 것이니라 하였더라

50절과 51절은 70인에 보면 똑 같은 헬라어 단어를 쓰고 있으니 같은 문장의 반복이 51절이다.

창31:51 만약 나의 딸을 비천하게 하거나 나의 딸 외에 다른 아내를 취하면 사람의 눈에 보이지 않아도 하나님은 우리와 함께 할 것이니라 하였더라

51절과 50절은 70인에 보면 똑같은 헬라어 단어를 쓰고 있으니 같은 문장의 반복이 50-51절이다.

창31:52 내가 이 무더기를 건너 너에게 결코 가지 않을 것이며 너도 이 무더기와 널판지를 건너서 나에게 비행을 저지르지 말라
창31:53 아브라함의 하나님과 나홀의 하나님이 우리 사이에게서 구별하옵소서 야곱이 그 아버지 이삭이 경외하는 분에게 맹세하더라

라반이 나홀의 하나님과 아브라함이 섬긴 하나님 하고 부르고 있지만 사실 아브라함의 하나님과 나홀이 섬긴 신은 다른 신인 우상을 말한다. 라반은 나홀과 데라 등이 섬긴 신(神)과 아브라함이 섬긴 '여호와'와 구별하지 못할 정도로 이처럼 범신론적 사상에 물들어 있었던 것이다.

창31:54 그리고 야곱은 산에서 제물을 가지고 제사를 드리고 그의 형제들을 불러 먹고 마시고 산에서 잠잤더라
창31:55 라반이 아침에 일어나 그의 아들들과 딸들에게 입 맞추고 그들

에게 축복하고 라반이 그의 고향을 향하여 떠나 돌아갔더라

"그의 아들들"이라 나오는데 사실은 "손자"를 말하지만 70인 역에서는 손자를 언제나 자기의 아들의 아들 또는 아들로 표현한다.
본 절은 70인 역에서는 32장 1절로 되어 있다. 그러나 우리 성경엔 55절로 되어 있다.

I 창세기 32 장

창32:1 야곱이 길을 진행하다가 갑자기 하나님의 진영을 눈으로 보았고 그리고 하나님의 천사들이 그 남자를 만난 지라

"갑자기 하나님의 진영을 눈으로 보았고" 이 부분은 70인 역에만 나오는 부분이다.

창32:2 야곱이 그들을 보고 말하기를 이는 하나님의 진영이라 하고 그곳의 이름을 두 진영이라는 뜻으로 마하나임이라 하였더라

1) 70인 역에서는 군대로 나오지 않고 진영으로 나온다. 그런데 이런 진영이라는 뜻은 곧 군대를 의미하는 말로 군대로 해석하는 것도 타당하다. 또한 "마하나님"이란 뜻은 두 진영이라는 뜻이다. 즉 두 군대라는 뜻으로 아마 두 진영을 보았던 것 같다. 신약에서는 이 진영을 교회로 해석한다(계2-:9).
2) 마하나임-'두 진영(陣營)' 혹은 '두 군대'를 뜻하는 고유명사이다. 야곱이 그곳을 이렇게 부른 이유는 (1) 두 진영, 즉 하나님의 진영과 야곱의 진영이 서로 만난 장소였기 때문이었거나 (2) 두 군대로 형성된 많은 천사, 즉 만군(萬軍)의 천사가 야곱 일행의 전후 혹은 좌우에서 옹위했기 때문일 것이다.

창32:3 야곱이 자기보다 먼저 사자를 세일 땅 에돔 들에 있는 그의 형 에서에게 보내며
창32:4 그들에게 명령하여 말하기를 너희는 내 주인 에서에게 이와 같이 말할 것이니 당신의 종 야곱이 이와 같이 말하기를 내가 외국에서 라반과 함께 지금까지 머물렀나이다.
창32:5 나에게 소와 당나귀와 양과 남종과 여종이 있는데 나의 주인 에서에게 그들을 보내어 말하길 내 주의 면전에서 은혜받기를 원한다고 하라 하였더라.
창32:6 사자들이 야곱에게 돌아와서 말하기를 우리가 당신의 형 에서에게 갔더니 보라 그가 사백 명과 함께 당신을 만나기 위하여 오더이다 하니
창32:7 야곱이 몹시 경악을 금치 못하고 불안해하여 자기와 함께한 무리와 양 떼들과 소 떼들을 두 진영으로 분리하고
창32:8 야곱이 말하기를 만일 에서가 와서 한쪽 진영을 베어 넘어뜨리면

두 번째 진영은 구원을 받게 되리라 하더라

70인 역에서는 "치면"을 "베어 넘어뜨리면"으로 되어 있고, "피하다"라는 말이 "구원하다"라는 말로 되어 있다.

창32:9 야곱이 말하기를 내 아버지 아브라함의 하나님 내 아버지 이삭의 하나님이여 주께서 내게 말씀하시기를 네 고향 네 친족에게로 돌아가라 내가 너에게 좋은 일을 행하리라 하셨나이다.

70인 역은 "조부"가 아닌 "아버지"로 되어 있고, "은혜"가 아닌 "좋은 일을 행한다"라고 되어 있다.

창32:10 주께서 저에게 충분하게 모든 혜택과 모든 진리를 베푸셔서 주님은 소년과 같이 어리석은 저에게 은혜를 베푸셨나이다 내가 내 지팡이만 가지고 이 요단 강을 건넜으나 지금은 두 진영이 되었나이다

"은총"으로 되어 있는데 70인 역은 "수혜자 즉 혜택"으로 되어 있고, "베푸신"은 "넉넉한, 충분한"으로 되어 있다.
야곱이 자신을 소년으로 기도하는데 이렇게 기도한 이유는 자신의 간교했던 행적에 비해 너무나 크신 하나님의 긍휼을 생각하며 감격에 찬 심정으로 현재의 곤고함에서도 자신을 넉넉히 구원하실 것을 믿는 감사와 확신에 찬 기도이다.

창32:11 나의 형 에서의 손에서 나를 피하게 하소서 내가 그에게 경악을 금치 못하는 것은 혹 그가 와서 나와 자식들의 어머니들을 칠까 함이니이다

"건져 달라"는 말을 70인 역은 "피하게 해달라"고 되어 있고, 여기서 "자식들의 어머니들"을 "처자"라 해석하는 것은 히브리적 관용어로 자식이 죽을 때 어머니가 자식을 감싸 안아 어머니도 같이 죽기에 이렇게 처자로 표현하는 것이다.

창32:12 주께서 말씀하시기를 내가 너를 잘되고 잘되게 만들어 네 씨가 바다의 모래 같이 많아 그 무리를 결코 계산하지 못하게 하리라 하셨나이다

"주께서 말씀하셨다"는 말은 "내가 너에게 말한다"라고 되어 있고 또한 "정녕"이라는 말은 강조 용법으로 '잘되고 잘 되고'로 반복해서 말하고 있다.

창32:13 야곱이 그곳에서 밤에 잠을 자고 그 형 에서에게 보내서 감동할 만한 선물을 택하니

야곱이 에서에게 보낼 선물을 70인에서는 감동할 만한 선물을 보냈다고 되어 있다.

창32:14 암염소 이백이요 숫염소가 이십이요 암양이 이백이요 숫양이 이십이요
창32:15 젖 먹이는 낙타와 새끼 삼십 마리와 암소가 사십 마리요 황소가 열 마리며 암당나귀가 이십 마리며 그 새끼 열 마리더라
창32:16 그것들을 떼로 나누어서 그의 종들의 손에다 맡기고 그 종들에게 말하기를 나보다 앞서 건너서 양 떼와 양 떼 사이에 간격을 두라 하고
창32:17 맨 먼저 보낸 자에게 명하여 말하기를 네가 나의 형 에서를 만나 그가 너에게 물어 말하길 너는 누구이며 어디로 가느냐 너의 앞에 있는 이것들은 누구 것이냐 하거든
창32:18 대답하길 당신의 종 야곱의 선물로 나의 주인 에서에게 보내는 것입니다 보소서 야곱도 우리 뒤에 있나이다 하라 하고
창32:19 먼저와 둘째와 셋째와 그리고 모든 양 떼를 몰고 앞장서 가는 자들의 뒤 따라가는 자들에게 명령하여 말하되 너희가 에서를 보거든 이같이 그에게 말할 것이니라

70인에서는 먼저 둘째 셋째 그리고 마지막 양 떼를 몰고 가는 무리가 있다고 말한다.

창32:20 또 너희는 더 말하리니 보소서 당신의 종 야곱이 우리 뒤에 오고 있나이다 하라 하니 이는 그가 말하기를 내가 내 앞에 보낸 선물로 형의 얼굴이 양호하면 그 후에 내가 그의 얼굴을 보면 아마도 그가 나의 얼굴을 받아 주리라 함이라

"감정을 푼 후"가 아닌 "양호해 지면"으로 되어 있고, "나를 받는다"고 되어 있지만 70인 역은 "얼굴"로 되어 있다.

창32:21 그리고 그 선물은 그의 얼굴보다 앞서 갔고 그는 진영 안에서

그 밤에 잦더라
창32:22 그가 그 밤에 일어나서 그의 두 아내와 두 여종과 아들을 데리고 얍복 나루를 건넜는데
창32:23 그가 그들을 데리고 와서 시내를 건너보내고 그의 전 재산도 건너보냈더라

얍복강은 물줄기가 세다고 한다. 그런데 말이 강이지 시내로 지금 나오고 있다.

창32:24 야곱이 홀로 뒤에 남았는데 야곱과 함께 사람이 아침까지 싸움을 하다가

70인 역은 씨름이 아닌 싸움을 했다고 나온다. 어떤 사람이 아닌 70인 역은 사람으로 나온다. 이 사람이 누구냐 할 때 여호와의 사자라 하는데 이는 저의 책 "삼위일체와 예수"라는 책을 참고하십시오.

창32:25 그 사람이 야곱을 이기지 못할 것을 보고는 야곱의 허벅지 넓은 부분을 터치하니 야곱의 허벅지 넓은 부분이 그와 싸울 때에 떨어졌더라

환도 뼈를 허벅지 넓은 부분으로 되어 있고, "치다"라는 말은 "터치"로 되어 있고, "위골" 된 것은 "떨어졌다"라고 말하고 있다.

창32:26 그 사람이 말하기를 아침이니 나를 보내어 올라가게 하라 하니 야곱이 말하기를 당신이 나를 축복하지 아니하면 결코 당신을 보내지 않겠나이다 하니

"간다"고 되어 있지만 70인 역은 "올라간다"라는 말로 되어 있다.

창32:27 그 사람이 야곱에게 말하기를 네 이름이 무엇이냐 그가 말하기를 야곱이니이다
창32:28 그 사람이 그에게 말하기를 너의 이름을 더이상 야곱이라 부리지 않을 것이다 이스라엘이라 불리리라 이는 네가 하나님과 강력한 사람과 함께해서 제압했기 때문이라

70인에게 이스라엘이라는 이름은 하나님을 제압한 이름이고, 강력한 사람들을 제압한 이름이라는 뜻이 있다.

창32:29 야곱이 그에게 간청하여 말하길 당신의 이름을 나에게 알려 주소서 하니 그가 말하기를 무엇 때문에 나의 이름을 그렇게 간청하느냐 하며 거기에서 야곱을 축복하더라

1) "청하다"라는 말을 70인 역은 "간절히 기도하는 마음으로 청했다" 라 되어 있다.
2) 이름을 고하소서-히브리인들이 생각하던 이름의 중요성(28절)에 비추어 볼 때 이 제의는 존재와 신분과 성품을 동시에 요구하는 복합적 요청이다.

창32:30 그러므로 야곱이 그곳의 이름을 하나님의 얼굴이라 해서 브니엘이라 하였으니 이는 내가 하나님의 얼굴을 보았지만 내 생명이 구원을 받았다 함이더라

브니엘이란 70인 역에서 하나님의 얼굴 또는 형상이라는 뜻을 가지고 있다.

창32:31 그가 하나님의 얼굴인 브니엘을 지날 때에 해가 그 남자 위에 솟아올랐고 그는 그의 넓적다리를 절뚝거렸더라
창32:32 그러므로 이스라엘 자손들이 오늘까지도 허벅지 넓적한 부분에 붙어 있는 신경은 결코 먹지 아니하였으니 이는 야곱의 허벅지 넓적한 부분을 쳤으므로 신경이 떨어졌기 때문이라

1) "힘줄"이 70인 역에는 "신경"으로 되어 있다.
2) 먹지 아니하더라(로요켈루)-지금도 히브리인들은 피처럼(창9:4) 환도뼈의 큰 힘줄도 얍복 강가에서 하나님과의 접촉을 통하여 거룩히 바쳐진 것으로 믿기 때문에 먹지 않고 있다. 물론 이것은 성경이 금하는 바가 아니나 히브리인 인들은 탈무드 등에 이 같은 규례를 두어 엄격히 지키고 있다.

ㅣ창세기 33 장

창33:1 야곱이 눈을 들어 보았더니 보라 에서가 사백 명을 거느리고 오는지라 야곱이 자식들을 나누어 레아와 라헬과 두 여종에게 맡기며
창33:2 두 여종과 그녀의 자식들을 맨 앞에 두고 레아와 그녀의 자식들은 그 뒤에 그리고 라헬과 요셉을 맨 뒤에 두고
창33:3 그는 그들 앞서 나아가 땅에 일곱 번 절을 하면서 그의 형에게 가까이 접근 하니라

1) 70인 역에는 그냥 접근한 것이 아니라 일곱 번 절을 하면서 에서에게 접근했다.
2) 몸을 일곱 번 땅에 굽히며 -얼굴이 땅에 닿을 만큼 몸을 숙여 경의를 표하는 인사를 한곳에 머물러 서서 한 것이 아니라 차츰 가까이 가면서 계속 하였음을 가리킨다. 즉 이것은 고대에 왕이나 점령자들에게 갖추던 예의로 먼발치에서 일곱 번 절하는 사이에 가까이 나아가던 방식이다. 그러나 야곱은 위선이나 비굴한 마음에서가 아니라 진심으로 지난날의 잘못을 뉘우치며 화해를 간구하는 뜻으로 성심성의를 다하였을 것이다.

창33:4 에서가 달려와서 그를 만나 껴안고 그의 목을 끌어안고 입 맞추고 둘 다 흐느껴 큰 소리로 울부짖었더라
창33:5 에서가 눈을 들어 여인들과 아이들을 보고 말하길 너와 함께한 이들이 누구냐 그가 말하기를 하나님께서 형님의 종을 긍휼히 여기 주신 자식들이니 이다

"은혜로"라는 말이 70인 역에는 "긍휼"로 되어 있다.

창33:6 그때에 여종들이 그들의 자식들과 함께 가까이 와서 절하더라
창33:7 그리고 레아와 그녀의 자식들이 가까이 와서 절하고 그 이후에 라헬과 요셉도 가까이 와서 절하더라
창33:8 에서가 말하기를 내가 만난 이 모든 진영은 무엇이냐 그가 말하기를 내 주여 이것들은 내 주의 면전에서 호의를 얻고자 함이니이다

헬라어에서는 "퀴리오스"는 예수님이나 하나님만 가리키는 것이 아니라 상전이나 왕을 지칭할때도 흔히 쓰이는 단어이다. 그러므로 본 절에 나와 있는 "퀴리오스"는 에서를 지칭하는 말이다.

창33:9 에서가 말하기를 동생아 그것은 나에게도 많이 있으니 네 소유는 네가 가지라
창33:10 야곱이 말하기를 아닙니다 내가 형님 면전에서 호의를 얻었사오니 내 손에서 선물을 받으소서 형님이 저를 기쁘게 맞이해 주시니 형님 얼굴을 뵙는 것이 마치 제가 눈에 보이는 하나님의 얼굴을 뵙는 것 같음이니이다

"하나님의 얼굴을 본 것 같사오며"라는 말이 70인에서는 눈에 보이는 하나님의 얼굴로 표현하고 있다. 이 말은 형의 얼굴에 나타난 따뜻하고 친절한 우애 속에서 야곱은 하나님이 베푸신 은혜의 빛을 보았다는 말이다.

창33:11 하나님께서 나를 긍휼히 여기시고 모든 것으로 축복하셨기 때문에 이것을 형님에게 드리오니 받으소서 하고 그에게 폭력을 행사하는 것 같이 강하게 권하니 그가 받으니라

"은혜를 베푼 것"을 70인에서는 "긍휼히 여김으로 나오"고, "강권하다"라는 말을 70인에서는 "폭력을 행사하다"라고 되어있다.

창33:12 에서가 말하길 즉시 증발하듯이 행진하자

"떠나자"라는 말이 70인 역에서는 "증발"로 되어 있고, "앞잡이"라는 말은 "행진"으로 되어 있다. 그런데 증발하듯이 가자는 말은 서둘러 빨리 가자는 뜻으로 13절에 보면 에서가 증발하듯이 빨리 가자하니 야곱의 대답이 나온다. 그러므로 70인 역 해석이 맞는 것이다.

창33:13 야곱이 에서에게 말하기를 내 주여 아시다시피 내 자식들은 허약하고 양 떼와 소 떼가 새끼를 낳은지 얼마되지 않아 만일 그들을 하루만 사냥하듯이 몰면 모든 짐승이 죽으리라

"새끼를 데려왔다"는 말이 70인에서는 "양 떼와 소떼가 산후 얼마 되지 않은" 것으로 나온다. "과히 몰면"이라는 말이 70인 역에서는 "사냥하듯이 몰면"으로 되어 있다. 당시 장남 르우벤은 13세 정도였고(창29:20,21; 31:38) 막내아들 요셉은 6세 정도에 불과했다.

창33:14 나의 주여 종이 보는 앞에서 가소서 나는 내 앞에 있는 자식들의 발에 맞추어 천천히 걷는 대로 그 길을 인도하여 세일로 가서 내 주

께 가리이다
창33:15 에서가 말하기를 내게 딸린 사람 중 몇 명을 네게 딸려 군사가 되어 너를 호위하게 남겨 두리라 야곱이 말하기를 무엇 때문에 그렇게 하시려 합니까 지금도 넉넉하오니 그럴 필요가 없습니다 내 주여 주의 면전에서 지금까지 호의를 얻은 것만으로도 충분하나이다 하매

"종자"라 되어 있지만 70인 역에서는 "군사"로 되어 있다. 즉 에서는 자기의 종이며 군사인 자들을 야곱에게 붙여 감시하며 인도하려 하자 야곱이 지금 그것을 거절하고 있다.

창33:16 그날 에서는 세일을 향하여 그 길로 돌아갔고
창33:17 그리고 야곱은 천막이라는 뜻을 가진 숙곳에 이르러 거기에 집을 짓고 가축을 위하여도 집을 지었다 그래서 후에 그곳 이름을 숙곳이라 부르더라
창33:18 야곱이 메소포타미아에 속해 있는 지금은 시리아라 불리는 밧단아람으로 부터 와서 가나안 땅에 있는 세겜 성읍의 평화라는 뜻을 가진 현재는 예루살렘이라 부르는 살렘에 이르러 그 성읍 앞에다 장막을 쳤더라

"살렘"은 지금의 "예루살렘"을 말하고, "밧단아람"은 지금의 "시리아"를 말한다.

창33:19 그가 자기가 집을 친 들의 땅을 세겜의 아버지 하몰에게 어린양 일백마리를 주고 소유했으니

70인 역에는 "은"이 아닌 "어린양 100마리를 주고 산 것"으로 나온다.

창33:20 그곳에 번제단을 세우고 이스라엘의 하나님이라는 뜻으로 엘엘로헤 이스라엘이라 불렀더라

| 창세기 34 장

창34:1 레아가 야곱에게 낳은 딸 디나가 그 원주민의 딸들이 점치는 것을 보러 나갔는데

그 땅 여자들을 보러 나갔더니 라고 되어 있지만 70인 역에서는 디나가 점치는 것을 보러 나갔다고 되어 있다. 요세푸스는 축제를 보러 갔다고 되어 있지만 구글 번역기에서는 원주민들의 딸들이 점치는 것을 보러 갔다고 나온다. 그런데 구글 번역기처럼 점쟁이가 맞을 것 같다. 당시 믿지 않는 자들의 축제라는 것은 우리나라 식으로 하면 무당 굿하는 것이 축제이기에 이방인들의 축제라는 것도 역시 한마디로 굿과 같은 것이었을 것이다. 요세푸스는 디나가 축제에 참석했다고 하기 때문이다.

창34:2 히위 족속 하몰의 아들인 그 지방의 통치자 세겜이 그녀를 보고 그녀를 데리고 들어가 그녀에게 굴욕을 주며 동침하였고

70인 역에서는 강간을 굴욕을 준 것으로 말하고 있다. 70인 역에서는 "그녀에게 끌려"라는 말이 없고 그냥 그녀와 잠자리를 같이 했다고 나온다.

창34:3 야곱의 딸 디나를 마음속 깊은 곳인 영혼에 두고 그 처녀를 감정으로 사랑해 그 처녀의 마음에 다정하게 말하더라

70인으로 보면 영혼 깊이 디나를 사랑했다고 나온다. 또한 "아가파오"인 "감정을 가지고 사랑했다"고 나온다.

창34:4 세겜이 그의 아버지 하몰에게 말하여 이르되 이 소녀를 나의 아내로 얻어 주소서 하더라
창34:5 야곱이 자기 딸 디나를 하몰의 아들이 오염시켰다 함을 들었으나 자기 아들들이 들에서 그의 가축들과 함께 있으므로 야곱은 그들이 돌아올 때까지 침묵하고 있더라
창34:6 세겜의 아버지 하몰이 말하기 위하여 야곱 앞으로 나갔더라
창34:7 야곱의 아들들이 들어서 돌아온 후 그 소식을 듣고 그들이 몹시 슬퍼하고 분노하였는데 이는 그가 야곱의 딸과 동침함으로 이스라엘에 더럽게 행했기 때문이라 결코 이 같은 일은 행해서는 안 되었던 것이라
창34:8 하몰은 야곱과 아들들에게 말하여 이르되 나의 아들 세겜이 당

신의 딸을 영혼으로 연모하고 있으니 그러므로 그녀를 그의 아내가 되도록 주라

"마음으로 연련하다" 할 때 마음을 70인 역은 "영혼으로 연모"하고 라고 되어 있다.

창34:9 너희가 우리와 결혼하여 너희 딸들을 우리에게 주며 우리의 딸들을 너희의 아들이 취하라
창34:10 너희가 우리와 함께 거하되 넓은 땅도 너희 앞에 있으니 여기서 무역하며 거주하여 여기서 너희 소유를 얻으라

"매매"라는 말이 "무역"으로 되어 있다.

창34:11 세겜도 그녀의 아버지와 오라비들에게 말하기를 나로 당신들 눈앞에서 은혜를 얻게 하라 당신들이 내게 무엇이든지 말로 선택하면 내가 주리라

"청구하라"는 말이 70인 역에서는 말로 "선택하기만 하면 다 준다"는 말로 되어있다.

창34:12 매우 많은 지참금을 요구한다고 해도 이 소녀를 아내로 맞이하게 해 주시기만 한다면 무엇이든지 말로 선택한 것만큼 드리도록 하리니
창34:13 야곱의 아들들이 세겜과 그의 아버지 하몰을 기만하여 대답하여 말하길 이는 그가 그들의 누이 디나를 오염시켰음이라
창34:14 그들에게 레아의 자식들이며 디나의 오라버니들인 레위와 시모온이 말하길 우리가 할례받지 않은 사람에게 우리 누이를 주는 일은 결코 없으리니 이는 그것이 우리에게 치욕이 됨이라

야곱의 아들들이 아닌 레아의 아들들로 되어있다.

창34:15 너희 중 모든 남자가 할례를 행하여 너희가 우리 같이 된다면 당신들이 거주하는 곳에 우리도 거주할 것이라
창34:16 그때에는 우리의 딸들을 너희에게 주고 너희 딸들을 우리가 아내로 취해서 우리가 너희 곁에 거할 것이며 우리가 한 민족이 될 것이라
창34:17 너희가 만일 우리말을 듣지 아니하고 할례를 행하지 아니하면 그때에는 우리가 우리의 딸을 데리고 떠나리라

창34:18 그들의 말이 하몰의 면전과 하몰의 아들 세겜의 면전을 기쁘게 하더라
창34:19 그 청년이 결코 시간을 지체하지 않고 그 말대로 행했으니 이는 그가 야곱의 딸을 심히 사랑함이며 또 그가 자기 아버지의 집에서 통치자였기에 모든 영광스러운 존재였음이더라

"존귀"를 70인 역에서는 "영광스러운 존재"라고 하고 있는데 이는 그가 세겜 족속의 추장인 통치자였기 때문이다.

창34:20 하몰과 그의 아들 세겜이 그들의 성읍 문에 와서 그들의 성읍 남자들을 향하여 말하여 이르되

"사람"이라 해석해도 되지만 할례와 관계되었기에 남자들로 해석하는 것이 더 정확할 것이다.

창34:21 이 사람들이 화평하기에 우리와 함께하는 것을 동의하여 그들로 그 땅에 거주하게 하고 거기서 무역하게 하자 보라 우리 앞에 있는 땅이 충분히 넓도다 그들의 딸들을 우리가 아내로 취하고 그들에게 우리의 딸들을 주자

"용납하자"가 70인 역엔 동의하다로 되어 있다. 매매가 70인 역엔 무역으로 되어 있다.

창34:22 이 사람들과 유일하게 우리가 같아지고 우리와 함께 거주하기 위해서는 한민족으로 존재해야 하는데 그것은 그들이 할례를 받은 것처럼 우리 모든 남자도 할례를 받아야 한다는 것이라
창34:23 그리하면 결국 가축과 재산과 그들의 모든 짐승이 우리 것이 되지 않겠느냐 우리가 그들과 이것으로 유일하게 같아지면 그들이 우리와 함께 거하리라
창34:24 하몰과 그의 아들 세겜의 말을 듣고 성읍 문에 나갔던 모든 남자가 표피의 살에 할례를 받았더라

70인 역에는 그냥 할례를 받은 것이 아니라 표피의 육체에 할례를 받았다고 나온다. 여기서 육체라는 말을 살로도 해석한다.

창34:25 삼 일째 되던 날 그들이 통증으로 고통하고 있을 때 야곱의 두

아들 디나의 오빠 시므온과 레위가 각자 자기 칼을 가지고 안전하게 성읍에 들어가 모든 남자를 살해하고

"고통할 때"라는 말이 70인 역은 "통증 안에 있을 때"라 말하고 있고, 또한 "엄습했다"라는 말을 70인 역에서는 "안전하게 성읍으로 들어갔다"고 말한다.

창34:26 칼로 하몰과 그의 아들 세겜의 입을 찔러 살해하고 세겜의 집에서 디나를 데리고 나왔더라

70인 역에는 그냥 살해한 것이 아니라 입을 찔러 살해한 것으로 나온다. 그리고 세겜의 집에서 디나를 데리고 왔다고 함으로 디나는 강간당한 후 줄곧 세겜의 집에 있었다.

창34:27 야곱의 아들들이 부상당한 자들에게(할례받은 자들) 들어가 그 성읍을 약탈했으니 이는 그들이 자기들의 여동생을 더럽혔음이라

"시체가" 아닌 70인 역에서는 "부상당한 자들"이라 나온다. 아마 할례받은 것을 부상당한 것으로 말하는 것 같다.

창34:28 야곱의 아들들이 양과 소와 당나귀와 그 성읍 안에 있는 것과 들에 있는 것을 취했고
창34:29 그들의 모든 몸에 있는 것과 짐을 빼앗으며 그들의 아내들은 사로잡고 성읍 안에 있는 것과 집 안에 있는 모든 것까지도 약탈하였더라
창34:30 야곱이 시므온과 레위에게 말하기를 너희가 그 땅에 거주하는 모든 족속이 나를 해로운 자로 여기고 가나안족속과 브리스족속인 두 족속이 나를 몹시 혐오하게 만들었도다 나는 수적으로 부족하니 그들이 합세하여 나를 대적하면 나의 집안과 내가 망하리라
창34:31 그들이 말하기를 다른 한편으로 우리 누이를 마치 돈 버는 창녀처럼 대우함이 가하니이까

70인 역에서는 그냥 창녀가 아닌 "돈 버는"이란 말이 들어가 있다.

| 창세기 35 장

창35:1 하나님께서 야곱에게 말씀하시기를 벧엘로 올라가서 거기에 집을 짓고 살으라 네가 네 형 에서의 얼굴을 피하여 떠났을 때 그곳에 너에게 나타났던 곳에 하나님께 제단을 쌓으라 하신지라
창35:2 야곱이 자기 가족과 자기와 함께한 모든 자에게 말하기를 너희 가운데 있는 이방 신들을 제거하고 정결케 하며 너희 옷들을 갈아입으라

70인 역에서는 이방 신도 "데오스" 하나님이란 단어를 쓰지만 반드시 수식어가 붙어 우리가 믿는 하나님과 다름을 구별한다.

창35:3 그리고 일어나서 벧엘로 올라가자 나의 환난 날에 내게 응답하시고 내가 걷던 그 길에서 나를 보살피시고 나와 함께 하셨던 하나님께 제단을 쌓으리라 하니
창35:4 그들이 자기들의 손에 있는 모든 이방 신들과 그들의 귀에 있는 모든 귀고리를 야곱에게 주었고 야곱은 그것들을 세겜 근처에 있는 참나뭇과에 속한 오크나무 아래에 숨겨 그것들을 그날 완전히 파괴했더라

"묻고"를 70인 역은 "숨겼다"고 나온다. 70인 역에는 그날 파괴한 것이 나온다.

창35:5 그리고 이스라엘이 세겜 밖으로 날아가듯이 가벼운 발걸음으로 떠날 때 하나님이 그들 주위 성읍들을 두려워하게 하므로 그들이 결코 이스라엘의 아들들을 뒤쫓아 사냥하지 못하더라

"발행했다"는 말을 70인 역은 그냥 출발한 것이 아니라 가벼운 발걸음으로 날아 가듯이 출발했다고 나오고, "야곱"이 아닌 "이스라엘"로 나오고, 그들이 "추격하지 못했다"라는 말이 "뒤 쫓아 사냥하지 못했다"라고 나온다.

창35:6 야곱이 자기와 동행했던 모든 사람과 가나안 땅에 있는 벧엘의 옛 이름인 루스 곧 벧엘에 이르러
창35:7 그리고 거기서 제단을 쌓고 그곳 이름을 벧엘이라 불렀으니 그가 그의 형 에서의 얼굴을 피하여 떠나는 중에 그곳에서 하나님께서 그에게 나타나셨음이라

창35:8 리브가의 유모 드보라가 죽으니 그녀를 벧엘 아래 도토리나무 밑에 장사하고 그 나무의 이름을 슬픔의 도토리나무라 하여 알론바쿳이라 하였더라

"상수리나무"가 아닌 70인 역에는 "도토리나무"라 나온다. 리브가의 이모 드보라가 얼마나 야곱에게 잘했는지 유모의 죽음을 성경에 기록할 정도로 나온다. 아마 이 유모는 야곱의 상담자였을 것이다. 우리도 이런 유모가 되어야 한다.

창35:9 야곱이 메소포타미아의 지금의 시리아인 밧단아람에서 돌아와 벧엘이라는 루스에 도착 했을 때 하나님께서 야곱에게 다시 나타나시어 그에게 축복을 주시더라

이곳에 30년 전에 하나님이 나타나셨던 곳으로 원래 명칭은 루스였는데 야곱에 벧엘로 명칭을 바꾸었는데 70인 역에는 벧엘인 루스에 도착했다고 나온다.

창35:10 하나님이 그에게 말씀하시기를 네 이름이 야곱이나 네 이름을 결코 야곱이라 부르지 않고 네 이름이 이스라엘이 될 것이라 하시고 그의 이름을 이스라엘이라 부르시며
창35:11 하나님께서 그에게 말씀하시기를 나는 너의 하나님이라 다산하여 번성하라 백성과 많은 백성이 네게서 나올 것이며 왕들이 너의 허리에서 나오리라

"전능한 하나님"이라는 말은 "나는 너의 하나님의"란 뜻이고, "생육하고 번성하라"는 말은 "다산하여 번성"하라는 뜻이다. 그 옛날엔 다산이 가장 큰 복중에 하나였다.

창35:12 내가 아브라함과 이삭에게 준 땅을 너에게 줄 것이며 너의 후에 올 너의 씨에게 그 땅을 주리라 하시고

70인 역에는 후손이 씨로 되어 있다.

창35:13 하나님이 그와 함께 말씀하시던 그곳에서 그를 떠나 올라가시더라

이렇게 하나님이 올라가셨다고 함으로 구약의 여호와는 천사와 같은 존재였다. 하나님은 보좌에 계시고 영이시기에 볼 수 없는 분이시고, 예수는 이때 아버지의 품속에 있었기 때문이다. 그러므로 이 하나님은 여호와의 사자인 천사이다.

창35:14 야곱이 하나님께서 자기와 말씀하셨던 그곳에 널판지 즉 돌 널판지를 세우고 그 위에 술을 붓고 또 그 위에 기름을 붓고서

70인 역에서는 기둥을 널판지로 해석하고 있고, 또한 술 즉 포도주로 드리는 제사를 전제라 하는데 70인 역은 "전제"라 하지 않고 "술을 붓고"로 되어 있다.

창35:15 하나님이 그와 함께 말씀하신 그곳의 이름을 벧엘이라 불렀더라

벧엘에 하나님은 이처럼 두 번 야곱에게 나타나셨다.

창35:16 그들이 벧엘에서 가벼운 발걸음으로 이동하여 길을 떠나 헤브론 산지의 예둘이라 하는 가델성 근처에 도달해 천막을 쳤는데 그곳은 지금의 베들레헴이라는 에브랏에 조금 떨어진 땅인데 라헬이 해산하는데 산통으로 인해 심히 고통스러워 하였으니

"카브라다 에이스 겐"은 숙어로 "약간의 거리가 있는"이라는 뜻으로 해석되고, 개정성경은 길을 격한 곳으로 해석하지만 70인 역은 "약간의 거리가 떨어진 땅에" 라는 해석한다.

창35:17 그녀가 매우 혹독하게 산고를 겪고 있을 때 산파가 그녀에게 격려하여 말하기를 이 아이는 아들이라 하더라
창35:18 그녀의 혼이 떠나려 할 때 (이는 그녀가 죽었기 때문이라) 그녀가 그 아들의 이름을 슬픔과 고통이라 해서 베노니라 불렀으나 그의 아버지가 그를 총애와 탁월함이라는 뜻하는 베냐민이라 불렀더라

1) 70인 역에서는-이는 그녀가 죽었기 때문이라-해서 나오는데 이는 그녀가 죽으면서 말한 것으로 나온다.
2) 그 혼이 떠나려 할 때 -'혼'에 해당하는 '네페쉬'는 '영혼' 또는 '생명'을 의미하므로(창2:7), '그녀의 영혼(생명)이 떠나려 할 때'란 뜻이다. 이는 죽을 때 영혼이 완전히 사라지거나 멸절되는 것이 아니라 다른 장소로

들어가는 상태임을 암시해 준다(창25:7-10; 전12:7).

창35:19 라헬이 죽으니 에브랏 길에 장사 지냈으니 곧 그곳은 베들레헴이라
창35:20 야곱이 그녀의 무덤 위에 널판지를 세웠으니 그 라헬의 무덤 널판지가 오늘까지도 있더라

20-21절은 70인 역에는 같은 내용으로 나온다.

창35:21 야곱이 그녀의 무덤 위에 널판지를 세웠으니 그 라헬의 무덤 널판지가 오늘 까지도 있더라.

20-21절은 70인 역에는 같은 내용으로 나온다.

창35:22 이스라엘이 그 땅에 거할 때에 르우벤이 자기 아버지의 첩 빌하에게 들어가 자니 이스라엘이 그것을 듣고 가증하게 여겼더라 그때 야곱의 아들은 열둘이라

1) 이 소식을 듣고 야곱은 가증하게 생각했다고 70인 역에만 나온다.
2) 르우벤은 이 범죄로 인해 (1) 장자권을 박탈당하였을 뿐만 아니라(대상5:1) (2) 그 후손이 탁월치 못하여 르우벤 지파에서는 위대한 사사나 예언자. 왕이 전혀 배출되지 않는 징계를 당하였다. 야곱은 이 소식을 듣고도 죽을 때까지 침묵으로 일관하다 죽을 때 이 일을 이야기한다. 르우벤의 패륜적 범죄이다.

창35:23 레아의 아들은 야곱의 장자인 르우벤과 시몬과 레위와 유다와 잇사갈과 스불론이요
창35:24 라헬의 아들은 요셉과 베냐민이요
창35:25 라헬의 여종 빌하의 아들은 단과 납달리요
창35:26 레아의 여종 실바가 낳은 아들은 갓과 아셀이라 이들은 모두 메소포타미아 지금의 시리아인 밧단아람에서 태어난 야곱의 아들들이라
창35:27 야곱이 그 아버지 이삭이 사는 가나안땅인 헤브론이라 하는 기럇아르바 성읍 마므레로 갔는데 그곳은 아브라함과 이삭이 이방인으로 거주했던 곳이라
창35:28 이삭의 날들이 일백 팔십 년이더라
창35:29 이삭이 늙고 연수가 차서 기력이 쇠하여 죽어 그의 혈족 옆자리에 놓이니 그의 아들들인 에서와 야곱이 그를 장사하였더라

| 창세기 36 장

창36:1 이것은 에서 곧 에돔의 후손이라
창36:2 에서는 가나안의 딸 중에서 그의 아내들을 취하였으니 헷족속의 엘론의 딸 아다와 히위 족속의 시브온의 아들 아나의 딸 아홀리바마며

개정성경에는 "아나"가 시브온의 딸로 나오지만 70인 역에서는 "시브온의 아들 아나"로 딸이 아닌 아들로 나온다.

창36:3 그리고 느바욧의 누이동생이며 이스마엘의 딸 바스맛을 얻었더니
창36:4 아다는 에서에게 엘리바스를 낳았고 바스맛은 르우엘을 낳았으며
창36:5 아홀리바마는 여우스와 얄람과 고라를 낳았으니 이들은 에서의 아들들이요 가나안 땅에서 그에게 태어났더라
창36:6 에서는 그의 아내들과 그의 아들들과 딸들과 그의 집의 모든 육체(사람)들과 그의 가축과 그의 모든 짐승과 가나안 땅에서 얻은 그의 모든 재산을 이끌고 그의 동생 야곱의 얼굴을 떠나 가나안땅을 떠났으니

"사람"을 70인 역은 소마 즉 "육체"로 말하고 있다. 즉 종들은 사람으로 말하지 않고 사람의 육체로 표현 하고 있다.

70인 역을 보면 동생의 얼굴로부터 떠났다고 되어 있다.

창36:7 함께 거주하기에는 그들의 재산이 너무 많았고 그들이 이국인으로 있던 땅이 그들의 많은 무리를 감당할 수 없음으로 그들이 함께 살 수가 없었더라
창36:8 에서가 세일 산에 거주하니 에서는 에돔이라
창36:9 이것이 세일 산에 있는 에돔인의 조상인 에서의 후손이라

70인 역에는 후손을 씨로 말하는데, 본 절에서는 "후손. 후예"로 말하고 아들들로 말한다.

창36:10 그 이후 에서의 아들들의 이름은 이러하니라 에서의 아내 아다의 아들은 엘리바스요 에서의 아내 바스맛의 아들은 르우엘이며
창36:11 엘리바스의 아들은 데만과 오말과 스보와 가담과 그나스요

창36:12 에서의 아들 엘리바스의 첩 딤나는 엘리바스에게 아말렉을 낳았으니 이들은 에서의 아내 아다의 아들들이며
창36:13 이것은 르우엘의 아들들이니 나핫과 세라와 삼마와 미사라 이들은 에서의 아내 바스맛의 아들들이라
창36:14 이것은 시브온의 아들 아나의 딸 에서의 아내 아홀리바마의 아들들이니 그녀가 에서에게 여우스와 얄람과 고라를 낳았더라

"아나"가 개정성경에는 시브온의 딸로 나오지만 70인 역은 아들로 나오는데 아들이 맞다(2절 참고)

창36:15 이것은 에서의 아들 중에서 통치자(족장)들이니 에서의 장자 엘리파스의 후손에는 테만 족장, 오말 족장, 스보 족장, 크나스 족장

"족장"이라는 말이 70인 역에는선 "지배자. 통치자. 리더"로 되어 있다.

창36:16 고라 족장, 가담 족장, 아말렉 족장이니 이들은 에서의 아내 아다의 아들 에돔 땅에 있는 엘리바스에게서 나온 족장들이라
창36:17 이들은 에서의 아들 르우엘의 아들이면서 통치자(족장)로 나핫 족장, 세라 족장, 삼마 족장, 미사 족장이요 이들은 에서의 아내 바스맛의 아들 에돔땅에 있는 르우엘 나온 족장들이라
창36:18 이들은 에서의 아내 아홀리바마의 아들이면서 통치자(족장)로 여우스 족장, 얄람 족장, 고라 족장이요 이들은 에서의 아내인 아홀리바마에게서 나온 족장들이라
창36:19 이들은 에서 곧 에돔의 아들들이며 또한 그들의 통치자(족장)들이었더라
창36:20 그 땅에 거주하던 원주민 호리 족속 세일의 아들들은 이러하니 로단과 소발과 시브온과 아나와
창36:21 디손과 에셀과 디산이라 이들은 에돔 땅 안에 있는 세일의 아들로서 호리 족속들의 통치자(족장)들이라
창36:22 로단이 낳은 자녀들은 호리와 헤맘과 로단의 누이 팀나요
창36:23 소발의 아들들은 알완과 마나핫과 에발과 스보와 오남이요
창36:24 시브온의 자손들은 아야와 아나인데 이 아나는 그가 그의 아버지 시브온의 나귀들에게 꼴을 먹이다가 광야에서 온천을 발견했더라
창36:25 이들은 아나의 자녀인데 아나는 아들 디손과 딸인 아홀리바마 낳았더라
창36:26 이들은 호리족속 세일의 아들 디손의 자손들이니 헴단과 에스

반과 이드란과 그란이라.
창36:27 이들은 세일의 아들 에셀의 자녀들로 빌한과 주캄과 사아완과 아간이라

70인 역에는 "주캄"이 등장하지만 개정성경에서는 나오지 않는다.

창36:28 이들은 호리족속 세일의 아들 디산의 자녀들이니 우스와 아란이라
창36:29 이들은 호리족속의 족장들로서, 로단 족장, 소발 족장, 시브온 족장, 아나 족장
창36:30 디손 족장, 에셀 족장, 디산 족장이며 이들은 에돔 땅에 있는 그들의 구역 안에 있는 호리족속의 통치자(족장)들이라
창36:31 이들은 이스라엘에서 왕이 통치하기 전에 에돔 땅을 통치했던 왕들이라
창36:32 브올의 아들 벨라가 에돔을 통치하였으니 그의 성읍의 이름은 딘하바이고
창36:33 벨라가 죽으니 보스라인 세라의 아들 요밥이 그를 대신하여 통치하였더라

이는 혈연관계로 왕위가 세습된 것이 아니라 족장에 의해 왕이 선출되었다는 뜻이다.

창36:34 요밥이 죽고 데만 족속의 땅에서 나온 후삼이 그를 대신하여 통치하였고

개정성경에는 "왕"으로 나오지만 70인 역에는 "통치자"로 나온다.

창36:35 후삼이 죽자 모압 들판에서 미디안인을 격파시킨 브닷의 아들 하닷이 그를 대신하여 통치하였고 그 성읍의 이름은 아윗이라
창36:36 하닷이 죽고 마스레가 지방 출신 삼라가 그를 대신하여 통치하였고
창36:37 삼라가 죽자 앗수르의 강가에 있는 르호봇이란 지방 출신 사울이 그를 대신하여 통치 하였더라

70인 역에서는 "유브라데"라 나오지 않고, 그냥 강 근처로 나오는데 히브리어 원어에도 역시 그렇게 나온다. 그런데 이런 표현은 유브라데 강을

의미한다고 하는데 본 저자는 70인 그대로 앗수르의 강 근처라 해석한다.

창36:38 사울이 죽자 에돔 사람 악볼의 아들 바알하난이 그를 대신하여 통치하였고
창36:39 악볼의 아들 바알하난이 죽고, 바라도의 아들 하달이 그를 대신하여 통치하니 그의 성읍의 이름은 바우이며 그의 아내의 이름은 므헤타벨이니 마드렛의 딸이며 메사합의 후손이더라

우리 성경에서는 하달의 아버지가 나오지 않는데, 70인 역은 "바라도"로 나온다.
특이한 것은 이 하달이 죽었다고 나오지 않는다. 이는 모세가 창세기를 기록했는데 그때 당시 왕이 하달이기에 기록하지 않았던 것이다.

창36:40 이들은 에서에게서 나온 통치자(족장)들의 이름인데 그들의 나라와 지방과 족속과 거처에 따라 그들의 이름이 이러하니 딤나 족장, 알와 족장, 여뎃족장

왕 이후에 다시 족장들이 나온 이유는, 에돔의 마지막 왕인 하달이 죽은 후 왕 제도에서 다시 족장제도로 통치권이 바뀌었는데 이 족장들은 계속 세습되어 내려왔다. 즉 왕은 족장 중에서 뽑았고 족장제도는 왕이 통치하는 동안에도 계속 존재했으며 세습되어 내려 왔기 때문이다.

창36:41 오홀리바마 족장, 엘라족장, 비논 족장
창36:42 그나스 족장, 데만 족장, 밉살 족장
창36:43 막디엘 족장, 이람 족장이라 이들은 그들이 소유한 땅과 거주한 곳에서 에돔의 족장들이며 에돔 족속의 조상은 에서더라

| 창세기 37 장

창37:1 야곱은 헤브론 골짜기 가나안 땅 곧 그의 아버지가 외국인으로 거주하였던 그 땅에서 거주하였더라
창37:2 이것이 야곱의 계보라 요셉이 십칠 세라는 어린 나이에 그의 형들과 함께 양 떼를 돌보고 있었더니 그가 그의 아버지의 아내들 빌하와 실바의 아들들과 함께 있었는데 요셉이 그의 아버지 이스라엘에게 그들의 나쁜 짓을 통렬하게 비난하여 고하더라

"과실을 고했다"고 하는데 70인 역에서는 이 과실을 나쁜 것으로 말하고 있다. 또한 과실을 고했다고 하는데, "고했다"는 말이 "통렬하게 비난하여 고했다"고 나온다. 한마디로 요셉은 성화되기 전 어린 시절에는 형들에게 팔릴만한 짓을 했던 것이다.

창37:3 야곱은 요셉을 그의 모든 자녀보다도 감정을 가지고 더 사랑하였으니 이는 그가 늙어서 얻은 아들임이라 그가 요셉에게 얼룩얼룩한 반점이 있는 옷을 만들었더니
창37:4 그의 형들은 그들의 아버지가 모든 형제보다 그를 더 사랑함을 보고 그를 몹시 미워하여 그에게는 이스라엘 사람들이 기본적으로 나누는 샬롬이라는 평화라는 인사말조차 건네지 않았더라

"언사가 불평하였더라"라는 말은 "요셉을 몹시 미워하여 이스라엘 사람들이 기본적으로 나누는 샬롬이라는 말조차 건네지 않았다"는 말이다. 70인 역에서는 몹시 미워함으로 나오고 또한 샬롬(평화)이라는 말조차 나누지 않았다고 나온다. 부모가 자녀를 이렇게 편애하면 이런 문제가 생기는 것이다.

창37:5 요셉이 꿈을 꾸고 그 꿈의 소식을 자기 형들에게 이야기했더니

70인 역에서는 그를 더욱 미워했다는 말이 나오지 않는다.

창37:6 그가 그들에게 말하기를 내가 꾸었던 이 꿈을 들으소서
창37:7 글쎄 우리가 들에서 곡식단들을 묶고 있는데 나의 단이 일어서고 당신들의 단은 회전하더니 나의 단에 경의를 표하더이다 하니

"둘러서서"라는 말이 "회전"으로 되어 있고, "절하다"라는 말이 "경의를 표하다 또는 굽실굽실 거리다"로 되어 있다.

창37:8 그 형들이 그에게 말하기를 네가 결코 우리의 왕이 되어 왕노릇 하겠느냐 우리의 주가 되어 통치하겠느냐 하고 그들이 그의 꿈과 그의 말로 인하여 그 이후에 그를 더욱더 몹시 증오하였더라

형제들이 미워한 이유를 70인 역은 "꿈과 말로 인하여"라고 되어 있고, " 더욱 미워하다"라는 말을 70인 역에서는 "매우 증오하다"로 나온다.

창37:9 그가 또 다른 꿈을 꾸고 그의 아버지와 형들에게 말하길 보소서 내가 또 다른 꿈을 꾸었는데 해와 달과 열한 개의 별들이 나에게 그 같이 경의를 표하더이다 하니라

"둘러서서"라는 말이 "회전"으로 되어 있고, "절하다"라는 말이 "경의를 표하다 또는 굽실굽실 거리다"로 되어 있다.

창37:10 그의 아버지가 강하게 책망하여 그에게 말하기를 네가 꾼 이 꿈이 무엇이냐 네 형제들과 더군다나 나와 네 어머니가 가서 땅에 엎드려 참으로 네게 경의를 표하겠느냐 하더라

70인 역에서는 강조 용법으로 가다는 말이 반복됨으로 이는 틀림없이 또는 반드시라는 말로 쓰인다.

창37:11 그의 형들은 그를 질투하나 그의 아버지는 그 말에 주목하더라

야곱이 요셉의 말에 주목한 이유는 자신도 꿈에 계시를 받은 적이 여러 번 있기에 주목한 것이다.

창37:12 그의 형들이 세겜에서 그의 아버지의 양 떼에게 풀을 뜯어 먹이러 갔는데
창37:13 이스라엘이 요셉에게 말하기를 너의 형들이 세겜에서 양 떼를 치고 있지 않느냐 이리로 오라 내가 너를 그들에게 보내리라 하니 그가 아버지에게 말하기를 내가 여기 있나이다하더라
창37:14 이스라엘이 그에게 말하기를 가서 네 형들과 양 떼들이 건강한

지 안 한지 보고 내게 말하라 하며 그를 헤브론 계곡으로 보내니 그가 세겜으로 가더라
창37:15 어떤 사람이 그를 보니 그가 들에서 방황하고 있는지라 그 사람이 그에게 물어 말하기를 네가 무엇을 찾느냐 하니
창37:16 그가 말하기를 나의 형들을 찾고 있는데 청컨대 그들이 어디서 양 떼에게 풀을 뜯어 먹이는지 나에게 말해 달라 하더라
창37:17 그 사람이 그에게 말하기를 그들이 지금은 떠났느니라 내가 그들의 말을 들으니 그들이 도단으로 가자 하더라 요셉이 그의 형들의 뒤를 따라가서 도단에서 그들을 찾았더라
창37:18 요셉이 그들에게 가까이 오기 전에 그들은 요셉을 멀리서 보고 그를 교활하게 통증을 느끼게 살해하려고 예상하며

"죽이기를"이라는 말이 70인 역에서는 그냥 살해가 아닌 "교활하게 살해하기로 하였다"고 하는데, 그런데 이 "교활하게"라는 말이 통증을 말함으로 통증을 느끼게 살해 하려고 했다고 말한다.

창37:19 형제들이 서로로 말하기를 보라 저기 꿈꾸는 자가 오는도다
창37:20 이제 이리로 오라 우리가 그를 살해서 그를 어떤 구덩이에다 던져 넣고 말하기를 악하고 사나운 짐승이 그를 잡아먹었다고 말하자 그리고 그의 꿈들이 어떻게 되는지를 우리가 보자 하는지라
창37:21 르우벤이 그 말을 듣고 그들의 손에서 그를 구해내려고 말하기를 우리가 그 영혼은 치지 말자 하며

"생명"을 70인 역에서는 "영혼"으로 말하고 있다

창37:22 르우벤이 그들에게 말하기를 피를 흘리지 않게 하자 그를 광야에 있는 이 구덩이에 던져 넣고 그에게 손을 대지 말자 하더라 이는 그가 요셉을 어떻게 해서든지 그들의 손에서 그를 구해 내어 그의 아버지에게 넘겨주려 함이었더라
창37:23 그 때에 요셉이 그의 형들에게 오니 그들이 요셉에게서 그의 얼룩얼룩 반점이 있는 옷을 벗기고
창37:24 그를 잡아 구덩이에다 던지니 그 구덩이는 텅 빈 상태였고 그 안에는 물이 없었더라
창37:25 그들이 앉아서 떡을 먹고 있다가 눈을 들어 바라보니 보라 이스마엘인들이 길르앗에서부터 오는데 낙타에 향료와 유향과 몰약을 가득 싣고 애굽으로 내려가는 길이더라

창37:26 유다가 자기 형제들에게 말하기를 만일 우리의 동생을 죽이고 피를 숨기면 무엇이 유익하냐
창37:27 이리로 오라 그를 이스마엘인들에게 팔고 결코 우리 손을 그에게 대지 말자 왜냐하면 그는 우리의 동생이며 우리의 육체라 하니 그의 형제들이 듣더라
창37:28 그때 이스마엘 사람과 미디안 사람 상인들이 지나가는데 그들이 요셉을 구덩이에서 견인해 올려서 요셉을 이스마엘인들에게 금 이십개에 팔았으니 그들이 요셉을 애굽으로 데려갔더라

1) 70인 역에서는 그들이 누구인지 즉 형제들인지 미디안 사람인지 확실하지 않지만 27절과 연결해서 볼 때 그들은 형제들이다. 그래서 개정 성경에는 형제들로 해석하고 있다. 그런데 형제들이 발견한 무리가 27절에는 이스마엘 사람이라고 나오는데 본 절에서는 이스마엘사람과 미디안 사람이 같이 나온다. 이로 보아 당시 부보상의 길이 험난하고 위험하기에 이스마엘 사람과 미디안 상인이 같이 다닌 것 같다. 그런데 요셉을 사간 사람들은 미디안 사람들이었다.
2) 70인 역에는 은이 아닌 금 20개로 나오고, 끌어 올려는 견인으로 나온다.

창37:29 르우벤이 구덩이로 돌아왔는데 요셉이 구덩이에 결코 없는지라 그가 자기 옷을 찢고
창37:30 형제들에게로 돌아와서 말하기를 어린아이가 결코 없도다 나는 이후에 어디로 가랴 하더라

나는 어디로 갈까 -'어디로 가서 찾을까' 혹은 '그가 없어진 것을 아버지께서 어떻게 설명할까'란 뜻. 이것은 자신의 모든 계획이 수포로 돌아가자 당혹감과 죄책감에 어찌할 바 모르는 맏형으로서의 괴로운 심의 고백이다.

창37:31 그들이 요셉의 옷을 취해 어린 염소를 죽여서 그 흘리는 피로 그 옷을 얼룩지게 하고
창37:32 그 얼룩얼룩한 반점이 있는 옷을 그들의 아버지에게로 가져와서 말하기를 우리가 이것을 찾았으니 아버지의 아들의 옷인지 아닌지 확실하게 식별해 달라 하니
창37:33 그가 그것을 인식하고 말하기를 그것은 나의 아들의 옷이라 악한 사나운 짐승이 그를 먹어버렸도다 사나운 짐승이 요셉을 잡아챘도다 하며

"알아보고"를 "인식하고"로 나오고, "악한 짐승"이 "악하고 사나운 짐승"으로 나온다.

창37:34 야곱이 자기 옷을 찢고 거친 베옷을 그의 허리에 두르고 자기 아들을 위하여 아주 많은 날을 고통 가운데 슬퍼했더라

70인 역으로 보면 야곱이 아들을 위해 애통했다고 나오는데, 이 말이 고통으로 되어 있고, 또한 오래도록 이라는 말이 아주 많은 오랜 날을 말하고 있다.

창37:35 그의 모든 아들과 그의 모든 딸이 함께 모여서 그를 위로하나 그가 결코 위로받기를 원하지 않고 말하기를 내가 나의 아들에게 슬퍼하며 음부로 내려가리라 하며 그의 아버지가 그를 위하여 흐느끼며 큰 소리로 울부짖었더라

여기서 "음부"는 우리가 말하는 지옥을 말하는 것이 아니라 "무덤"을 의미한다.

창37:36 그 미디안 인들이 애굽에서 바로의 개암나무 열매(내시. 환관) 요리사 보디발에게 팔았더라

1) 그랜드 주석에서는 보디발이 환관 즉 내시였을 것이라 한다. 그런데 결혼했기에 왕의 특별한 시종이었을 것이라 한다. 그런데 70인 역에서는 개암나무 열매라 한다. 아마 내시를 뜻하는 것이 개암나무가 아닐까 한다. 아마 보디발이 내시였기에 그의 아내가 요셉을 꼬시려 했던 것은 아닌가 싶다. 내시하고 살면 성관계를 맺을 수 없었기 때문이다. 고대에는 범죄 발생 시 그 자리에서 즉형에 처하거나 상해(상해) 배상을 물리는 것이 관례로서 옥에 가두어 두는 자유형은 거의 실시되지 않았다. 따라서 보디발은 요셉을 미결수처럼 대우하려 했던 것이 틀림없다. 즉 보디발은 평소 요셉의 성실한 품행과 가정에 끼친 공로를 기억하고서 평소 품행이 단정치 않은 아내의 말을 곧이곧대로 믿지 않았음이 분명하다. 다시 말해 요셉을 유혹하기 전 이미 여러 번에 걸쳐 이런 경우가 있었던 것이다. 70인 역에는 이 보디발이 환관 내시로 말하고 있기 때문이다.
그러므로 아내가 유혹한 것은 보디발이 내시였기 때문에 남편인 보디발을 통해 어떤 만족을 느끼지 못하기에 얼굴이 준수하고 젊은 청년 요셉에게 만족을 느끼기 위해 요셉을 유혹했던 것이다. 그래서 보디발 역시 이 사실을 잘 알고 요셉에게 관용을 베풀었으며 요셉 또한 이 정치범 수용소에서 정치를 배워 후에 총리가 되어 나라를 잘 관리 할 수 있었다.
2) 70인 역에서는 시위대장이라 나오지 않고 요리사로 나온다. 요세푸스도 역시 요리사로 말한다. 요세푸스는 요리사 또는 백정으로 해석한다.
3) 여기서 개암나무 열매란 내시를 말하는 말이다.

| 창세기 38 장

창38:1 요셉에 형제들에 의해 팔려 간 후 어느 정도 시간이 지난 그 때에 유다가 자기 형제들을 떠나가서 어떤 아둘람 사람에게 갔는데 그의 이름은 히라더라
창38:2 유다가 거기서 가나안 사람 수아라는 이름을 가진 사람의 딸을 보고 그녀를 취하여 그녀에게 들어갔는데
창38:3 그녀가 임신하여 아들을 낳으니 유다가 그의 이름을 감사라는 뜻으로 엘이라 불렀으며
창38:4 그가 후에 임신하여 아들을 낳으니 그가 그의 이름을 힘이라는 뜻으로 오난이라 불렀더라
창38:5 그녀가 또 이후에 임신하여 아들을 낳고 그의 이름을 평화라는 뜻으로 셀라라 부르니 그녀가 셀라를 낳을 때 유다는 거십에 있었으며
창38:6 유다가 그의 장자 엘을 위하여 아내를 취하니 그녀의 이름은 다말이더라

"다말"이라는 이름은 히브리어 종려나무인 "타마르(Tamar)"라고 말로 우리나라 성경에서는 다말로 번역되었다. 즉 다말이라는 이름은 여자의 이름으로 풍요와 다산을 기원하며 붙여진 이름이다. 종려나무는 셀 수 없이 많은 열매가 열리기에 풍요를 상징하고, 또한 고대인들은 후손이 종려나무 열매처럼 많이 열리기를 바라는 마음으로 다산을 상징했다.

창38:7 주님 앞에서 유다의 장자 엘은 악한 자가 되므로 하나님께서 그를 죽이신지라
창38:8 유다가 오난에게 말하기를 너는 네 형의 아내에게 들어가서 그녀와 결혼하여 네 형의 씨를 다시 일으켜라 하더라
창38:9 오난은 그 씨가 결코 자기 것이 되지 않을 것을 알았으므로 그의 형의 아내에게 언제든지 들어갔을 때 결코 자기 형에게 씨를 주지 않기 위하여 땅에다 흘렸더라

1) 70인 역을 보면 오난이 형수와 동침할 때마다 땅에다 설정했다고 나온다. 한번이 아니라 언제든지 라는 말을 쓰고 있다.
2) "설정"이란 말이 70인 역에는 "흘리다"로 되어 있다.
3) 땅에 설정하매(쉬헤트 아르차)-'멸하다'란 뜻을 가진 동사 '솨하트'의 과거형과 '땅'인 '에레츠'가 합쳐져 '그가 땅에 멸했다'란 의미이다. 즉 정

액을 체외(體外)에 사정하였다는 말의 완곡한 표현이다. 여기서 수음(자위행위)이란 뜻의 오나니즘(onanism 피임)이 유래 되었다. 즉 오난의 이름에서 오나니즘이 나온 것이다.

창38:10 그가 행했던 그 일이 하나님 면전에서 악하게 보였음으로 그를 죽이시니

오난이 죽은 이유는 형에 대한 애정 결핍과 상속 기업(자식)에 대한 이해타산적 탐심 그리고 신적 기원을 가진 결혼의 신성함을 모독하는 죄를 범했기 때문이다.

창38:11 그 때에 유다가 그의 며느리 다말에게 말하기를 내 아들 셀라가 장성할 때까지 너의 아버지 집에서 과부로 거주하라 하니 이는 셀라도 그의 형들과 같이 죽을까 하여 말한 것임이라 다말이 떠나 그의 아버지 집에 거주 하니라
창38:12 많은 시간이 흐른 후 유다의 아내 수아가 죽은 지라 유다가 위로를 받은 후에 그와 그 아둘람 사람 목자 히라와 함께 딤나로 가서 그의 양털 깎는 사람에게 올라갔더니

"수아"는 유다 아내의 아버지의 이름으로 2절에 나온다. 그러므로 수아의 딸이 죽었다는 말은 유다의 아내가 죽었다는 말이다.

창38:13 누군가가 며느리 다말에게 소식을 전하여 말하기를 보라 네 시아버지가 자기 양들을 깎으려고 딤나에 올라왔다 하는지라

여기서 "시부"는 "장인"으로 되어 있는데 구글 번역기에서는 법률적 아버지로 되어 있기에 시아버지를 말한다.

창38:14 그녀가 자기의 과부 옷을 벗고 망으로 아름답게 온몸을 두르고 딤나로 가는 길가 에나임 성읍 문에 앉았으니 이는 셀라가 장성하게 된 것을 보았는데도 그가 결코 그녀를 그에게 아내로 주지 않았음이라

"면박으로 얼굴을 가리고 몸을 휩싸고"로 되어 있지만 70인 역은 얼굴과 몸이 아닌 "몸 전체에 망(베일)으로 아름답게 둘렀다"고 나온다.

창38:15 유다가 그녀를 보고 매춘부가 존재하는 줄 알고 그녀를 매춘부

로 생각하였으니 이는 그녀가 자신의 얼굴을 위장했기에 그 여자를 결코 알아보지 못했기 때문이라
창38:16 그가 길가에 있는 그녀에게 나아가 말하기를 내가 당신에게 들어가는 것을 허용하라 하니 그녀가 자기의 며느리인 줄을 결코 알지 못했음이라 그녀가 말하기를 만일 당신이 내게 들어오려면 나에게 무엇을 줄 것이뇨 하니
창38:17 그가 말하기를 내 양 떼에서 어린 염소를 보내 주리라 하더라 그녀가 말하기를 그렇다면 당신이 그것을 보낼 때까지 보증금을 주겠느뇨 하니

"내 떼 가운데서"라는 말이 "양 떼"로 되어 있고, "약조물"을 70인 역에서는 "보증금"으로 말하고 있다.

창38:18 그가 말하기를 내가 당신에게 보증금으로 무엇을 주랴 하더라 그녀가 말하기를 당신의 반지와 끈과 당신 손에 든 막대기로 하라 하니 그가 그것들을 그녀에게 주고 들어갔더니 그녀가 유다로 인하여 임신하였더라

잉태라는 말이 70인 역에는 자궁 안에 취했다라고 되어 있는데 임신으로 해석한다.

창38:19 그녀가 일어나 떠나가서 망을 제거하고 과부의 옷을 입으니라
창38:20 유다가 그의 목자 아둘람 사람의 손에 의탁하여 염소 새끼를 보내고 그녀의 손에서 보증금을 돌려받으려 하였으나 그가 결코 그녀를 찾지 못하였더라

"친구"가 아닌 "목자"로 되어 있다.

창38:21 그가 그곳 사람들에게 묻기를 길가 에나님에 있던 매춘부가 어디 있느냐 하니 그들이 말하기를 이곳에는 결코 매춘부가 없다 하더라
창38:22 그가 유다에게 돌아와서 말하기를 내가 결코 그녀를 찾지 못했고 그곳 사람들이 말하기를 이곳에는 결코 매춘부가 없다 하더라 하니
창38:23 유다가 말하기를 우리가 조롱을 당하지 않도록 그녀가 그것을 소유하게 하라 내가 이 염소 새끼를 보내었으나 당신이 그녀를 결코 찾지 못하였느니라 하더라

후에 그 여자가 엉뚱한 소리를 하면 당신이 찾으라 갔다 와서 약속을 지키려 했다는 증인이 되어 달라는 말이다.

창38:24 어느 정도 기간이 지난 후 어떤 사람이 유다에게 소식을 전하여 말하기를 당신의 며느리 다말이 창녀 짓을 하였도다 보라 그녀가 음행함으로 잉태하였다 하니 유다가 말하기를 그녀를 이끌어내서 불사르라 하더라
창38:25 그녀가 끌려나갈 때에 그녀가 가져와 그녀의 시아버지에게 보내어 말하기를 이 물건의 사람으로 인하여 내가 임신하였나이다 하며 그녀가 청하길 이 반지와 끈과 이 막대기가 누구의 것인지 분별해 주소서 하더라
창38:26 유다가 그것들을 알아보고 말하기를 다말이 나보다 더 의로웠으니 이는 내가 나의 아들 셀라에게 그녀를 결코 주지 않았음이라 하고 이후에 결코 그녀를 가까이하지 않았고 동침하지도 않았더라

70인 역에서는 강조 용법 결코라는 말이 들어간다. 즉 결코 주지 않았다고 되어 있다. 70인 역에서는 가까지 하지 않았을 뿐 아니라 동침도 하지 않았다고 말한다.

창38:27 그녀가 출산할 때가 되었을 때 그녀의 태안에 쌍둥이가 있더라
창38:28 그녀가 해산할 때에 손 하나가 나오니 산파가 붉은색 실을 가져다 그의 손에 묶어 주며 말하기를 이 아이가 먼저 나왔다 하고
창38:29 그가 그의 손을 안으로 끌어 들일 때 그의 형제가 곧장 나오는지라 산파가 말하기를 네가 어찌하여 장애물을 피하고 나왔느냐 해서 그의 이름을 장애물을 피하고 나왔다고 해서 베레스라 불렀으며

개정성경에는 손이 들어가서 형제가 먼저 나왔다고 되어 있지만 70인 역에는 형제의 손이 들어가자마자 곧장 나왔다고 되어 있고, 또한 70인에는 터치고 나왔다는 말이 장애물을 피하고 나왔다는 말로 되어 있다.

창38:30 그리고 그 후에 그의 형제가 나왔는데 손에 붉은색 실을 묶은 그가 나오니 그의 이름을 붉다 해서 세라라 불렀더라

| 창세기 39 장

창39:1 요셉이 애굽으로 끌려왔는데 요리사 바로의 내시 애굽 사람 보디발이 그를 그곳으로 끌고 온 이스마엘 사람의 손에서 그를 소유했더라

70인 역에서는 보디발을 환관 즉 내시로 말하고 있으며, 또한 요리사로 말하고 있다. 이는 창37:36절과 일치한다. 거기서는 내시를 개암나무 열매로 표현한다. 이것을 통해 알 수 있는 것은 왜 보디발의 아내가 요셉을 탐했는지 알 수 있다. 즉 그녀는 남편이 내시기에 한 번도 성관계를 갖지를 못했다. 그래서 준수한 요셉을 통해 그 관계를 맺으려 했던 것이다.

창39:2 주께서 요셉과 함께하셨으며 그는 행운이 따르는 사람으로 그의 주인 애굽 사람의 집에 있었으니

"형통하다"는 말이 히브리어의 뜻은 "번영"이라는 뜻이 있지만 70인 역에서는 그 사람은 "얻는 자" 즉 항상 행운이 따르는 자라 되어 있다. 그러므로 형통이라는 뜻은 "행운"이 따르는 자를 말한다.

창39:3 그의 주인은 주께서 요셉과 함께하심을 보았고 그가 손을 대기만 하면 무엇이든지 성공하게 하신 것을 보았더라

"범사에 형통하다"는 말이 70인 역에는 손을 대는 일마다 "성공. 번영. 순로롭게 했다"고 되어 있다.

창39:4 요셉이 그 주인을 매우 기쁘게 함으로 그의 면전에서 호의를 얻어 그를 섬기니 그가 그의 집의 모든 것을 관리하는 총무로 세워 그가 소유한 것만큼 요셉에게 소유하게 하여 요셉의 손을 통하여 주니

70인 역에는 가정총무라는 말이 나오지 않고 그 남자의 집에 있는 모든 것 위에 세웠다고 나오는데, 이를 해석상 개정 성경 그대로 가정총무로 해석했다. 그런데 그를 이렇게 가정 총무로 세운 이유가 주인을 기쁘게 해서 그렇게 됐다고 70인 역에는 나온다.
당시 요셉이 관리한 것을 70인 역에서는 주인이 소유한 것 만큼 요셉에게 소유하게 했다고 나온다.

창39:5 그가 요셉을 그의 집의 모든 것을 관리하는 총무로 세워 그가 소유한 것만큼 요셉에게 소유하게 한 때부터 주께서 요셉 때문에 그 애굽 사람의 집을 축복하시니 주님의 축복이 그의 집과 들에 있는 모든 소유 위에 생기더라
창39:6 그는 자기가 소유한 모든 것을 요셉의 손에 위임하고 히브리인과 애굽인이 음식 먹는 방법이 달랐기에 그가 먹는 음식 외에는 결코 어떤 것도 아랫사람으로 보지 않았더라 그곳에서 요셉의 용모는 아름답고 매우 귀여웠더라

1) 70인 역에서는 요셉에게 맡기고 요셉을 자신의 아랫사람처럼 취급하지 않았다고 나온다. 당시 히브리와 애굽의 음식 먹는 방법이 달라 그것만 간섭했지 외에는 일체 간섭하지 않았다고 나온다.
2) 준수했다는 말이 70인 역에서는 아름답고 매우 귀여웠다고 나오는데 이는 아마 어머니 라헬을 닮은 것 같은데 이로 보아 요셉은 키가 작았던 것 같다. 귀엽다고 나오기 때문이다.

창39:7 그 후 요셉이 팔려 간 지 십 년째 되던 해 그의 주인의 아내가 요셉에게 눈길을 보내며 말하기를 나와 함께 잠을 자자 하니

그 후란 요셉이 팔려 간 지 10년째 되던 해를 말하고 눈짓한다는 말은 70인 역에서는 요셉의 눈에 그 여자를 넣었다라고 되어 있다. 그런데 그 아내가 유혹한 이유는 남편이 내시이기 때문이었다.

창39:8 요셉이 거절하며 자기 주인의 아내에게 말하기를 나의 주인이 결코 집 안에 있는 어떤 것이나 모든 소유도 항상 나에게 맡기고 아는 체 아니하고 그가 소유한 모든 것을 저에게 소유하게 하여 내 손에 맡기셨으니

"간섭하지 않았다"는 말은 주인이 요셉에게 맡긴 다음에 못 믿어서 훈수를 두거나 아는 체하며 요셉에게 가르쳐 주지 않았다는 말로 이는 주인이 일체 간섭하지 않았다는 말이다.

창39:9 이 집에 나를 능가하는 사람은 없으며 당신 말고는 나에게 아무것도 제외시킨 것이 없으니 이는 당신은 그의 아내임이라 그런데 내가 어떻게 이 악한 말을 행하여 하나님 면전에 죄를 지으리이까 하더라

어떤 것도 제외시키지 않았지만 당신만은 피하라 했다는 것이다. 그는 이 죄를 주인의 면전에 죄를 짓는 것이 아닌 하나님의 면전이라 말하고 있다.

창39:10 그녀가 날마다 요셉에게 말하여도 요셉이 그녀의 말을 듣지 않고 그녀와 함께 자거나 그녀와 함께 있지도 않더라
창39:11 이런 상태가 지속되던 어느 날 요셉이 자기 일을 보려고 그 집에 들어갔더니 그 집 안에는 사람들이 아무도 없더라
창39:12 그러자 그 여인이 그에게 키스를 하고 옷을 붙잡고 말하기를 나와 함께 자자 하니 요셉이 자기 옷을 그녀의 손에 버리고 도망하여 밖으로 나왔더라

70인 역에는 키스까지 하며 달려든 것으로 나온다. 또한 요세푸스의 구약 이스라엘사를 보면 요셉이 자신도 성관계를 갖고 싶지만 가지면 안 된다고 설득하는 장면이 나온다. 그러므로 키스했다는 말이 사실일 것이다.

창39:13 그녀의 손안에 요셉이 자기 옷을 버려두고 도망쳐 밖으로 나가는 것을 보고서
창39:14 자기 집 안에 있는 사람들을 불러 그들에게 말하기를 보라 주인이 히브리 종을 우리에게 끌어들여 우리를 조롱하게 하는도다 그가 나에게 들어와 말하길 나와 자자고 하기에 내가 큰 소리로 소리질렀더니
창39:15 그는 내가 목소리를 높여 소리치는 것을 듣고 그의 옷을 내게 버려두고 도망쳐 밖으로 나갔느니라 하고
창39:16 그녀가 그 옷을 자기 곁에 두고 요셉의 주인이 집에 올 때까지 기다려
창39:17 그녀가 이런 말로 그에게 말하기를 당신이 우리에게 끌어드린 그 히브리 종이 나에게 들어와 나를 조롱하여 말하길 나와 함께 자자고 했기에
창39:18 내가 목소리를 높여 소리를 질렀더니 그 소리를 듣고 그가 나에게 옷을 내게 버려두고 도망쳐 밖으로 나갔나이다 하니
창39:19 그의 주인은 그녀가 그에게 일러 말하기를 당신의 종이 내게 이런 짓을 행했다는 자기 아내의 말을 듣고 대단히 격노하더라

70인 역을 보면 이 소리를 듣고 보디발이 대단히 격노했다고 나온다.

창39:20 그리하여 요셉의 주인이 그를 취해 요새에다 넣으니 그 요새 안은 왕의 죄수들을 감옥에 억류하는 곳이었더라 그가 거기 요새 안에 갇혔더라

"옥"이 아닌 70인 역에는 "성채" 또는 요새로 나온다. 즉 왕궁에 있는 요새를 말한다.

창39:21 그러나 주님이 요셉과 함께하시고 그에게 긍휼을 내리 부으셔서 수석소장 앞에서 그에게 호의를 베푸셨으니

1) "인자"는 "긍휼"로 나오고, "더하게 했다"는 말은 "하나님이 긍휼을 내리붓다"로 나온다.
2) 70인 역은 전옥을 "수석소장"으로 나온다. "은혜"는 "호의"로 나온다.

창39:22 수석소장이 감옥에 있는 모든 죄수를 요셉의 손에 맡겼고 모든 카운터를 보게 하고 그들이 행할 모든 일을 그가 맡아 행하였더라
창39:23 수석 소장은 그의 손에 있는 것은 어떤 것이라도 알아보려 하지 않았으니 이는 주께서 그와 함께하셔서 그가 매우 잘 행했고 그 손에는 주님의 향수가 있었기 때문이더라

1) "형통케 했다"는 것은 70인 역에서는 "매우 잘했다"는 뜻으로 되어 있다.
2) 70인 역에서는 요셉에게는 주님의 향수가 항상 있었다고 한다. 도대체 그 향수란 무엇인가
3) 함께 하심에도 차이가 있다. 어떤 사람은 노력해서 본인이 하나님과 함께하는 경우가 있는데 이런 경우는 하나님이 크게 사용하시지 않으나 요셉과 같이 하나님이 일방적으로 함께하는 사람이 있는데 이런 경우는 하나님이 요셉처럼 크게 쓰신다.

| 창세기 40 장

창40:1 그 후에 애굽 왕의 술 맡은 수석집사와 빵 굽는 수석집사가 그들의 군주 애굽 왕에게 어떤 일로 범죄한지라
창40:2 바로가 그의 두 내시 즉 술 맡은 수석집사와 빵 굽는 수석집사에게 노하여

70인 역은 "관원장"을 "내시"로 말하고 있고 또한 수석집사로 말하고 있다.

창40:3 그들을 감옥에 간수가 있는 곳에 가두니 그곳은 요셉이 갇힌 곳이더라

"시위대장 집"이라 나오지만 70인 역은 시위대장 집이 아닌 "감옥에 간수가 있는 곳"으로 나온다. 그러나 이곳이 보디발의 집이라고 7절에 나온다.

창40:4 수석소장이 요셉으로 그들과 함께 있게 하였으니 그가 그들을 섬겼더라 그들이 감옥에 여러 날 동안 갇혀 있더라

개정성경에는 시위대장 보디발의 집으로 나오지만 70인 역에서는 보디발을 말하는 것이 아니라 전옥인 간수장을 말하고 또한 간수장의 직책을 수석소장이라 하고 있다.

창40:5 감옥에 갇혀 있는 애굽 왕의 술 맡은 수석집사와 떡 굽는 수석집사 두 사람이 다 꿈을 꾸었는데 각자 한밤에 꿈속에서 환상을 보았더라
창40:6 요셉이 아침에 그들에게 들어가서 그들을 보니 그들이 근심하는 기색이더라
창40:7 요셉이 자기 주인집의 감옥에 자기와 함께 갇혀 있는 바로의 내시들에게 물어 말하기를 어찌하여 오늘은 당신의 얼굴이 슬퍼 보이나이까 하니

70인 역에서는 이 감옥이 보디발의 집에 있는 감옥이라는 것이 나오지 않았지만 비로소 본 절에 보디발의 집에 이 감옥이 있다는 것이 나온다.

창40:8 그들이 그에게 말하기를 우리가 꿈을 꾸었으나 그 꿈을 판단할 자가 없도다 하니 요셉이 그들에게 말하기를 하나님을 통하면 명확해지지 않겠습니까 나에게 이제 말해 보소서 하더라

"꿈이 하나님께 속했다"는 말은 "하나님을 통하면 명확해진다"고 되어 있다.

창40:9 술 맡은 수석집사가 자의 꿈을 요셉에게 이야기하였는데 말하기를 내 꿈에 내 앞에 포도나무가 있는데
창40:10 그 포도나무에 세 가지가 있고 그 세 가지에서 싹이 나자마자 꽃들이 무성하게 피고 그 포도나무 가지에 포도송이가 익었더라
창40:11 바로의 잔이 내 손에 있어 내가 포도를 따서 그를 분쇄해서 그 바로의 잔에 넣었는데 바로의 손에 그 잔이 있었노라 하니
창40:12 요셉이 그에게 말하기를 그 비유는 이러하니 그 세 가지는 삼 일이라.
창40:13 이제부터 삼 일 안에 바로가 당신의 직무를 기억하사 술 맡은 수석 집사 자리를 회복시키리니 당신이 전에 그의 술 따르는 사람의 우두머리였을 때 했던 대로 당신은 바로의 손에 그의 잔을 건네주리이다.

"우두머리"란 "높은 직무"를 말한다.

창40:14 그리고 예전처럼 회복되면 후에 나에게 보상하라 나를 불쌍히 여겨 나에 대하여 바로에게 고하여 나를 이 요새에서 꺼내 주소서
창40:15 왜냐하면 나는 히브리인들의 땅에서 도둑질과 훔침을 당해 온 것이며 여기서도 어떤 잘못을 행하지 않았는데 그러나 그들이 나를 구덩이에(감옥) 넣었나이다 하더라

1) "끌려 온" 것을 70인 역에서는 "도적질 당하고 훔침을 당한 것"으로 말한다.
2) "감옥"을 70인 역은 "구덩이"로 표현한다.

창40:16 빵 굽는 수석집사가 그 해석이 좋은 것을 보고 요셉에게 말하기를 내가 꿈에 보니 보라 내 머리 위에 흰떡을 담은 광주리 세 개가 있고
창40:17 맨 위에 있는 광주리에는 바로가 먹을 여러 가지 밀로 구워 만든 음식이 있는데 하늘의 새들이 내 머리 위에 있는 그 광주리에서 그것

들을 먹더라
창40:18 요셉이 대답하여 말하기를 그것에 대한 해석은 이러하니 세 광주리는 삼 일이라
창40:19 이제부터 삼 일 안에 바로가 당신의 머리를 베어버리고 당신을 나무에다 매달리니 새들이 당신의 살을 먹으리이다 하더라
창40:20 그리고 삼 일째 되는 날은 바로의 생일임으로 그가 그의 모든 신하를 위하여 잔치를 벌일 때에 그의 신하들 가운데서 술 맡은 수석집사와 떡 굽는 수석집사의 권위를 생각 하니라
창40:21 그가 처음 했던 그 술 맡은 수석 집사직을 복원시키니 그가 바로의 손에다 잔을 건네주더라
창40:22 그러나 떡 굽는 수석집사는 교수형을 당하니 요셉이 그들에게 해석했던 것과 같았으나

"매달리다"는 "교수형"으로 70인 역은 말한다.

창40:23 술 맡은 수석집사는 요셉을 결코 기억하지 못하고 그를 이 년 동안 잊어버렸더라

| 창세기 41 장

창41:1 만 이 년이 되는 날에 바로가 꿈에 보았는데 그가 강가에 서 있더라

1) 이때는 요셉이 애굽으로 끌려온 지 13년째 되던 해이고, 만30세가 되던 해이다.
2) "하숫가"가 아닌 "강가"이다.

창41:2 그런데 보라 마치 용모가 잘생기고 살진 암소 일곱 마리가 강에서 올라와 풀밭에서 뜯어 먹고
창41:3 그 뒤에 또 더럽게 보이고 날씬한 다른 암소 일곱 마리가 강에서 올라와 강변에 있는 잘생기고 살진 그 암소들 곁에 분포했더라

"흉악하게 생긴 것"을 70인 역은 "더러운"으로 나오고, "파리한"은 "날씬한"으로 나온다.

창41:4 그 더럽고 날씬한 암소 일곱 마리가 용모가 잘생기고 살진 암소 일곱 마리를 먹은 지라 바로 깨었다가
창41:5 다시 잠들어 두 번째 꿈을 꾸었는데 보라 한 줄기에서 일곱 이삭이 나오는데 품질이 우주하고 아름답더라
창41:6 그 후에 그 뒤를 따라 바람이 발생해 날씬한 일곱 이삭이 나오더니

애굽에서 불어오는 바람은 건조한 동풍을 의미한다. 그래서 70인 역에서 바람으로 되어 있는 것을 동풍으로 해석한 것이다. 그러므로 개정성경의 "동풍에 마른"으로 해석하는 것이 더 정확하다.

창41:7 그 바람으로 날씬한 일곱 이삭이 우수하고 가득 찬 일곱 이삭을 먹어 버린지라 바로가 일어나니 꿈이더라
창41:8 아침이 되니 그의 영혼이 근심하여 사람을 보내서 애굽의 모든 통역사와 모든 지혜로운 사람들을 불러서 바로가 그들에게 자기 꿈을 이야기했으나 바로에게 그것을 말해 주는 사람이 결코 없었더라

"마음"은 70인 역엔 "영혼"으로 되어 있고, "술객"은 "통역"으로 되어 있고, "박사"는 "지혜로운"으로 되어 있고, "해석"은 "말하다"로 되어 있다.

창41:9 그때에 그 술 맡은 수석집사가 바로에게 고하여 말하기를 오늘 내 죄를 기억하나이다
창41:10 바로께서 종들에게 화가 나셔서 떡 굽는 수석집사와 저를 요리사의 집의 감옥에 가두었을 때

"보디발"을 "요리사"로 70인 역에서는 말한다.

창41:11 나와 그가 같은 날밤에 꿈을 꾸었는데 각자 자신의 꿈을 꾸었나이다
창41:12 그곳에는 요리사의 히브리 청년 종이 있었는데 그가 우리와 함께 있었는데 우리가 그에게 말했더니 그가 우리의 꿈들을 해석해 주었는데

소년이 아닌 70인 역은 청년으로 나오는데 청년이 맞다. 지금 요셉의 나이가 28세이기 때문이다.

창41:13 그가 우리에게 해석해 준 대로 그렇게 되었으니 나는 나의 처음 직책을 회복하였고 그는 매달렸나이다 하더라

요셉이 꿈을 해석해서 꿈대로 되었다고 하는데 사실 꿈을 해몽을 잘해서 요셉의 말대로 된 것이 아니라 야곱의 경우도 마찬가지이지만 야곱과 요셉이 말만 하면 하나님이 그들의 말대로 되게 했다. 이는 꿈을 용한 꿈을 꾸어서 꿈대로 된 것이 아니라 사실 따지고 보면 요셉이 말만 하면 하나님이 요셉의 말대로 되게 해서 꿈대로 된 것이다. 만약 요셉이 떡 맡은 관원장과 술 맡은 관원장의 꿈을 반대로 했으면 아마 떡 맡은 관원장이 살아나고 술 맡은 관원장이 죽었을지도 모른다. 즉 반대로 되었을지도 모른다. 이것이 야곱과 요셉이 받은 복이다. 그들은 그냥 말한 하면 그 말이 틀린 말이라도 하나님은 그들의 말대로 되게 해주었다. 그렇다면 어떻게 이렇게 말대로 되게 했을까? 그것은 함께 하심 때문이다. 함께하심에는 두 가지가 있는데 하나는 하나님이 나와 함께 하시는 것이고, 두 번째는 내가 하나님과 함께하는 것이다.
첫 번째의 경우는 야곱과 요셉과 같이 말만 하면 그대로 되게 하신다. 그 말이 경우에 맡지 않고 틀린 말이라 할지라도 말이다. 두 번째로 내가 하나님과 함께하는 경우인데 이런 경우는 아무리 노력을 해도 큰 복을 받지 못한다. 억울하게도 대부분의 사람인 80%는 여기에 속한다. 그래서 아무리 발버둥을 쳐도 올무에서 벗어나지 못한다. 그러나 20%는 하나님이 함께해 주셔서 승승장구한다. 동행으로 이를 말하면 첫 번째 20%는 하나님의 태안에서 동행이 이루어지지만, 두 번째인 80%는 내가 주님의 뒤에서 뒤통수를 보고 동행하는 것이다. 억울하지만 할 수 없다.

창41:14 그때 바로가 보내어 요셉을 불렀더니 그들이 그를 요새에서 데려왔더라 요셉의 목둘레 수염을 깎고 겉옷을 갈아입고 바로에게 가니
창41:15 바로가 요셉에게 말하기를 내가 꿈을 꾸었는데 그것을 판단할 자가 결코 없었도다 내가 너에 대하여 들으니 너는 꿈을 들으면 그것을 해석할 수 있다고 하더라
창41:16 요셉이 바로에게 대답하여 말하기를 하나님이 없이는 결코 바로에게 구원을 제공하는 대답을 할 수 없나이다 하니

"평안"이 아닌 "구원"으로 되어있다

창41:17 바로가 요셉에게 말하기를 내가 잠자고 있을 때 보라 내가 강가에 서서

"꿈"인 아닌 "잠"으로 되어 있는데 결국 꿈은 자면서 본 것이기에 의역하면 꿈을 말한다.

창41:18 난데없이 살이 찌고 용모가 아름다운 암소 일곱 마리가 강에서 나와 풀밭에 분포했고

"뜯어먹고"는 70인 역에는 "분포하고"로 되어 있다.

창41:19 또 보라 해롭고 용모가 더럽고 날씬한 다른 소 일곱 마리가 그들을 뒤따라 강에서 올라왔는데 그렇게 더러운 종류는 내가 아직껏 애굽땅 전체에서 결코 본 적이 없었으니
창41:20 더럽고 날씬한 소 일곱 마리가 먼저 나온 아름답고 우수한 일곱 마리 소를 먹어 버리더라
창41:21 그들을 먹어 버리고서도 결코 먹은 것 같지 않게 표시도 나지 않았고 처음과 마찬가지로 여전히 더럽게 보이더라 내가 곧 잠에서 깨었다가
창41:22 내가 다시 잠잘 때 보니 난데없이 한 줄기에서 아름답고 가득 찬

일곱 이삭이 올라오고
창41:23 보라 동풍이 발생해 날씬한 또 다른 일곱 이삭이 있더니
창41:24 바람으로 날씬한 일곱 이삭이 아름답고 가득찬 일곱 이삭을 삼켜 버리더라 그때 내가 통역사들에게 말하였으나 그것을 나에게 말할 수 있는 자가 결코 없었느니라 하더라

70인 역은 마술사를 통역사로 말한다.

창41:25 요셉이 바로에게 말하기를 바로의 꿈은 하나나이다 하나님께서 행하실 일들을 바로에게 보여 주셨나이다
창41:26 아름다운 일곱 마리 암소는 칠 년이며 아름다운 일곱 이삭도 칠 년이니 바로의 꿈은 하나니이다
창41:27 그들 뒤에 올라온 날씬한 암소 일곱 마리는 칠 년이며 동풍으로 날씬한 일곱 이삭은 칠 년 흉년이니이다
창41:28 내가 바로에게 말씀드린 것이 이것이니 즉 하나님께서 행하실 일들을 바로에게 보여 주셨다함이니이다
창41:29 보소서 온 애굽 땅에 칠 년 동안 양이 많아 저렴할 때가 오겠고

"풍년"을 70인 역은 "양이 많아 저렴한 때"로 말하고 있다.

창41:30 그 후에 칠 년의 흉년이 올 것이니 애굽 모든 땅에서 충만은 잊어버리겠고 기근이 이 땅을 소멸시키며

"풍년"을 70인 역은 "충만"으로 말하고. "멸망"을 "소멸"로 말한다.

창41:31 그 후에 그들은 흉년 때문에 그 땅에서 저렴했던 때를 결코 기억하지 못할 것이니 이는 그 흉년이 매우 강력할 것임이니이다
창41:32 바로께서 두 번 반복해서 꿈을 꾸신 것은 하나님의 말씀은 진실로 이루어지게 될 것임이오니 하나님께서 그것을 속히 행하시리이다
창41:33 그러므로 이제 바로께서는 깊이 생각하셔서 지혜롭고 현명한 사람을 찾아서 애굽 땅에 그로 관리 하게 하소서

"치리하게 하라"는 말을 70인 역에서는 "관리자"로 말하고 있다.

창41:34 바로께서는 이 일을 행하시고 그 땅을 관리할 사람을 배치하여 칠년 동안 저렴할 때 애굽 땅에서 생산한 모든 것의 오분의 일을 거두게

하며
창41:35 좋은 것을 가져온 것을 칠년 동안 모든 귀리를 모아서 그 곡식을 바로의 손 아래 쌓아 두어서 성읍들에서 귀리를 저장하게 하소서

"곡물과 양식"을 70인 역에는 "귀리"로 말하고 있다.

창41:36 그리고 땅에 귀리를 저장하게 되면 칠년 흉년이 애굽 땅에 있을 때 땅이 흉년으로 인하여 멸망치 않으리이다하니
창41:37 그 말이 바로와 그의 모든 종 앞에서 좋게 여겨진지라

"신하"를 70인 역에서는 "종"으로 말하고 있다.

창41:38 바로가 그의 모든 종에게 말하기를 우리가 이 사람과 같이 하나님의 영이 그 안에 있는 사람을 발견할 수 있으리요 하며

"하나님의 신에 감동한"을 70인 역은 하나님의 영을 소유한자 즉 성령이 그 속에 내주하는 것을 말하고 있다.

창41:39 바로가 요셉에게 말하기를 하나님께서 이 모든 것을 네게 보이셨기 때문에 너와 같이 현명하고 지혜로운 사람이 없도다.
창41:40 너는 내 집 위에 있는 자가 될 것이라 나의 모든 백성이 너의 말을 들을 것이니 내가 너보다 초월하는 것은 오직 보좌뿐이니라 하고

"치리하라"는 말이 "나의 집 위에 있게 될 것이라"는 말로 되어 있다.

창41:41 바로가 요셉에게 말하기를 보라 내가 너를 오늘 애굽의 모든 땅 위에 있는 자로 세웠노라 하고

1) 70인 역은 총리라는 말이 없고, 모든 땅 위에 있는 자로 너를 세운다고 되어 있다.
2) 요셉 당시 애굽은 상. 하 두 애굽으로 나뉘어 있었으며 또한 각각을 다스리는 독립된 고관(高官)이 행정력을 발휘하였다. 그리고 전국이 12주로 나뉘어 있어 주마다 어느 정도 독립된 지위가 보장되어 있었다. 그러나 애굽 전역을 통틀어 최고 통치권을 행사할 수 있는 왕은 역시 단 한 사람이었는데 요셉은 그러한 왕을 대행할 수 있는 중차대한 총리대신직에

임명된 것이다.

창41:42 바로가 자기 손에서 반지를 빼서 요셉의 손에 끼워주고 베로 만든 두루마리를 그에게 입혀 주고 금 사슬을 그의 목에 걸어 주더라

1) 세마포가 베로 만든 두루마리로 되어 있다.
2) 인장 반지를 빼어 요셉의 손에 끼우고- 바로는 요셉에게 관직을 맡긴 후 먼저 인장 반지를 그에게 주었다. '인장 반지'란 반지에 자신의 신분을 나타내는 인(印)을 새긴 것으로써 어떠한 일을 재가할 때 도장처럼 찍어 사용할 수 있게 만든 것이다. 그런데 바로가 자신의 인장 반지를 요셉에게 준 것은 곧 애굽 총리로서 요셉이 내리는 명령에 왕 자신의 권위를 부여해 주기 위해서였다(에3:10; 8:2).
3) 그에게 세마포 옷을 입히고- 세마포 옷은 당시 애굽의 고관들이나 제사장들이 입었던 옷이다. 요셉은 이러한 옷을 입음으로써 그의 권위를 외부적으로 드러낼 수 있게 되었다.
4) 금사슬 -공직에 있는 자들에게 주어지는 것으로서 왕의 호의를 받았다는 명예의 상징이다(단5:17,29).

창41:43 바로는 자기가 가지고 있는 둘째 병거에 그를 태우고 그가 보는 앞에서 사자로 공포하고 그를 애굽의 모든 땅 위에 있는 자로 임명하였더라

1) 총리를 70인 역에서는 애굽땅 위에 있는 자로 임명했다고 한다.
2) 버금 수레 - 왕의 수레 바로 뒤를 따르는 수레로 행차 서열상 이인자의 신분을 나타내는 훌륭한 수레를 말한다(에6:11).
3) 엎드려라 -(아브레크). 이집트어로 '정중히 무릎을 꿇어라'. '그에게 굴복하라'는 뜻이다. 오늘날에도 일부 아랍 국가들에서는 국가 원수나 고관이 행차할 때 이 말을 소리 높여 외치곤 한다. 여하튼 이 말은 요셉의 높은 지위와 애굽 백성들이 그에게 순종해야 함을 나타내준다.

창41:44 바로가 요셉에게 말하기를 나는 바로라 애굽의 모든 땅에서 네가 없이 결코 그 손으로 아무것도 가져올 자가 없으리라 하며
창41:45 바로가 요셉의 이름을 사프낫파아네아라 부르고 그에게 태양의 성읍의 제사장 보디발의 딸 아스낫을 그에게 아내로 주었더라.

당시 왕족은 제사장가문과 결혼했다고 하니 바로가 요셉을 왕족으로 생각했던 것이다. 그리고 보디베라라는 말은 보디발이라는 말이고, 그는 태양의 성읍에서 태양신을 섬기는 제사장이었다.
요셉의 장인 이름이 보디베라인데 이를 헬라어로 하면 시위대장 보디발과 이름이 똑같은 동명이라는 것이다.

창41:46 요셉이 애굽 왕 바로 앞에 설 때에 삼십 세더라 요셉이 바로 얼굴에서 떠나서 애굽의 온 땅을 순회하기 위해 떠나니라
창41:47 칠 년 동안 심히 저렴해 그 땅에 소출이 많은지라
창41:48 그는 애굽 땅에 있는 칠 년 동안 모든 귀리를 모아서 성읍마다 그 귀리를 저장했고 각 성읍 주위에 있는 토지의 귀리도 성읍에다 저장해 두었더라
창41:49 요셉이 저장한 곡식이 바다의 모래 같이 양이 많아 세는 것을 그쳤으니 이는 그 수를 계산할 수 없음이라
창41:50 요셉이 흉년이 오기 전에 두 아들을 낳았으니 곧 태양의 성읍의 제사장 보디베라의 딸 아스낫이 그에게 낳은 것이라
창41:51 요셉이 그 장자의 이름을 하나님이 나로 나의 모든 고통과 나의 아버지의 온 집일을 잊어버리게 하셨다 해서 그 이름을 므낫세라 불렀더라
창41:52 둘째의 이름은 하나님께서 나의 억압 받던 땅에서 다산하게 하셨다 하여 그 이름을 에브라임이라 불렀더라
창41:53 애굽 땅에 칠 년 풍년이 지나가게 되었고
창41:54 요셉이 말했던 바와 같이 칠 년 흉년이 오기 시작해 그 온 땅에 흉년이 있었으나 애굽 온 땅에는 빵이 있었더라
창41:55 애굽의 온 땅이 굶주리게 되자 백성들이 바로에게 빵을 달라고 부르짖으매 바로가 모든 애굽 사람들에게 말하되 요셉에게로 나아가서 그가 너희에게 무엇이든지 말하면 그대로 행하라 하니라
창41:56 기근이 그 땅 모든 위에 있으니 요셉이 모든 곡창을 열고 모든 애굽 사람들에게 팔매
창41:57 모든 나라에서 곡식을 사려고 애굽으로 와서 요셉에게로 왔으니 이는 그 땅 모든 곳에 기근이 심함이더라

| 창세기 42 장

창42:1 그때 야곱이 애굽에 필수품이 있음을 보고 야곱이 그의 아들들에게 말하기를 너희들은 어찌하여 주저하고 있느냐 하고

1) "곡식"을 70인 역은 "필수품"으로 말하고 있다.
2) 때에-요셉이 총리직에 오른 지 8년쯤 되던 해이다. 즉 7년 대풍년 기간이 끝나고(창41:53) 흉년이 유례없을 정도로 극성을 부릴 때 이때 야곱의 나이는 129세가량이었다.

창42:2 야곱이 말하기를 보라 내가 듣기로는 애굽에 곡식이 있다 하니 너희는 그곳으로 내려가서 우리를 위하여 적은 귀리라도 구매해 와라 그래야 우리가 살고 결코 죽지 않으리라 하더라
창42:3 그래서 요셉의 열 형제가 곡식을 구매하기 위해 애굽으로 내려갔으나
창42:4 야곱이 요셉의 동생 베냐민은 그의 형들과 함께 보내지 않았으니 이는 그가 말하기를 그에게 병에 걸리는 재난이 미치지 않을까 함이었더라.

"재난이 미칠까"라는 말은 70인 역에는 병에 걸릴까 해서라 나온다.

창42:5 이스라엘의 아들들이 곡식을 사러 온 자들과 함께 있으니 이는 가나안 땅에 기근이 있었음이라
창42:6 요셉은 그 땅의 통치자였으며 그 땅의 모든 백성에게 파는 자가 바로 그였더라 요셉의 형제들이 와서 땅에다 그들의 얼굴을 대고 그에게 절하더라

1) 70인 역에서는 "총리"라는 말을 여러 가지로 해석하고 있는데, 본 절에서는 "알콘"이라 해서 "통치자, 방백. 왕"으로 말하고 있다. 이는 왕과 같은 지위를 말하는 것으로 당시 요셉의 위치는 총리 정도가 아닌 왕과 동동한 위치였다. 요12:31절 마귀를 세상 임금이라 할 때 바로 이 "알콘"을 쓰고 있다. 그래서 창42:30절에서는 그 땅 주인이라 말하는 것이다.
2) 그들은 요셉에게 절함으로써 일찍이 요셉이 꾸었던 꿈이 성취되었다(창37:5-9). 특히 절하다 에 해당하는 "솨하"는 창37:7,9,10에 이어 이곳에서도 반복 사용됨으로써 예언이 철저히 성취되었음을 보여 준다. 그리고 이러한 예언은 시간이 가면서 보다 철저히 반복 성취되고 있다(창

43:26,28).

창42:7 요셉이 그의 형들을 보고 알았으나 그들을 외국인으로 분리해서 그들에게 딱딱하게 굳은 소리로 말하였으니 그들에게 말하기를 어떤 곳에서 왔느냐 하니 그들이 말하기를 가나안 땅에서 귀리를 사러 왔나이다 하더라
창42:8 요셉은 그의 형들을 알았으나 그들은 요셉을 결코 알지 못하였더라
창42:9 요셉이 자기가 그들에 대하여 꾼 꿈을 기억하며 그들을 보고 말하기를 너희는 정탐꾼들이라 이 나라의 흔적들을 보기 위해 너희가 왔느니라 하니

70인 역은 "틈"을 "흔적"으로 해석하고, "엿보다"라는 말은 "보다"라고 되어있다.

창42:10 그들이 그에게 말하기를 내 주여 정말 아니니이다 당신의 종들은 귀리를 구매하러 왔나이다.
창42:11 우리 모두는 한 사람의 아들이며 화평한 자니 당신의 종들은 결단코 정탐꾼이 아니니이다 하더라
창42:12 요셉이 그들에게 말하기를 정말로 아니라 이 땅의 흔적을 보려고 너희가 왔느니라 하니
창42:13 그들이 말하기를 당신의 종들인 우리는 가나안 땅에 사는 열두 형제들로서 어린 동생은 오늘 우리 아버지와 함께 있고 또 다른 형제는 결코 존재하지 않나이다하니

"없어졌다"를 70인 역은 "존재하지 않는다"고 말한다.

창42:14 또 요셉이 그들에게 이르되 내가 너희에게 이야기하여 말하기를 너희는 정탐꾼들이라 한 것이 이것이니라
창42:15 너희는 이같이 하여 분명히 해야 하리니 바로의 건강으로 맹세하노니 만약 너희의 어린 동생이 여기에 오지 않으면 지금부터 결코 나가지 못하리라

생명을 70인 역에서는 건강으로 해석한다.

창42:16 너희 중에서 하나를 보내어 너희 동생을 데려오게 하고 너희는 너희 말이 분명해질 때까지 납치되어 갇혀 있으라 그리하여 너희 말에 진실이 있는지 보리라 그렇지 아니하면 바로의 건강으로 기억하노니 너희

는 진실로 정탐꾼이니라 하며
창42:17 그들을 삼 일간 감옥에 가두었더라
창42:18 요셉이 삼 일째 되던 날 그들에게 말하기를 너희는 이같이 행하여 살라 이는 내가 하나님을 경외함이라

"보전하라"는 말은 "살다"라는 말로 되어 있다.

창42:19 만일 너희가 화평한 자들이면 너희 형제 중 한 사람만 감옥 안에 갇히게 하고 너희는 너희의 밀을 풍부히 사가지고 가서

"너희 집들의 주림을 구하고"라는 말이 70인 역에는 나오지 않는다.

창42:20 너희의 말을 믿을 수 있게 너희의 어린 동생을 나에게 데리고 오라 만일 그렇게 하지 않으면 죽음을 면치 못할 것이니라 하니 그들이 그렇게 행하니라
창42:21 그들이 서로 말하기를 우리가 우리의 동생에게 죄를 지었도다 그가 우리에게 애원할 때에 우리는 그의 말을 결코 듣지 않았고 그의 영혼의 고통을 간과했도다 그로 인해 이 환난이 우리에게 왔도다 하고
창42:22 르우벤이 그들에게 대답하여 말하기를 내가 너희에게 어린 동생을 결코 해치지 말라고 말했지 않느냐 그런데 너희가 결코 듣지 아니하였도다 그러므로 보라 그의 피를 요청하는도다 하더라

"득죄하지"라는 말은 "해치지"로 되어 있고, "피 값을 내게 되었다"는 말은 "그의 피를 요청하는 도다"라고 되어있다.

창42:23 그들은 요셉이 그 말들을 듣고 있을 것이라고는 결코 생각지도 못하였더라 이는 그와 그들 사이에 통역을 통해 말하였기 때문이라
창42:24 요셉이 그들로부터 돌아서서 흐느껴 큰 소리로 울부짖고 다시 그들에게 돌아와서 그들과 말하다가 그들에게서 시므온을 취하여 그들이 면전에서 그를 묶었더라

왜 요셉이 많은 형제 중에서 시므온을 억류시켰는지는 분명하지 않다. 그러나 그가 세겜족을 살육하는 데 앞장섰던(34장) 것과 같이 요셉을 죽이는 일에도 주동자였기 때문이었다고 추측해 볼 수 있다(창37:18-20). 그가 르우벤 다음으로 연장자였고 르우벤은 지난날 그 일을 반대했으므로(창37:21,22) 이와 같은 추정 설득력이 있다.

창42:25 그리고 나서 요셉이 그들의 그릇에 곡식을 채우고 각인의 은을 자루에다 도로 넣고 길에서 필요한 양식도 주게 명령하였으니 그가 그들에게 그렇게 해 주었더라
창42:26 그들이 곡식을 자기들의 당나귀들에다 싣고 그곳을 떠났는데
창42:27 그중 한사람이 야영지에서 당나귀에게 음식을 주려고 자기 자루의 끈을 풀고 본즉 그의 은이 자루 입구에 있더라
창42:28 그가 그의 형제들에게 말하기를 내 은이 다시 반환하였도다 보라 내 자루 속에 있도다 하니 그들의 마음이 제정신을 잃을 정도로 근심하여 서로 말하기를 하나님께서 어찌하여 이런 일을 우리에게 행하셨을까 하더라

"혼이 나서 떨며"라는 말은 "마음에 제정신을 잃었다"라는 말로 되어 있다.

창42:29 그들이 가나안 땅에 와 그들의 아버지 야곱에게 가서 그들에게 일어난 모든 일을 그에게 말하여 이르기를
창42:30 그 땅의 주인 그 사람이 우리에게 엄히 말하고 우리를 그 땅의 정탐꾼으로 여겨 우리를 감옥에 가두었기에

1) 여기서 요셉을 가리켜 그 땅 주인이라 함으로 이는 창42:6절과 같이 요셉이 "알콘" 즉 애굽의 왕과 같은 위치에 있었다는 것을 알 수 있다.
2) 개정성경에는 감옥에 가두었다는 말이 나오지 않으나 70인 역에는 나온다.

창42:31 우리가 그에게 말하기를 우리는 화평한 사람들이요 결코 정탐꾼이 아니니이다
창42:32 우리는 열두 형제들로 한 아버지의 아들이니이다 하나는 존재하지 않고 가장 작은 막내 동생은 오늘 가나안 땅에 있는 우리 아버지와 함께 있나이다 하였더니
창42:33 그 땅의 주인 되는 그 사람이 우리에게 말하기를 내가 이같이 하여 너희가 화평한 자들임을 알리니 너희 형제 중 하나를 여기에 나와 함께 남겨 두고 너희 집의 밀을 사서 가지고 떠나라

그 땅의 주인을 바로라 하지 않고 요셉이라 함으로 요셉의 위치를 짐작게 한다.
주림을 구하라는 말은 70인 역에는 나오지 않는다.

창42:34 너희의 어린 동생을 내게로 데려오라 그리하면 너희가 결코 정탐꾼이 아니고 화평한 자들임을 내가 알며 내가 너희 잡아든 형제를 너희에게 넘겨줄 것이며 너희가 이 땅에서 매매하리라 하더이다 하니라
창42:35 그들이 자기들의 가방을 쏟았더니 각인의 은 뭉치가 그들의 가방 안에 들어 있는지라 그들과 그들의 아버지가 은 뭉치를 보고 경악하였더라
창42:36 그들의 아버지 야곱이 그들에게 말하기를 너희가 나의 자식들을 잃게 하였으니 요셉도 없고 시므온도 없는데 너희가 베냐민도 빼앗아 가려 하니 이 모든 것이 나를 위한 것이 되었도다 하니

"이는 다 나를 해롭게 함이로다"라는 말이 70인 역에는 "이 모든 것이 나를 위한 것이다"라고 되어 있는데, 히브리 원어 적으로 보면 "그것이 나 혼자 감당해야 하는 무거운 고충이로다"로 되어 있다. 이 말은 결국 "나 혼자 감당할 몫이 되었다는 뜻"으로 해석해야 한다.

창42:37 르우벤이 그의 아버지에게 고하여 말하기를 만일 내가 그를 아버지께로 데리고 오지 않거든 나의 두 아들을 존속 살해하소서 그를 내 손에 주소서 그리하면 내가 아버지께 그를 가치 있게 하리이다 하니

"죽이소서"라는 말이 "존속 살해하라"로 되어 있고, "데려오겠다"는 말을 70인 역은 "가치 있게 한다"는 말로 되어 있다.

창42:38 야곱이 말하기를 내 아들은 너희와 함께 결코 내려가지 못하리니 그의 형은 죽고 그만 유일하게 남았는데 만일 가는 길에서 병이라도 나서 그에게 일이 생기면 너희가 나의 노년을 슬픔과 더불어 음부로 무가치하게 내려가게 하는 것이라 하더라

1) "나의 흰 머리로 슬피 음부로"이란 뜻은 늙은 자기 몸이 슬프게 죽을 것이라는 문학적 표현이다.
2) 여기서 음부인 "하데스"는 구약에서는 무덤을 말한다.

I 창세기 43 장

창43:1 기근이 그 땅에 심하고
창43:2 그때 그들이 애굽에서 가져온 곡식을 다 먹으니 그들의 아버지가 그들에게 말하기를 다시 가서 귀리를 조금이라도 구매해 오라 하니

7년 흉년이 온 이유는 사실 하나님이 요셉을 만나게 하기 위해서 반드시 필요한 과정이라 7년 흉년이 온 것이다.

창43:3 유다가 아버지에게 말하여 이르되 그 사람이 우리에게 엄히 단언하며 말하기를 만일 너희 어린 동생과 너희와 함께하지 않으면 틀림없이 나의 얼굴을 결코 보지 못하리라 하였으니

"명령하다"라는 말을 두 번 쓴 이유는 강조 용법으로 엄하게 하는 뜻이다.

창43:4 만약 진실로 이제라도 아버지께서 우리 동생을 우리와 함께 보내신다면 우리가 내려가서 아버지께 귀리를 사다 드리리이다
창43:5 그러나 만일 아버지께서 우리와 함께 동생을 보내시지 않으시면 우리는 결코 내려가지 아니하리니 만일 우리와 함께 어린 우리 동생이 함께하지 않으면 그 사람이 말하길 결코 내 얼굴을 보지 못하리라 하였음이니이다 하니
창43:6 이스라엘이 말하기를 너희가 어찌하여 너희에게 동생이 있는 것을 그 사람에게 말하여 나를 해롭게 하느냐
창43:7 그들이 말하기를 그 사람이 우리에게 우리 가족에 대하여 묻고 묻기를 너희 아버지가 아직 살아 있느냐 너희에게 형제가 있느냐 하기에 우리는 이러한 질문에 대하여 그에게 보고했을 뿐이다 너희 형제를 데리고 오라고 그가 말할지 우리가 어찌 알았겠나이까 하고
창43:8 유다가 그의 아버지 이스라엘에게 말하기를 그 아이를 나와 함께 보내소서 그러면 우리가 일어나서 가리이다 이는 우리와 아버지와 우리의 어린 것들이 살고 죽지 않으려 함이니이다
창43:9 내가 그를 기다리리니 아버지께서 내 손에서 그를 찾으소서 만일 내가 아버지께 그를 결코 데려오지 못해 아버지 앞에 그를 세우지 못하면 내가 아버지께 모든 날 동안 죄인이 될 것이오리다

"내가 그의 몸을 담보한다"는 말은 내가 베냐민 대신 감옥에 갇혀서 기다

리겠다는 말이다. 그래서 "담보"라는 말이 "기다리다"라는 말로 되어 있는 것이다.

창43:10 만일 결코 지연하지 않았더라면 벌써 두 번이나 복귀했을 것이리이다
창43:11 그들의 아버지 이스라엘이 그들에게 말하기를 만일 그렇게 해야만 한다면 이렇게 행하라 너희는 이 땅에서 가장 좋은 과일들을 그릇에 담아서 그 사람에게 선물로 가져가라 곧 수지와 꿀과 향가루와 몰약과 밤과 아몬드니라
창43:12 또 너희 손에 은을 두 배로 취해 너희 자루에 가지고 온 그 은을 다시 가지고 가라 혹 실수가 있었을까 함이라
창43:13 너의 동생을 취하여 일어나서 그 사람에게로 내려가라
창43:14 나의 하나님께서 그 사람 면전에서 너희에게 은혜를 베푸시어 그 사람이 너희 한 형제와 베냐민을 보내 주기를 바라노라 만일 내가 진실로 자식들을 잃으면 잃으리로다 하더라
창43:15 그 사람들이 그 선물을 가지고 또 자기들의 손에 두 배의 은을 가지고 베냐민과 함께 일어나서 애굽으로 내려가서 요셉 면전에 섰더라
창43:16 요셉이 같은 자궁에서 나온 동생 베냐민과 그들이 함께 있음을 보고 자기 집 위에 있는 사람에게 말하기를 이 사람들을 집으로 데리고 들어가고 짐승을 잡아 준비하라 정오에 이 사람들이 나와 함께 빵을 먹으리라 하니

요셉이 베냐민을 보고 그냥 동생이라 하지 않고 같은 자궁에서 나온 동생이라 하고 있고, 또한 청지기를 자기 집 위에 있는 사람이라 말하고 있다.

창43:17 그 사람이 요셉이 명한 대로 하였으니 그가 그 사람들을 요셉의 집으로 데리고 들어갔더라
창43:18 그 사람들이 요셉의 집으로 납치되어 와서 말하길 우리가 처음에 우리의 자루 속에다 넣어 다시 가져갔던 그 은 때문에 우리를 납치해 온 것이니 그가 우리를 억류하고 우리를 폭행하고 우리를 종 삼고 우리의 당나귀를 취하려 함이로다 하며

"억류하고"가 "취조"하고 되어 있고, "끌어들이다"라는 말은 "납치"로 되어 있다.

창43:19 그들이 요셉의 집 관리인에게 가까이 가서 그 집의 문에서 그

와 대화하여

청지기라 나오지는 않지만 이해를 돕기 위해 앞에서 인도한 사람이 관리인이기에 청지기로 해석한다.

창43:20 청하여 말하기를 내 주여 우리가 처음에 귀리를 구매하고 내려가서
창43:21 우리가 유숙하게 되었을 때 우리의 자루를 열었더니 자루 안에 각자의 은이 있기에 우리가 우리 손으로 은을 그대로 다시 가져왔나이다
창43:22 귀리를 살 다른 돈도 우리 손으로 가져왔나이다 우리 자루 안에 누가 은을 넣었는지 결코 알지 못하나이다 하니
창43:23 그가 그들에게 말하기를 너희에게 자비를 베푼 것이니 두려워 말라 너희 하나님 너희 아버지의 하나님께서 보물을 너희 자루에 넣어 주신 것이니 너희 은을 기쁨으로 가지라 하고 그가 시므온을 그들에게로 이끌어 오더라
창43:24 그 사람이 그들을 요셉의 집으로 인도하고 물을 주자 그들이 발을 씻더라 그가 그들의 당나귀에게도 꼴을 주더라
창43:25 그들은 요셉이 자기들과 함께 정오에 식사하겠다는 말을 듣고 준비해 온 선물을 요셉에게 주려고 준비하더라
창43:26 요셉이 집으로 들어오니 그들이 선물을 손에 들고 집으로 들어가 그에게 선물을 바치고 땅에 엎드려 절하니
창43:27 요셉이 그들에게 그들의 안부를 묻고 말하기를 너희의 늙으신 아버지는 건강 하느냐 그분은 또한 살아계시느냐 하니
창43:28 그들이 대답하기를 당신의 종 우리 아버지는 건강하오며 하나님의 축복을 받아 아직 살아 계시나이다 하고 그 남자에게 앞으로 구부려 절하더라
창43:29 요셉이 눈을 들어 그 남자와 같은 자궁에서 나온 동생 베냐민을 보고 말하길 이 사람이 너희가 나에게 말했던 너희의 어린 동생이냐 또 그가 말하기를 어린이여 하나님이 너에게 긍휼을 베푸시기를 원하노라 하더라
창43:30 요셉이 그의 동생으로 인하여 창자가 회전해서 어지러워 급히 서둘러 통곡할 곳을 찾아 골방으로 들어가 거기서 크게 흐느껴 울부짖더라
창43:31 요셉이 얼굴을 씻고 나와서 자제하며 말하기를 빵을 가져오라 하니
창43:32 그들이 요셉에게 따로 차리고 그의 형제들에게도 따로 차리고

요셉과 함께 저녁 식사하는 애굽인들에게도 따로 차렸으니 이는 애굽 사람들은 히브리인들과는 함께 결코 빵을 먹지 않았으니 그것은 애굽 사람들이 혐오했기 때문이라

1) "요셉과 함께 저녁 식사하는" 할 때 70인 역은 저녁 식사로 나오는데 16절을 보면 점심으로 나온다. 이는 아마 배식하는 이들의 식사 봉사를 하다 보니 애굽의 이 종들의 식사시간이 늦어져서 이렇게 표현했든지 아니면 34절을 보면 술을 취하도록 마셨다고 함으로 아마 점심부터 먹기 시작한 식사가 저녁까지 이어진 것 아닌가 싶다. 취하도록 마셨기 때문이다.
2) "가증됨을 혐오했다"로 나오는데 이는 물신 숭배 사상에 젖어 소를 신성시 여기던 애굽의 종교(출32장)와는 달리 히브리인들이 소를 제물이나 식용으로 삼는데(신12:20-28)서 비롯된 풍습인 듯하다. 아무튼 애굽인들은 히브리인들이 사육한 짐승의 고기를 먹지 않을 뿐 아니라 그들이 짐승을 잡을 때 사용한 도구나 식기조차 같이 사용하지 않았다. 즉 애굽 사람들은 히브리 사람들의 식습관을 아주 미워했다는 말이다.
3) 이렇게 애굽인들과 따로 차린 이유는 애굽 종교를 숭상하지 않는 이방인, 특히 히브리인과는 식사를 같이하지 못하도록 금지되어 있는 애굽의 규례 때문이었다.

창43:33 요셉이 자기 형들의 나이 순서대로 대사관인 장자와 막내아들에 이르기까지 나이 순서를 따라 그의 면전에 앉도록 하니 그 형제들이 제정신을 잃을 정도로 놀라니 이는 어떻게 자기들의 나이를 알고 있나 해서였더라

70인 역에서는 장자를 대사관으로 말한다. 이는 아마 가족을 대표하기 때문인 것 같다.

창43:34 요셉이 그들에게 음식의 몫을 주었는데 베냐민의 몫은 그들 중 누구보다도 많은 다섯 배나 주매 그들이 요셉과 함께 술을 취하도록 마셨더라

1) 70인 역에서는 식사 자리인지 나오지 않지만 앞 내용이 식사 자리였기에 여기서 몫은 음식을 말하는 것이다.
2) 70인 역에는 술을 먹은 것으로 나오는데 취하도록 마셨다고 함으로 아마 32절에서 말한 것 같이 저녁 식사 때까지 마신 것 같다.

| 창세기 44 장

창44:1 요셉이 자기 집 위에 있는 이에게 명하여 말하기를 이 사람들의 자루를 그들이 가지고 갈 수 있을 만큼 귀리로 가득 채우고 각인의 은도 각자 자루 입구 넣고

70인 역에는 "청지기"를 "집 위에 있는 이"로 말하고 있다.

창44:2 그리고 내 은잔을 어린아이 자루 안에 넣고 그의 곡식 값도 넣으라 하니 그가 요셉이 명령한 말대로 행하더라
창44:3 아침이 밝자마자 그 사람들을 보냈으니 그들과 그들의 나귀들이라
창44:4 그들이 성읍을 떠났으나 결코 멀리 가지 않았을 때 요셉이 그의 집 위에 있는 사람(청지기)에게 말하기를 일어나 그 사람들의 뒤를 따라 추적해서 그들을 따라잡으면 그들에게 말하라 어찌하여 너희가 선을 악으로 갚느냐
창44:5 너희가 어찌하여 나의 은잔을 훔쳤느냐 그것은 내 주인이 마시는 것이 아니냐 그가 그것으로 자신의 복점을 치는 데 쓰는 것이 아니냐 너희가 이같이 악을 행하는데 기여하였도다 하니라

"너희가 어찌하여 나의 은잔을 훔쳤느냐"이 말은 70인 역에만 나오는 말이다. 애굽에서는 술잔에 물을 채우고 악령께 기도한 후 물을 관찰하여 점을 쳤다. 이러한 점술은 하나님의 뜻과는 완전히 배치되는 것이므로 훗날 모세 율법은 이를 엄격히 금하였다(레19:26; 신18:9-14).

창44:6 청지기가 그들을 찾아 그들에게 그대로 말하니라
창44:7 그들이 그에게 말하기를 어찌하여 나의 주께서 이런 말씀을 하시나이까 당신의 종들이 이런 일은 결코 아니하나이다

"퀴리오스"라는 말은 반드시 하나님과 예수님에게 하는 말이 아닌 주인이나 높은 사람에게 일반적으로 사용했던 단어이다. 그래서 본 절에도 "청지기"에 "주여"라고 하는 것이다.

창44:8 우리가 우리의 자루 안에서 찾아낸 은도 가나안 땅에서 당신께로 다 가져 왔는데 어떻게 우리가 당신의 주인의 집에서 은이나 금을 훔

치리이까
창44:9 당신의 종들 가운데서 그 은잔을 찾게 되면 그는 죽을 것이요 우리는 우리 주의 종이 될 것이나이다 하니
창44:10 그가 말하기를 이제 너희 말대로 하리라 은잔이 그 안에서 발견되는 사람은 나의 종이 될 것이요 너희는 깨끗하게 될 것이니라 하더라
창44:11 그들은 서둘러 각자 자기의 자루를 땅에다 내려놓고 그의 자루를 각자 열더라
창44:12 그가 가장 나이가 많은 자로부터 시작하여 나이가 가장 적은 자에게까지 수색하매 그 은잔을 베냐민의 자루에서 찾았더라.
창44:13 그들이 자기들의 옷을 찢으며 각자가 나귀에 자루를 싣고 성읍으로 되돌아오니라

옷을 찢는 것은 당시 근동 지방에서 자신의 극한 슬픔을 나타내는 행위였다(창37:24; 왕상21:27)

창44:14 유다와 그의 형제들이 요셉의 집에 도착하니 요셉이 아직 거기에 있는지라 그들이 요셉 앞에서 땅에 엎드리더라
창44:15 요셉이 그들에게 말하기를 너희가 어찌하여 그 같은 행위를 행했느냐 내가 복점을 잘 치는 사람인 줄 결코 알지 못했더냐 하니

복점이 반복되는 것은 잘함을 강조하는 것이다.

창44:16 유다가 말하기를 우리가 내 주께 어떻게 항소 하리이까 또 우리가 무엇을 말하리이까 또한 우리가 어떻게 우리 자신이 정직하게 보이리이까 하나님께서 당신의 종들 잘못을 찾으셨나이다 보소서 우리와 이 은잔이 발견된 자는 우리 주의 종이 되겠나이다 하더라
창44:17 요셉이 말하기를 내가 결코 너희 말대로 하지 아니하리라 그 은잔이 발견된 자만 나의 종이 될 것이요 너희는 너희 아버지께로 건강하게 돌아가라 하더라
창44:18 유다가 그에게 가까이 가서 말하기를 내 주여 청원하오니 당신의 종으로 하여금 주의 면전에서 한 말씀을 고하게 하소서 당신의 종에게 결코 분노하지 마소서 당신은 바로와 같으심이니 이다
창44:19 내 주께서 종들에게 물으시어 말씀하시기를 너희는 아버지가 있느냐 또한 형제가 있느냐 하시기에
창44:20 우리가 내 주께 말씀드리기를 우리에게는 나이 많은 아버지가 있으며 또 그의 노년에 얻은 한 어린 소년이 있는데 그의 형은 죽었고 그

어머니로부터 난 자로는 그 소년이 유일하게 남았으니 그 아버지가 그를 사랑하나이다 하였더니
창44:21 당신께서 당신의 종들에게 말씀하시기를 그를 내게로 데려와서 나로 그를 직접 대면하게 하라 하시기에
창44:22 우리가 내 주께 말씀드리기를 결코 그 아이가 아버지를 떠나게 할 수 없나니 만일 그가 그의 아버지를 버리면 그의 아버지는 죽을 것이니이다 하였더니
창44:23 당신께서 당신의 종들에게 말씀하시기를 만일 너희의 어린 동생이 너희와 함께 내려오지 아니하면 너희가 이후에는 결코 내 얼굴을 보지 못하리라 훈계하셨기에
창44:24 우리가 당신의 종 내 아버지에게 올라 갔을 때 내 주의 말씀을 그에게 보고하였더니
창44:25 우리 아버지가 말하기를 다시 가서 귀리를 조금 사 오라 하시기에
창44:26 우리가 말씀드리기를 우리가 내려갈 수 없나이다 그러나 만약 우리의 어린 동생이 우리와 함께 있으면 우리가 내려가리이다 어린 동생이 결코 우리와 함께 있지 아니하면 우리는 그 사람의 얼굴을 볼 수 없음이니 이다 하였더니
창44:27 당신의 종 우리 아버지가 우리에게 말씀하시기를 너희도 알다시피 내 아내가 내게 두 아들을 낳았는데
창44:28 하나는 내게서 떠나갔으니 내가 말하지만 그는 분명히 찢겼고 내가 지금까지 아직 그를 보지 못하였는데
창44:29 만일 너희가 이 아이를 내 얼굴로부터 취하였다가 그 길에서 그에게 병이나 해가 미치면 너희는 나의 노년을 무가치하게 슬픔 가운데 음부로 내려가게 하는 것이라 하였나이다

나의 흰 머리로 슬피 음부로-늙은 자기 몸이 슬프게 죽을 것이라는 문학적 표현이다

창44:30 이제 진실로 당신의 종 우리 아버지에게 우리가 돌아가게 될 때 어린동생이 결코 우리와 함께할 수 없다면 아버지의 영혼이 아이의 영혼으로부터 묶여 있는 고로

아비의 생명과 아이의 생명이 서로 결탁되었거늘 = 문자적으로는 영혼 속에 영혼이 묶여 있거늘 이란 말로, 이는 아비 야곱과 아들 베냐민과의 끊지 못할 유대성을 가장 극명하게 표현한 말이다. 이를 통해 영혼 유전설

을 이해할 수 있다. 지금 유다의 말과 같이 아이의 영혼은 아버지의 영혼과 묶여 있다 하기 때문이다.

창44:31 아버지가 그 어린 소년이 우리와 함께 존재하지 않음을 보면 죽으리니 그리하면 당신의 종들인 우리가 당신의 종 우리 아버지의 노년에 슬픔과 함께 음부로 내려가게 함이니이다
창44:32 당신의 종이 내 아버지에게 이 아이를 담보하여 말씀드리기를 만일 내가 이 아이를 아버지의 면전에 데려와 세워놓지 아니하면 내가 아버지의 모든 날에(평생) 죄인이 될 것입니다 하였나이다
창44:33 그러므로 이제 진실로 당신의 종으로 이 아이를 대신하여 내 주의 종으로 있게 하시고 이 아이는 형제들과 함께 올라가게 하소서
창44:34 그 아이가 우리와 결코 함께하지 않는데 내가 어찌 아버지에게로 올라갈 수 있으리이까 그렇게 되면 내 아버지의 해로움을 보게 될 것인데 결코 그 해로움을 볼 수 없음이리다 하더라

I 창세기 45 장

창45:1 그때 요셉은 자기 곁에 서 있는 모든 자 앞에서 결코 태연할 수 없어서 소리 질러 말하길 모든 사람은 나에게서 물러가라 하니 요셉이 자신을 자기 형제들에게 알리는 동안 그의 옆에는 아무도 없더라
창45:2 그가 큰 소리로 울부짖으면 눈물을 흘리니 애굽 사람들과 바로의 집안에서도 듣더라
창45:3 요셉이 그의 형제들에게 말하기를 나는 요셉이라 내 아버지가 아직 살아 계시나이까 하나 그의 형제들은 그에게 결코 대답할 수 없었으니 이는 그들이 혼란스러웠기 때문이더라
창45:4 요셉이 그의 형제들에게 말하기를 나에게 가까이 오소서 하니 그들이 가까이 온지라 그가 말하기를 나는 당신들이 애굽에 팔았던 당신들의 동생 요셉이니이다
창45:5 당신들이 나를 이곳에 판 것으로 이제 진실로 결코 슬퍼하거나 심지어 굳은 표정을 보이지 말라 이는 하나님께서 생명을 보존하시려고 당신들 전에 나를 보내셨음이니 이다
창45:6 이 두 해 동안 이 땅에 기근이 들었으나 아직 나머지 오 년은 결코 경작도 못 하고 더 이상 작물을 심지로 못할 것이니이다

"추수"가 아닌 "작물"로 되어있다.

창45:7 하나님께서는 땅에서 당신들의 소수를 남겨두시고 당신들을 크게 보존하시고 사육하시기(기르다) 위해 당신들 앞서 나를 보내셨나이다

"후손"은 "소수"를 말하고, "구원"은 "보존"으로 되어 있고, "보존"은 "사육"으로 되어 있다.

창45:8 그러므로 이제 나를 여기에 보낸 것은 결코 당신들이 아니라 하나님이시니 그분이 나를 바로에게 아버지가 되게 하시고 그의 온 집의 주가 되게 하시며 온 애굽땅의 통치자로(왕) 삼으셨나이다

70인 역으로 볼 때 당시 요셉의 위치는 바로의 아비요, 바로의 집의 주인이었고, 애굽땅을 통치하는 왕과 같은 존재였다.

창45:9 당신들은 이제 서둘러 내 아버지께로 올라가서 아버지께 말하소

서 아버지의 아들 요셉이 이렇게 말하더이다 하나님께서 나를 온 애굽의 주로 삼으셨으니 결코 머무르지 말고 내게로 내려오셔서
창45:10 아버지께서는 아라비아 고센 땅에서 거하소서 그것은 나와 가까운 곳이 될 것이나이다 아버지와 아버지의 아들들과 아버지의 아들들의 아들들과(손자) 아버지의 양 떼와 아버지의 소 떼와 아버지의 모든 소유를 이끌고 이곳 고센 땅으로 오소서

1) 성경에는 손자라는 말이 나오지 않고 아들들의 아들로 나온다.
2) 70인 역에는 고센 땅을 아라비아 고센 땅으로 나오고, 70인 역에서는 고센과 라암셋이 동일한 지역의 명칭으로 사용되고 있다(창46:28). 그리고 출1:11에 의하면 비돔과 라암셋이라는 국고성이 이 지역에 건축되었음도 알 수 있다.

창45:11 기근이 아직도 오 년이나 있으니 내가 그곳에서 아버지께 공급하리이다 혹 아버지와 아버지의 아들들과 아버지의 모든 소유가 결코 식사도 하지 못할까 함이니이다 하더라 하소서
창45:12 보소서 당신의 눈들이 보고 있고 내 동생 베냐민의 눈이 보는 데서 당신들에게 말하는 것은 내 입이니

이는 히브리 문학적 표현으로 우리식으로 하면 "내 눈으로 확실히 보았고 들었다"는 말이다.

창45:13 당신들은 애굽에서의 나의 모든 영광과 당신들이 보았던 모든 것을 내 아버지께 전하고 속히 내 아버지를 여기로 납치해 오소서 하고

"모시고 오라"는 말을 70인 역에서는 "납치해오라"로 되어 있는데 이는 빨리 모시고 오라는 뜻이다.

창45:14 그가 자기 동생 베냐민의 목을 포옹하고 울부짖으니 베냐민도 그의 목을 붙잡고 울부짖더라
창45:15 요셉이 그의 모든 형과도 입 맞추며 안고 흐느껴 울더라 그제서야 그의 형들이 그와 이야기하더라
창45:16 바로의 집에 소문이 들려 말하기를 요셉의 형제들이 왔다 하니 바로와 그의 수행원(신하)들이 매우 기뻐하며
창45:17 바로가 요셉에게 말하기를 네 형제들에게 말하기를 너희는 이렇게 행하라 너희는 양식을 가득 채우고 가서 가나안 땅에 도착하면

창45:18 너희 아버지와 너희 소유물을 취하여 내게로 오라 그러면 내가 너희에게 애굽에서 가장 좋은 것을 주리니 너희가 그 땅에서 골수를 먹으리라

70인 역에서는 "기름진"을 "골수"로 말하고 있다

창45:19 이제 네가 명을 받았으니 이렇게 하라 너희는 애굽 땅에서 마차들을 가져다가 너희 자녀들과 아내들과 너의 아버지를 태우고 모셔 와라
창45:20 또한 너희가 부러워할 만한 물건들을 놓고 온 것에 대하여 결코 아까워하지 말라 이는 모든 애굽의 좋은 것이 너희의 것임이라 하라
창45:21 이스라엘의 아들들이 그와 같이 행하니 요셉이 바로의 명대로 그들에게 마차들을 주고 길에서 먹을 양식을 주더라
창45:22 그가 그들 모두에게 옷 한 벌씩을 주었으나 베냐민에게는 금 삼백 개와 다른 옷 다섯 벌을 주더라
창45:23 또 그의 아버지에게 이와 같이 보냈으니 당나귀 열 마리에 애굽에서 좋은 모든 것들을 싣고 암나귀 열 마리에는 아버지가 길에서 먹을 빵을 실었더라
창45:24 그의 형들을 보내니 그들이 나아가더라 그가 그들에게 말하기를 당신들은 길 가다가 결코 화내지 마소서 하더라
창45:25 그들이 애굽에서 올라와서 가나안 땅으로 들어와 그들의 아버지 야곱에게 이르러
창45:26 그에게 보고하여 말하기를 아버지의 아들 요셉이 아직 살아 있고 그가 모든 애굽 땅을 다스리는 통치자가 되었더이다 했으나 야곱이 마음이 정신을 잃을 정도로 놀라 결코 그들을 믿지 않았음이더라

총리를 70인 역은 애굽 모든 땅을 다스리는 통치자로 말하고 있다. 70인 역에는 야곱이 제정신을 잃을 정도로 놀랐다고 나온다.

창45:27 그들이 야곱에게 요셉이 자기들에게 했던 모든 말을 하였더니 야곱이 부축을 받고 일어나서 요셉이 보낸 마차들을 보고서야 그들의 아버지 야곱의 영혼이 부활한지라

"기운이 소생한지라" 여기서 마음은 마음이 아닌 "프뉴마" "영"으로 되어 있고, "소생하다"라는 말은 "부활"로 되어 있다.

창45:28 이스라엘이 말하기를 내 아들 요셉이 아직 살아 있으니 그것으

로 떠나기에 충분하도다 내가 죽기 전에 그를 보러 가리라 하더라

요셉이 살아 있는 것 하나만으로도 떠나기에 충분한 이유가 된다는 말이다.

ㅣ창세기 46 장

창46:1 이스라엘이 모든 소유물을 가지고 떠나 맹세의 우물이라는 브엘세바에 와서 그의 아버지 이삭의 하나님께 희생제를 드렸더니
창46:2 하나님께서 밤의 환상 중에 이스라엘에게 말하여 이르되 야곱아 야곱아 하시니 그가 말하되 무엇 때문이십니까

"내가 여기 있나이다"라는 말이 70인 역에서는 의문대명사로 되어 있다.

창46:3 하나님이 말씀하시기를 내가 그이다 너의 아버지의 하나님이라 애굽으로 내려가기를 두려워 말라 내가 그곳에서 너를 큰 민족으로 만들 것임이라
창46:4 내가 너와 함께 애굽으로 내려갈 것이며 또 내가 너를 종착지(애굽)에서 끌어 올라오리라 요셉이 그의 손으로 네 눈을 감기리라 하시더라

"너를 인도하여 다시 올라올"- 종착지(애굽)에서 끌어 올린다는 것이다.

창46:5 야곱이 맹세의 우물이라 하는 브엘세바에서 다시 일어나니 이스라엘의 아들들이 요셉이 그들에게 야곱을 태우려고 보낸 마차에 그들의 아버지 야곱과 그들의 아내들을 태워 가는 일을 성실히 수행하더라
창46:6 그들이 그들의 재산과 모든 소유를 가지고 그들이 가나안 땅에서 얻은 그들의 재산들을 가지고 야곱과 그의 씨들이 함께 애굽으로 들어오니
창46:7 야곱이 그의 아들들과 그와 함께한 그의 아들들의 아들들과 그의 딸들과 그의 아들들의 딸들과 그의 모든 씨를 애굽으로 인도해 왔더라
창46:8 이것이 애굽으로 들어온 이스라엘의 자녀들의 이름이라 야곱과 그의 아들들은 야곱의 장자 르우벤이며
창46:9 르우벤의 아들 하녹과 발루와 헤스론과 갈미요
창46:10 시므온의 아들 곧 여무엘과 야민과 오핫과 야긴과 스할과 가나안 여인의 아들 사울이요
창46:11 레위의 아들 곧 게르손과 그핫과 므라리요
창46:12 유다의 아들 곧 엘과 오난과 셀라와 베레스와 세라니 엘과 오난은 가나안 땅에서 죽었고 또 베레스의 아들 곧 헤스론과 하물이요
창46:13 잇사갈의 아들 곧 돌라와 부와와 욥과 시므론이요
창46:14 스불론의 아들 곧 세렛과 엘론과 얄르엘이니

창46:15 이들은 레아가 메소포타미아 밧단 아람이라는 지금의 시리아에서 야곱에게 난 자손들이라 그 딸 디나를 합하여 아들과 딸해서 삼십삼 명의 영혼을 낳았으며

"밧단아람"을 70인 역서에서는 "메소포타미아의 시리아"로 나온다. 그리고 70인 역에서는 "프쉬케"를 씀으로 "영혼을 낳았다"고 나온다.

창46:16 갓의 아들 곧 시본과 학기와 수니와 에스본과 에리와 아로디와 아렐리요
창46:17 아셀의 아들 곧 임나와 이스와와 이스위와 브리아와 그들의 누이 세라며 또 브리아의 아들 곧 헤벨과 말기엘이니
창46:18 이들은 라반이 그 딸 레아에게 준 실바가 야곱에게 낳은 영혼들이라 합 십육 명이요
창46:19 야곱의 아내 라헬의 아들 곧 요셉과 베냐민이요
창46:20 또 애굽에서 요셉에게 므낫세와 에브라임이 태어났는데 이들은 태양 성읍의 제사장 보디베라의 딸 아스낫이 그에게 낳은 것이라 이것은 므낫세와 에브라임의 아들이라 므낫세는 첩 아람 여인(시리아 여인) 쉬라에게 마길을 낳았고 마길은 길르앗을 낳았더라 그리고 에브라임은 수탈리암과 타임을 낳았고 수탈리암은 에뎀을 낳았더라

70인 역에서는 므낫세의 아들들과 에브라임의 후손에 대하여도 계속 나온다. 그런데 대상7:14절을 보면 므낫세의 첩이 나오는데 그 자손이 마길로 나온다.

창46:21 베냐민의 아들들은 벨라와 베겔과 아스벨이고 벨라의 아들은 게라와 나아만과 에히와 로스와 뭅빔과 품빔이고 게라는 아릇을 낳으니라

1) 70인 역에서는 베냐민의 아들은 셋이고, 나머지 게라와 나아만과 에히와 로스와 뭅빔과 훔빔은 베냐민의 손자로 나온다.
2) 70인 역에는 아릇은 게라의 아들 즉 베냐민의 손자로 나온다.

창46:22 이들은 야곱에게 낳은 라헬의 아들들이며 모든 영혼은 십팔 명이더라

개정성경은 14명으로 되어 있지만, 70인 역은 18명으로 됨

창46:23 단의 아들 후심이요
창46:24 납달리의 아들 곧 야스엘과 구니와 예셀과 실렘이라
창46:25 이들은 라반이 그의 딸 라헬에게 준 빌하의 아들들이며 그녀가 이들을 야곱에게 낳았으니 모든 영혼은 일곱이더라.
창46:26 야곱과 함께 애굽으로 들어온 모든 영혼들은 야곱의 아들들의 아내들을 제외하고는 모두 야곱의 허벅지에서 낳았으며 모든 영혼은 육십육 명이더라.

70인 역에서는 야곱이 허벅지에서 자녀를 낳았다고 말한다.

창46:27 애굽에서 요셉의 자손은 아들들과 손자 다섯 명 해서 아홉 명의 영혼이 되었으니 애굽으로 들어온 야곱 집안의 모든 영혼은 칠십 오 명이더라

1) 개정성경은 70명으로 나오나 70인 역 성경은 75명으로 나온다.
2) 행전7:14에 의하면 이와는 달리 총 75명으로 나와 있다. 따라서 일부 성급한 사람들은 이를 성경 자체 내의 모순으로 단정할 수도 있다. 하지만 75명이란 숫자는 70명의 숫자에 요셉의 다섯 손자들(창50:23)을 더한 수일 뿐이다.

창46:28 야곱이 유다를 자기에 앞서 요셉에게 보내어 라암셋의 이라 하는 고센땅의 주인공인 자기들을 인도하게 하니 그들이 라암셋이라 하는 고센 땅으로 들어왔더라

70인 역에서는 고센과 라암셋이 동일한 지역의 명칭으로 사용되며 또한 고센땅의 주인공을 야곱으로 말하고 있다.

창46:29 요셉이 쌍 마차를 타고 그의 아버지 이스라엘을 만나려고 고센으로 올라와서 성읍의 주인공인 야곱에게 모습을 나타내니 그가 야곱의 목을 안고 포옹한 후 오랫동안 흐느껴 큰 소리로 눈물을 흘리며 울더라

70인 역은 요셉이 타고 온 마차를 쌍 마차라 말한다.

창46:30 이스라엘이 요셉에게 말하기를 네가 아직 살아 있어 내가 네 얼굴을 보았으니 지금 죽어도 되겠구나 하니

"지금 죽어도 가하도다"라는 말을 루터는 이 구절을 "이제 나는 기쁘게 죽을 것이다"라고 번역했다.

창46:31 요셉이 그의 형들에게 말하기를 내가 올라가서 바로에게 보고하여 말하기를 가나안 땅에 있던 내 형들과 내 아버지의 집이 내게로 왔는데
창46:32 그 사람들은 목자들이니 그들의 직업이 가축을 사육하는 것이어서 그들의 양 떼와 소 떼와 모든 소유를 이끌고 왔나이다 하리니
창46:33 바로가 만일 당신들을 불러서 너희 일이 무엇이냐 물으면
창46:34 당신들은 그 사람에게 말하기를 당신의 종들인 우리는 아이였을 때부터 지금까지 목축업이요 우리와 우리의 아버지들도 그러하나이다 하소서 그리하면 당신들은 아라비아 고센 땅에서 거하게 되리니 이는 애굽인들은 양을 치는 목자들을 혐오하기 때문이니이다 하더라

| 창세기 47 장

창47:1 요셉이 와서 바로에게 보고하여 말하되 나의 아버지와 내 형제들과 그들의 양 떼와 소 떼와 그들의 모든 소유가 가나안 땅에서 왔는데 그들이 고센 땅에 있나이다 하고
창47:2 그가 그의 형제 중 다섯 명을 취하여 가서 바로의 면전에 세우니
창47:3 바로가 요셉의 형제들에게 묻기를 너희 일이 무엇이냐 하니 그들이 바로에게 말하기를 당신의 종들은 가축을 치는 목자들이온데 우리와 우리의 아버지들도 그러하니이다 하고

70인 역에서는 “아버지”란 “조상”을 의미한다. 그래서 아버지가 단수가 아닌 복수인 것이다.

창47:4 그들이 바로에게 또 말하기를 가나안 땅에 기근이 심하여 당신의 종들은 그들의 가축들에게 결코 풀을 뜯길 초장이 없기에 우리가 이 땅에 거주하러 왔나이다 그런즉 이제 당신의 종들이 고센 땅에 거주하게 하소서 하더라
창47:5 바로가 요셉에게 일러 말하기를 네 아비와 형제들이 네게 왔으니 고센 땅에 그들로 거하게 하라 그리고 만약 그들 중에 능한 자가 있는 줄을 알거든 그들로 나의 방백들의 가축을 관리하게 하라

70인 역에서는 6절 내용이 5절에 기록되고 있다.

창47:6 보라 애굽 땅이 네 앞에 있으니 그 땅에서 매우 좋은 곳에 네 아버지와 형제들이 거하게 하라

6절의 이 나머지 내용은 5절에 기록되어 있다.

창47:7 요셉이 자기 아버지 야곱을 인도하여 바로 앞에 서게 하니 야곱이 바로에게 축복해 주더라
창47:8 바로가 야곱에게 묻기를 당신 생명의 년일들이 얼마나 되느뇨 하니
창47:9 야곱이 바로에게 말하기를 내 이방인으로 산 나그네 세월이 일백삼십 년이니이다 내 생명의 년일이 미미하고 힘들었으나 내 아버지들이 이방인이 되어 나그네로 산 날들엔 결코 도달하지 못하나이다 하고

70인 역에서는 조상을 아버지들로 말하고, 70인 역에서는 조상들보다 더 험악한 세월을 보냈다는 말이 나오지 않고 단지 생명이 조상들보다 짧았다고만 나온다. 공동번역과 킹 제임스도 70인 역과 같은 식으로 번역되어 있다.

창47:10 야곱이 바로에게 축복해 주고 그로부터 나오니라

야곱이 바로를 두 번 축복하고 나온 것이다.

창47:11 요셉이 바로가 명령한 대로 그의 아버지와 형제들에게 애굽 땅에서 그들에게 소유를 주었으니 그 땅에서 매우 좋은 땅 라암셋이라는 고센 땅을 주었더라
창47:12 요셉이 그의 아버지와 그의 형제들과 그의 아버지의 집안의 육체 수대로 곡식을 주어 공궤하였더라

가족 또는 식구대로 되어 있지만 70인 역에서는 "소마" 즉 "육체대로 주었다"고 되어 있다. 즉 가족뿐 아니라 육체를 가진 모든 종에게도 준 것이다.

창47:13 기근이 너무 심하니 모든 땅에 결코 곡식 없었더라 그러므로 애굽 땅과 가나안 땅이 기근으로 인하여 소멸되어 가더라

"쇠약하다"라는 말이 헬라어로는 "소멸하다"라는 뜻으로 됨

창47:14 요셉이 모든 은을 모아들이니 이는 애굽 사람들과 가나안 사람들이 요셉에게 곡식을 얻어 사서 그들의 가족들을 부양함이더라 그리고 요셉은 바로의 집에 모든 은을 가져오니

1) "몰수"라는 말이 "판" 즉 "모든"으로 되어 있다.
2) 애굽땅에서 있는 사람들과 가나안 땅에 있는 사람들이 곡식을 요셉에게 얻어 은을 주고 사 갔기 때문이라는 말이다.

창47:15 애굽 땅과 가나안 땅에 있는 은이 다 소멸되니 모든 애굽인들이 요셉에게 와서 말하기를 은이 소멸되었으니 우리에게 빵을 주소서 우리가 어찌 당신 면전에서 죽어야 되리이까 하더라

진하다는 말을 70인 역에서는 소멸되다라고 되어 있다.

창47:16 요셉이 말하기를 너희의 가축을 가져오라 만약 은이 소멸하였으면 너희의 가축 대신 너희에게 빵을 주리라 하니
창47:17 그들이 요셉에게 그들의 가축을 가져오고 요셉이 말들과 양 떼와 소 떼와 나귀들 대신 빵을 주어 그 해에 요셉이 그들의 모든 가축을 대신 빵으로 그들에게 공급해 주더라
창47:18 그 해가 가고 다음 해인 새해가 되자 무리가 요셉에게 와서 말하기를 우리가 나의 주께 숨기지 않으리이다 우리의 은과 소유와 가축떼를 주께 다 드려 소멸되었으니 이젠 우리의 몸과 땅 외에는 내 주의 면전에 결코 내놓을 것이 없나이다
창47:19 당신의 면전에서 그 땅이 광야가 되고 우리가 진실로 죽으리이까 우리의 가축과 우리 땅 대신 빵을 주소서 우리가 우리 땅과 함께 바로의 종이 되리니 씨를 뿌리게 우리에게 씨앗을 주소서 그래야 우리가 살고 결코 죽지 않으며 그 땅도 결코 사막이 되지 않을 것이리이다 하더라
창47:20 요셉이 애굽의 모든 땅을 바로를 위해 획득한 후 바로에게 드리니 이는 기근이 심해 애굽 사람들이 자기 땅을 팔았기 때문이라 그 땅이 바로의 것이 됨이라
창47:21 그리고 애굽 땅에 사는 백성들은 다 그의 종이 되었고 종들을 애굽의 이쪽 경계 끝에서 저쪽 경께 끝에까지 옮겼으나

70인 역은 백성들을 종으로 삼았다고 나오고, 종으로 삼았기에 백성들을 이주시켰는데 백성이라 하지 않고 종들을 이주시킨 것으로 나온다.

창47:22 요셉이 유일하게 제사장들의 땅은 결코 소유하지 못했으니 이는 제사장들이 바로에게서 선물로 기부를 받음이라 그리하여 바로가 그들에게 준 기부로 살았기에 그들은 그들의 땅을 결코 팔지 않았더라

“녹”이 70인 역에서는 “기증과 기부”로 되어 있다.

창47:23 요셉이 애굽의 모든 사람에게 말하기를 보라 내가 오늘 바로를 위하여 너희와 너희 부동산을 소유했노라 여기에 너희를 위한 씨앗이 있으니 너희는 그 땅에 뿌릴지니라

요셉이 씨를 나누어 준 것으로 보아 7년 흉년의 마지막 년 임을 알 수 있다.

창47:24 그리고 추수한 것의 오분의 일은 바로의 몫으로 주고 나머지 사의 몫은 너희 것으로 하여 그것으로 그 땅의 씨앗으로 삼고 너희의 음식과 너희 가족의 음식과 너희 모든 것들의 음식으로 삼으로 하니

당시 동양에서는 세금이 3분의 1이었는데, 요셉은 5분의 1로 해 주었으니 거저 준 것이다.

창47:25 그들이 말하길 주께서 우리를 구원하셨으니 우리가 주께 호의를 얻었으니 바로의 종이 되겠나이다 하더라
창47:26 요셉이 그들에게 명령하며 만든 것이 오늘까지 이르러 애굽땅 바로의 토지법이 되었으나 제사장들의 토지만은 결코 바로의 것이 되지 않으니라
창47:27 이스라엘이 애굽 땅 고센 땅에 거하며 거기서 땅을 소유하고 후손이 증가하여 심히 번성하였더라
창47:28 야곱이 애굽 땅에 십칠 년을 살았으므로 야곱 생애의 연수는 일백사십칠 년이더라
창47:29 이스라엘이 죽을 때가 가까우니 그가 그의 아들 요셉을 불러 그에게 말하기를 만약 너의 목전에서 내가 호의를 입었거든 내가 유언하노니 네 손을 나의 허벅지 대퇴골 아래인 사타구니에 넣고 나에게 자비를 행하여 진실로 나를 애굽 땅에 장사하지 말라

70인 역에는 "청하건대"가 아니라 "유언"으로 되어 있다. 또한 환도 뼈 아래란 사타구니를 말하는 것으로 이는 생명의 근원이 이곳에 나기에 이곳에 손을 넣고 근동에서는 맹세했다.

창47:30 내가 나의 아버지들과 함께 자리니 너는 나를 애굽에서 옮겨서 그들의 무덤에 장사하라 하니 그가 말하기를 내가 아버지가 말씀하신 대로 행하리이다 하더라
창47:31 야곱이 말하기를 나에게 맹세하라 하니 요셉이 그에게 맹세하더라 이에 이스라엘이 침상에서 머리맡에 엎드려 하나님께 경배하더라

I 창세기 48 장

창48:1 이 일들 후에 누군가가 요셉에게 보고하길 네 아버지가 괴롭힘을 당하고 있다 하니 그가 그의 두 아들 므낫세와 에브라임을 취하여 야곱에게 가더라

70인 역에서는 야곱이 "병들었다" 하지 않고 "괴롭힘을 당하거나 폭도들에게 폭력을 당하는" 것으로 나온다. 이렇게 병드는 것은 폭도 같은 귀신들에게 폭력을 당하는 것과 같기에 축사를 해서 귀신을 몰아내야 하는 것이다.

창48:2 누군가가 야곱에게 보고하여 말하기를 보소서 당신의 아들 요셉이 당신에게 왔나이다 하니 이스라엘이 힘을 내어 침상에 앉더라
창48:3 야곱이 요셉에게 말하기를 나의 하나님께서 가나안 땅 벧엘에 내게 나타나시어 나에게 축복을 주시며

70인 역에는 "전능하신"이란 말이 나오지 않고, "루스"라는 지역은 "벧엘"을 의미한다.

창48:4 내게 말씀하시기를 보라 내가 너를 다산하고 번식하게 하여 네게서 많은 백성을 이루게 하여 이 땅을 네 뒤의 네 씨에게 주어서 영원한 소유가 되게 하리라 하셨느니라

70인 역에서는 "생육"은 "다산"을 말하고, "번성"은 "번식"을 말한다. 즉 자손과 관계된 말이다.

창48:5 이제 내가 애굽 너에게 오기 전 애굽에서 너에게서 태어난 너의 두 아들 에브라임과 므낫세는 르우벤과 시므온처럼 그들은 내 것이 될 것이라
창48:6 그들 후에 네가 낳을 너의 자손은 네 것이 될 것이며 그들의 유업은 그들의 형의 이름을 따라 불러지게 될 것이니라

그 형의 명의하에서 함께 하리라-요셉에게는 에브라임과 므낫세 외에도 다른 아들들이 있었음을 상기시켜 준다. 그러나 그들은 두 형 에브라임과 므낫세처럼 이스라엘 내에서 각각의 독립된 지파를 형성하지 못하고 두 형의 지파 속에 포함될 것이라는 의미이다. 따라서 훗날 제시되는 에브라임과 므낫세의 족보에는 요셉의 다른 아들들의 후손들도 포함된 것으로 보아야 한다(민26:28-37; 대상7:14-29).

창48:7 내가 메소포타미아의 밧단아람이라는 지금의 시리아에서 올 때 라헬이 도중에 가나안 땅에서 죽었는데 그곳은 에브랏이란 지금의 베들레헴에서 약간 떨어진 길로 말을 타고 에브랏에 거의 접근했을 때 죽어서 나는 그녀를 위해 눈물을 흘렸는데 그곳은 지금의 베들레헴이라 하더라

1) 풀 핏 주석은 이 거리가 말이 지치지 않고 계속해서 달려 당도할 수 있는 거리를 가리킨다고 설명한다(창35:16). 그러므로 아마 지금 야곱이 말을 타고 오다 라헬이 죽은 것이 확실하다. 그러나 "힙포드로몬"이라는 말이 "말"이라는 뜻과 "경기장 레이스 코스"로 해석되기에 정확한 뜻은 모른다.
2) 70인 역에는 장사 지냈다는 말이 나오지 않고, 단지 '내가 그녀를 위해 눈물을 흘렸다'로 나온다.

창48:8 이스라엘이 요셉의 아들들을 보고 가로되 이들은 누구냐

이들은 누구냐-노환으로 시력이 어두운 야곱은 이제 서야 자신이 요셉과 단둘이 있지 않음을 감지한 것 같다(10절).

창48:9 요셉이 그의 아버지에게 말하기를 그들은 하나님께서 이곳에서 내게 주신 아들들이니 이다 하니 야곱이 말하기를 그들을 내게로 데려오라 내가 그들을 축복해 주리라 하더라

당시 아버지는 제사장의 권위를 가지고 있기에 축복해 준 것이다.

창48:10 이스라엘이 늙어 눈이 어두워지므로 결코 볼 수 없었더라 요셉이 그들을 야곱에게로 가까이 데려오니 야곱이 그들에게 입 맞추고 그들을 잡고
창48:11 이스라엘이 요셉에게 말하기를 내가 네 얼굴을 보리라고는 결코 생각지 못하였는데 보라 하나님께서 네 씨까지도 내게 보이셨도다
창48:12 요셉이 아버지 무릎에서 그들을 물리고 자기의 얼굴을 땅에다 대고 절하더라

1) 70인 역에서는 “무릎 사이”가 아닌 “무릎”으로 되어 있다. 이는 두 아들이 야곱의 무릎 위에 앉은 것이 아니라 무릎 가까이 있었던 것이다.

2) 70인 역에서는 그냥 절한 것이 아닌 “얼굴을 땅에 대고 절했다”고 나온다.

창48:13 요셉이 그들 둘을 취하여 에브라임은 그의 오른손으로 이스라엘의 왼손을 향하게 하고 므낫세는 그의 왼손으로 이스라엘의 오른손을 향하게 하여 그에게 가까이 데리고 가니
창48:14 이스라엘이 그의 오른손을 펴서 동생인 에브라임의 머리 위에 얹고 그의 왼손은 므낫세의 머리 위에 교차해서 얹으니

70인 역에는 므낫세는 장자였더라라는 말이 나오지 않고 다만 에브라임이 동생이었다는 말로 나온다.

창48:15 그가 그들을 축복하며 말하기를 나의 아버지들이 섬기는 하나님 아브라함과 이삭 앞에서 행하신 하나님 나의 젊었을 때부터 오늘까지 나에게 공급하신 하나님

1) 70인 역에서는 그 남자들을 하며, 라고 복수로 되어 있기에 요셉이 아닌 14절과 연결되어 요셉의 자녀들을 축복하고 있다.
2) 70인 역에서는 조상들을 아버지들로 말한다.
3) 기르신 이란 말을 70인 역에서는 공급하신 하나님으로 해석하는데 다른 말로 목자라고도 해석한다.

창48:16 모든 악한 것으로부터 나를 구원하신 그 천사가 이 아이들을 축복하시며 나의 이름과 내 아버지들인 아브라함과 이삭의 이름으로 그들에게 기도하게 하시며 그들로 땅 위에서 수가 많아 가득 차 번식하게 하소서 하더라

1) 야곱의 기도를 보면 지금 천사에게 기도 하고 있다. (천사에게 복을 기도함)
2) 아브라함과 이삭과 그리고 자신의 이름으로 하나님께 기도할 특권을 주고 있다. 우리는 지금 예수님의 이름으로 기도하는데 그때는 예수 이름 대신 아브라함과 이삭과 야곱의 이름이 예수의 이름을 대신했던 것 같다. 이름으로 구하는 것이 특권이며 이렇게 이 이름으로 구하면 응답을 주신다는 것이다.

3) 15절이 요셉이 아닌 그의 자녀들이라는 것이 맞는 이유는 70인 역에서는 본 절에 아이들로 나오고 있기 때문이다. 즉 복수이며 아이로 나옴
4) 칭하게 해달라는 말이 70인 역에서는 기도로 되어 있다. 즉 '기도하게 하시며'로 되어 있다.

창48:17 요셉이 그 아버지가 오른손을 에브라임의 머리에 얹은 것을 보고 슬퍼서 손을 분명하게 하기 위해 요셉이 아버지의 손을 도와 에브라임의 머리에서 므낫세의 머리로 이동하고자 하여

1) "기뻐하지 아니하고"가 70인 역에서는 "슬펐다"라고 나온다.
2) 개정성경에는 그냥 손을 옮기려 했지만 70인 역에는 "분명하게 하려고 옮기려 했다"고 나온다.

창48:18 요셉이 그의 아버지에게 말하기를 내 아버지여 결코 그리 마옵소서 이 아이는 장자이오니 아버지의 오른손을 그의 머리에 얹어 주소서 하였으나
창48:19 그의 아버지가 거절하며 말하기를 나도 안다 내 아들아 나도 안다 그도 역시 한 민족이 될 것이며 그도 역시 높아질 것이다 그러나 그의 형제인 동생이 그보다 더 많아지게 될 것이고 그의 씨가 수많은 민족을 이룰 것이라 하고
창48:20 야곱이 그 날 그들에게 축복해 주며 말하기를 이스라엘 족속이 너로 축복하며 말하노니 하나님께서 너를 에브라임 같고 또 므낫세 같이 행하리라 하고 그가 에브라임을 므낫세 앞에 세웠더라
창48:21 또 이스라엘이 요셉에게 말하기를 보라 나는 죽으나 하나님께서 너희와 함께하시어서 너희를 다시 너희 아버지들의 땅으로 돌아가게 하시리라
창48:22 내가 너의 형제들보다 더 좋은 땅인 세겜을 너에게 주었나니 이는 내가 나의 칼과 활로 아모리 족속의 손에서 취한 것이니라 하더라

1) 내가 내 칼과 활로...빼앗은 것이니라- 이 역시 장차 이루어질 가나안 정복의 사업을 마치 자기의 손으로 이미 행한 것처럼 묘사하고 있는 부분이다. 따라서 여기서 '내가'라는 말은 그의 후손을 자신과 동일시해서 묘사한 문학적인 표현으로 이해하여야 한다. 또한 '아모리' 족속이란 말도 가나안을 먼저 차지하고 있는 모든 민족을 가리키는 표현이다. 본 절은 이스라엘의 후예들이 이들 족속과 교전하여 가나안 땅을 확보하리라는 예언이다.

2) 야곱은 이와 같이 앞으로 있을 미래의 일을 지금 당신이 차지한 것으로 말하고 있다. 이것이 믿음이며 우리는 이런 믿음을 가져야 한다. 그 후 400년이 지난 후 모세에 의해 이루어진다.

| 창세기 49 장

창49:1 야곱이 자기 아들들을 불러 말하기를 너희는 다 함께 모이라 마지막 종말의 날에 너희에게 닥칠 어떤 일을 내가 너희에게 말하리라

야곱의 축복은 단순한 축복이 아닌 종말에 대한 예언의 말인 것이다. 70인 역엔 종말로 되었기 때문이다. 야곱의 종말론이다.

창49:2 너희는 다 함께 모여서 들으라 너희 야곱의 아들들아 너희 아버지 이스라엘에게 들을지어다

야곱의 아들들과 이스라엘의 아들들아 하며 반복된 자기 이름을 야곱이 말한 이유는 야곱은 사적인 관계로서의 아버지를 말하고, 이스라엘은 각 지파 족장의 아버지로서 명령이기 때문이다. 즉 야곱은 사적인 관계를 말하고 이스라엘은 공적인 관계를 말하는 말이다.

창49:3 르우벤아 너는 나의 장자요 나의 능력이며 나의 자식의 시작이요 거칠고 사납고 제멋대로이구나

70인 역에서는 르우벤의 성격을 거칠고 사납고 제멋대로인 통제 불가능한 자식으로 나온다.

창49:4 물같이 정욕이 끓어올라 나를 모욕했기에 너는 결코 탁월하지 못하리니 이는 네가 아버지의 침상에 올라가서 오염을 확신시켰음이라 그가 나의 침상에 올라갔었도다

1) 끓어오름 즉 정욕이 끓어오름을 말하는 말이다. 70인 역에서는 "물같이 정욕이 끓어 올라 모욕했다"고 나온다.
2) 70인은 탁월함을 거품으로 말하고 있다. 즉 결코 거품이 도지 못했다고 한다. 우리가 "프리미엄 브랜드" 할 때 이는 거품이란 뜻이 있는 것 같이 그런 뜻인 것 같다. 어쨌든 탁월함이 거품으로 되어 있다.
3) "더럽혔다"는 말은 "오염시켰다"로 되어 있다.

창49:5 시므온과 레위는 기질적으로 유사한 형제요 그들은 정복한 후에 범죄함으로 일을 완수하는 자들이도다

1) 여기서 형제라는 뜻은 형제라 함으로 이는 그들의 기질적으로 속성이 같은 잔인한 형제라는 뜻이다.
2) 70인 역에서는 그들 형제는 정복하면 불법. 사악하게 일을 끝 맞추었다고 한다.

창49:6 내 영혼아 그들의 모의에 가지 말며 나의 마음아 그들의 반란에 결코 동참하지 말지어다 왜냐하면 그들은 자기들의 분노로 사람을 살해하고 그들의 욕망 때문에 황소의 힘줄을 끊었기 때문이라

1) "상관하지 않다"는 말이 "가지 않는다"는 말로 되어 있다.
2) "집회"가 "반란"으로 되어 있다.
3) "내 영광아"는 "나의 간"으로 되어 있는데 유대인들은 오장육부를 마음으로 보았기에 마음으로 "간"으로 표현하고 있다.
4) "혈기"가 "욕망"으로 되어있다.

창49:7 그들의 분노가 저주를 받으리니 왜냐하면 그들이 제멋대로였으며 그들의 격노가 저주를 받으리니 이는 그들이 완고하였기 때문이라 내가 그들을 야곱 가운데서 나누며 이스라엘 가운데서 흩으리라

이 말이 그대로 성취되어 시므온지파는 민26:12절 인구 조사 시 가장 적은 인구였고, 땅 분배 시 수19:1-9 레위지파는 제사장 가문이라 해서 땅을 분배받지 못하고 각 지파에 흩어져 살았다. 레위지파가 땅을 분배받지 못한 제사장의 가문이 된 것이 사실 따지고 보면 야곱의 저주 때문이다. 즉 저주로 받은 것이 제사장가문인 것이다.

창49:8 유다야 너는 네 형제들의 찬양을 받을 것이라 네 손이 네 원수 사탄의 척추를 잡을 것이요 네 아버지의 아들들이 너에게 절하리라

"원수"가 "사탄"으로 되어 있고, "목덜미"가 "척추"로 되어 있다

창49:9 유다는 사자의 새끼로다 내 아들아 너는 먹이를 가지고 올라갔구나 네가 사자와 새끼 같이 누워 잠잘 것인데 누가 감히 그를 깨우겠느냐

1) 유다는 사자 새끼로다-성경에서 상대방을 제압하는 힘을 가진 존재를 비유하기 위해서 사자를 등장시킨 적이 많다(시7:2; 57:4; 사5:29; 겔

19:2-9).
2) 움킨 것을 히브리어에서는 먹이를 말하고, 70인 역은 새싹을 말하는데 결국 먹이를 말한다. 이 먹이를 가지고 올라간 사자를 누구 감히 건들 수 있느냐는 말이다.
3) 범할 수 있느냐가 깨우겠느냐로 되어 있다.

창49:10 왕이 유다에게서 결코 사라지지 않을 것이며 그의 넓적다리로부터 통치자가 오기까지 그는 잠들지 않을 것이며 그에게 백성들이 희망을 갖게 될 것이로다

1) 70인은 "홀"이 아닌 "왕"으로 되어 있다.
2) 넓적다리에서 통치자가 온다는 말은 넓적다리는 생식기를 말한다.
3) "복종한다"는 말이 70인 역은 "희망"으로 되어 있다.

창49:11 그의 나귀 새끼를 포도나무에 매고 그의 당나귀 새끼를 선별한 포도나무에 매며 그의 옷들을 포도주로 빨고 그의 외투를 포도의 피로 빨았도다
창49:12 그의 눈은 포도주로 즐거워할 것이며 그의 치아는 우유보다 더 하얗게 되리라
창49:13 스불론은 바닷가에 거주하리니 그는 배들의 항구가 되리라 그의 지경은 시돈 까지로다
창49:14 잇사갈은 그가 받은 유업 가운데서 안식하기를 소원할 것이로다

1) 잇사갈 지파는 12 지파의 종이기에 좋은 것을 늘 갈망하는 데 그것이 뭐냐 하면 휴식시간 즉 쉬는 시간을 소원한다는 것이다.
2) 70인 역에서는 "나귀"라는 말이 나오지 않고 "유업"으로 나온다. 여기서 "유업 사이에서 휴식"하는 말은 그들의 유업은 고단한 종과 같이 농사짓는 것이기에 그들은 언제나 휴식 즉 쉬는 시간을 원한다는 말이다.

창49:15 그는 쉬는 것을 보고 좋아하고 땅을 보고 좋아하며 그의 어깨를 내려 고통의 짐을 지고 종처럼 농사짓는 사람이 되었도다

1) 쉬기를 좋아하는 사람들이며, 땅을 보면 좋아하는 사람들이 될 것이라는데 이는 종들이 그렇다. 종들은 휴식을 기다리고 땅만 보면 좋아하기 때문이다. 이는 앞으로 잇사갈 지파가 종처럼 살 것을 예고하는 말이다.
2) 히브리 문화에서 고통의 짐을 지고 농사 짖는 것은 노예와 같은 것을

말하는 말로 잇사갈 지파는 다른 지파에 노예처럼 지배를 받으며 살게 될 것이라는 뜻이다.
3) 이것은 이스라엘 역사상 잇사갈 지파가 상부 지배 계층을 형성하지 못하고, 지배받는 계층이 되어, 육체적인 고역 및 납세의 의무에 시달리게 될 상태(왕상9:21; 대하8:8)를 묘사한 예언이다.

창49:16 단은 이스라엘 지파의 하나로서 자기 백성을 심판하리라

특히 단은 그 이름이 '재판관'이란 의미를 가졌듯이 앞으로 차지할 역할도 주로 재판권에 관한 것이다(창30:6). 이 예언은 단의 후손인 삼손에 의하여 성취되었다고 볼 수 있다. 즉 삼손은 20여 년 동안 이스라엘의 사사로 지내면서 백성들을 재판하며 또한 블레셋을 격퇴해 백성들의 안전을 지켰다.

창49:17 단은 길 위에서 숨어 기다리는 길 위의 뱀이 되어 말 발의 뒤꿈치를 물어서 그 기마 병사가 탄 말을 놀라게 해서 그 기마 병사를 뒤로 떨어지게 하리로다

1) 70인 역에서는 "독사"로 나오지 않고, 그냥 "뱀"으로 나온다.
2) 실제로 그들은 강한 적과 싸워 라이스 성읍을 점령한 일이 있고(삿18장) 삼손 당시에도 블레셋족을 거듭 격멸시킨 일이 있다(삿15장). 그런데 일부 고대 교부들 구원의 반열에서 단 지파가 빠져있는 점(계7:5-8)을 들어 이를 단 지파에서 적그리스도가 나오게 될 것을 예언한 것으로 이해하기도 한다.

창49:18 주여 내가 주의 구원을 기다렸나이다
창49:19 갓은 군대의 공격을 받을 것이나 도리어 그들의 발들을 쫓아가 반격하여 그가 약탈할 것이라

갓 지파의 용감성에 대한 예언이다. 그들은 요단강 동편에 살면서 여러 차례 동방 족속으로부터 침략을 받았다. 그러나 그들은 침략자들을 성공적으로 격퇴함으로써 이 예언을 성취시켰다(신33:20; 대상5:18; 12:8-15).

창49:20 아셀이 차지한 땅에서 나온 빵은 기름지어서 그가 왕에게 음식물을 제공하리라
창49:21 납달리는 줄기가 확산되어 아름다운 자식을 낳는도다

납달리 지파가 마치 사슴처럼 외부의 공격으로부터 자기를 방어하는 데 매우 민첩하고 능숙한 자들이 될 것임을 예언한 말이다(삼하22:34; 시18:33; 합3:19). 이러한 실례는 가나안 왕 야빈의 군대가 이스라엘을 침략하였을 때 납달리 지파가 이를 성공적으로 격퇴한 사실(삿4장)에서 찾아볼 수 있다.

창49:22 요셉의 자손들은 증가할 것인데 무성하게 증가할 것이라 요셉은 나를 놀라게 한 나의 새로운 아들이라

1) 샘 곁에 심겨진 나무는 그 같은 자연의 재해를 당하지 않는 축복을 지닌 셈이 된다. 이와 마찬가지로 요셉의 가문도 외부 상황에 개의치 않고 항상 번창할 것이라는 의미이다(시1:3). 이러한 예언은 요셉의 두 아들인 에브라임과 므낫세 지파를 통하여 충분히 성취되었다(민26:28-37).
2) 나를 놀라게 한=이는 죽은 줄 알았던 요셉을 찾은 것을 말한다.

창49:23 통치자의 활이 그에게 원한을 품고 그곳을 욕하며 침략할 것이나
창49:24 요셉의 활에 권능이 있어 산산조각낼 것이며 그의 손의 팔이 야곱의 전능자의 손으로 말미암아 신경에서 빛을 낼 것이며 그곳에서부터 이스라엘이 제압할 것이로다

1) 요셉의 활에는 전능한 권능이 있어 적들을 산산 조각내리라는 것이 70인 역이다.
2) 70인 역에서는 요셉의 팔에 하나님의 전능한 손이 있어 그들의 팔에서 빛이 나온다는 것이다.
3) 70인 역에서는 목자가 나오지 않고, 그곳에서 제압한다는 말로 되어 있다.

창49:25 네 아버지의 하나님께서 너를 도우실 것이요 나의 하나님이 너를 도우실 것이요 그분이 너를 축복하실 것이라 하늘 위로부터 축복할 것이며 네가 소유한 모든 땅을 축복할 것이며 유방과 자궁을 축복할 것이라

"젖 먹는"은 "유방"을 말하고, "태의 복"은 "자궁"을 말한다.

창49:26 내 아버지와 어머니의 축복이 선조들의 복들보다 더 강해서 산

과 언덕이 영원히 변하지 않는 것 같이 축복이 요셉의 머리 위에 임하게 되리니 그 복이 너의 정수리 위해 임해 형제들의 머리가 될 것이니라

여기서는 "아버지"만 나오지만 70인 역은 "어머니, 아버지"가 같이 나온다.

창49:27 베냐민은 약탈하는 늑대라 그가 아침에 먹이로 식사하고 저녁에는 노략질한 음식을 나누리라 하더라
창49:28 이들 모두는 이스라엘의 열두 아들이라 이것이 그들의 아버지가 그들에게 말한 것이며 그들에게 축복한 것이라 각자의 축복에 따라 야곱이 축복하였더라

"지파"로 되어 있지 않고 70인 역은 "아들"로 되어 있다.

창49:29 그가 그들에게 덧붙여 말하길 내가 내 백성들에게로 돌아가려하니 나를 헷족속 에브론 밭에 있는 동굴에 안의 나의 아버지들과 함께 장사하라
창49:30 이 굴은 가나안 땅 마므레 앞에 있는 이중 동굴로 아브라함이 헷족속 에브론에게서 밭과 함께 취득해 묘지를 사서 소유한 것으로

70인 역에는 이중 동굴로 되어 있다.

창49:31 아브라함과 그의 아내 사라가 거기에 장사 되었고 이삭과 그의 아내 리브가도 거기에 장사 되었으며 그리고 그곳에 레아를 장사하였느니라
창49:32 밭(들)과 거기 있는 굴은 헷의 아들로부터 산 것이니라 하더라
창49:33 야곱이 자기 아들들에게 지령 내리기를 멈추고 그의 발을 침상에 모으고 떠나니 그의 백성들 옆자리에 놓여 졌더라

| 창세기 50 장

창50:1 요셉이 그의 아버지의 얼굴을 붙들고 엎드려 그 위에서 흐느껴 울부짖으며 그에게 입 맞추더라
창50:2 요셉이 그의 신하 장의사들에게 명하여 그의 아버지를 장사 지내도록 했으니 그 장의사들이 이스라엘을 매장하기 위해 준비 하더라

70인 역에서는 요셉의 몸에 향재료를 넣었다는 말이 나오지 않고 단지 매장을 준비하도록 명령한 것으로 나오는데 이를 향재료를 넣었다고 해석하는 이유는 애굽의 장례 문화가 "미아라"를 만드는 문화기에 관용어적으로 해석한 것뿐이다. 70인 역에서는 그렇게 나오지 않으나 개정성경의 해석대로 해석하는 것이 무방하다. 3절에 40일 동안 장례를 준비했고, 70일 동안 애곡하고, 그리고 비로소 막벨라굴에 매장했기 때문이다.

창50:3 그를 위해 사십일이 걸렸으니 이와 같이 매장하는 날들이 그렇게 걸렸더라 그리고 애굽이 그를 위하여 칠십일을 애곡하였더라

(구글 번역기에서는 "하이 헤메라이(날) 테스 탑헤스(무덤)"를 매장의 날로 해석한다. 70인 역에서는 매장하는 데 40일이 걸린 것으로 나오나 70일 애곡 기간이 있었고 뒤에 막벨라굴로 가서 장사를 지내기에 이는 개정성경대로 40일일 동안 향재료를 넣었다고 봐야 한다. 그러나 저는 70인 역에 충실하게 해석하고 있다.

창50:4 애곡하는 날들이 지나자 요셉이 바로의 관리자에게 말하여 가로되 내가 만약 당신들의 눈에 호의를 입었으면 내가 당신들에게 청하오니 바로의 귀에 고하여 말하라

1) 바로의 궁이 아닌 70인 역에는 관리자로 되어 있다. 70인 역에서 관리자는 총무 또는 총리를 말함으로 요셉 다음가는 총리를 말하든지 구글 번역기에서 말하는 것 같이 왕자일 가능성도 있고 또 신하일 가능성도 있다.
2) 요셉이...가로되-요셉이 직접 바로에게 나가서 말하지 않고 다른 사람을 통하여 자신의 입장을 전달하려 한 이유는 상중(喪中)이었으므로 바로 앞에 나갈 수 없었기 때문이다. 애굽의 관습에 의하면 누구든 왕 앞에 나갈 때는 수염을 깎아야 하는데 요셉은 애곡 기간 중이라서 그렇게 할 수 없었기 때문이다.

창50:5 내 아버지께서 나로 맹세하게 하여 그 무덤에 대하여 말하기를 내가 죽거든 가나안 땅에 내가 파놓은 내 무덤에다 장사하라 하셨으므로 그런즉 지금 나로 올라가서 내 아버지를 장사하게 하소서 그리고 나서 내가 다시 오리이다 하라 하니

1) 70인 역에는 "죽거든"이라는 말이 없고, 바로 "무덤에 대하여 말하기를"로 되어 있지만 흐름상 "죽거든"이라는 말을 넣는 것이 더 자연스럽다.
2) 내가 파서 둔 묘실-야곱은 아브라함이 헷 사람 에브론에게서 산 막벨라굴을 언급하면서(창23:20) 그것을 자기가 팠다고 하였다. 이것은 야곱이 막벨라에 있는 그 굴을 확장하였거나 자기의 묘실을 미리 준비하여 놓았음을 암시하는 표현으로 볼 수 있다.

창50:6 바로가 말하기를 그가 네게 맹세케 했던 대로 올라가서 네 아버지를 장사하라 하더라
창50:7 요셉이 자기 아버지를 장사하러 올라가는데 그와 함께 한 자들은 바로의 모든 신하와 바로집의 장로들과 애굽 땅의 모든 장로와
창50:8 요셉의 집에 있는 모든 사람과 그의 형제들과 그의 아버지의 가문이 올라가고 그들의 친척들과 그들의 양 떼와 소 떼만 고센 땅에 남겨 두었더라

"어린아이가 남았다"는 말이 70인 역에는 "친척이 남았다"는 말로 되어 있다.

창50:9 그와 함께 동행한 자들은 병거들과 기병대들이니 매우 큰 진영이더라
창50:10 그들이 요단 건너편 아닷의 타작마당에 도착하여 무리가 몹시 비통하게 크게 애곡하였으며 요셉이 그의 아버지를 위하여 칠일 동안 애도하더라
창50:11 그 땅의 거민들인 가나안들이 아닷 타작마당에서 애곡하는 것을 보고 말하기를 이것은 애굽 사람들의 큰 애곡이라 하였으로 그곳 이름을 애굽 사람들의 애통이라 하여 아벨미스라임이라 하였으니 그곳은 요단강 건너 저편에 있더라
창50:12 야곱의 아들들이 야곱이 명령한 대로 행하여 그곳에 장례를 치렀더라
창50:13 그의 아들들이 그를 가나안 땅으로 운반하여 이중동굴 안에 장사지냈으니 이 동굴은 아브라함이 마므레 앞에 있는 것을 헷족속 에브론

에게서 들과 함께 취득해 묘지를 사서 소유한 것이라
창50:14 요셉이 자기 아버지를 장사지내고 그와 그의 형제들과 그의 아버지를 장사하기 위하여 그와 함께 갔던 모든 사람이 애굽으로 돌아왔더라

"상호군"으로 되어 있지만 70인 역은 "요셉의 가족 외에 동행한 모든 사람"을 말한다.

창50:15 요셉의 형제들이 그의 아버지가 죽었음을 보고 말하기를 요셉이 혹시 우리에게 원한을 품지나 않았을까 우리가 그에게 행한 모든 악을 우리에게 보응으로 갚지나 않겠느냐 하고
창50:16 요셉에게 심부름꾼이 도착하여 말하기를 당신의 아버지가 돌아가시기 전에 간청하여 말씀하시기를

"명하기를"이란 말이 70인 역에서는 "맹세 또는 간청"으로 되어 있다. 아마 요셉에게 야곱이 형들의 죄를 사할 것을 강하게 청했던 것 같다.

창50:17 너희는 요셉에게 이렇게 말할지니라 네 형들이 네게 악을 행하였으나 그들의 잘못과 그들의 죄를 용서하라 하셨나니 이제 우리가 당신께 청하오니 당신의 아버지의 하나님의 하녀들의 잘못을 용서하소서 하니 그들이 요셉에게 말할 때 그가 흐느껴 울더라

여기서 종들이라는 말이 "데라폰톤"이라 되어 있는데 이는 "하녀라는 뜻과 치료"라는 뜻이 있다. 그들은 남자종으로 말한 것이 아니라 남자종보다 못한 여자종인 하녀로 낮추어 말하고 있다.

창50:18 그의 형들이 또 와서 요셉에게 엎드려 말하기를 우리는 당신의 하인들이니이다 하니
창50:19 요셉이 그들에게 말하기를 두려워 마소서 내가 하나님의 자리에 있나이까
창50:20 당신들은 나에 대하여 악한 일을 모의했을지라도 하나님께서는 그것을 선으로 모의하시어서 오늘날과 같이 많은 백성에게 영양을 공급하게 하셨으니
창50:21 당신들은 두려워 마소서 내가 당신들과 당신들의 집안에 영양을 공급하리이다 하고 그들을 마음속 깊이 위로하며 말하더라
창50:22 요셉이 자기와 그의 형제들과 그의 아버지의 모든 가족과 함께 애굽에서 거하니 요셉이 일백십 세를 살았더라

창50:23 요셉이 에브라임의 자손 삼대를 보았으며 므낫세의 아들 마길이 아들들을 낳았는데 요셉의 넓적다리에서 낳았더라

1) 대상7:14절을 보면 므낫세의 첩이 나오는데 므낫세의 첩의 아들이 마길로 나옴.
2) 70인 역에서는 마길의 아들들을 요셉이 증손자가 아닌 자녀의 반열로 올린 것으로 나온다.
요셉의 넓적다리에서 낳았다고 하는데 이런 표현은 자녀 출생을 말할 때 넓적다리에서 나았다고 하는 표현으로 아마 마길의 아들들을 양자로 삼았던 것 같다. 또한 양육했다는 말이 낳았다는 말로 헬라어와 히브리어 원어에서는 나온다.

창50:24 요셉이 그의 형제들에게 말하기를 나는 죽으나 하나님께서 당신들을 방문하사 위로해 주시고 당신들이 이 땅에 있는 것을 합당히 여기지 않고 우리 아버지 아브라함과 이삭과 야곱에게 하나님께서 맹세하신 그 땅으로 인도하시리라 하고

1) 형제들에게 말하는 것으로 보아 이때 형제 중 일부는 아직 살아있는 것 같다. 요셉이 형제들보다 먼저 죽은 것으로 나온다.
2) 70인 역에서는 "권고"가 "방문하여 감독하는 것"을 말한다.

창50:25 요셉이 이스라엘 자손들에게 맹세시켜 말하기를 하나님께서 너희를 방문하여 찾아오시리니 너희는 여기서 내 뼈들을 옮겨 가야 하리라 하였더라

1) "권고"가 70인 역에서는 "방문"으로 되어 있다.
2) 하나님이 애굽으로 방문하시는 것이다. 즉 모세를 통한 출애굽을 예언한 것이다.

창50:26 요셉이 일백십 세에 죽으니 그를 애굽의 관에 넣어 두어 장례를 치렀더라

1) 관에 넣어 두는 것으로 장례를 치루었다고 나온다
2) 70인 역에는 향재료를 넣어 "미이라"로 만들었다는 내용이 나오지 않지만 관습상 미아라로 만들었을 것이다.

퍼즐 레마 성경 공부

오흥복 목사의 저서 시리즈

성령의 안경으로 본 성경
이 책은 어거스틴의 "신앙 핸드북"이란 책과 같이 제가 36년 동안 성령의 안경을 쓰고 말씀을 추적한 결과 그 해답을 찾아 정리해 놓은 책입니다. (가격 6,000원)

예수님이 보신 성경 70인역 창세기 번역본
예수님은 우리가 보는 구약 성경을 보시지 않고 구약 헬라어 70인역 성경을 보셨고, 12제자와 바울과 스테반과 어거스틴과 요세푸스도 70인역을 보았는데 그 70인역 창세기 편을 제가 번역했습니다. (가격 18,000원)

헬라어적 관점과 역사론적 관점과 관용어적 관점으로 본 하존 요한 계시록 1권(계1-계3장 까지)
헬라어적 관점이란 개정성경의 각 장의 요절들을 헬라어로 쉽게 해석했다는 말이며 또한 헬라어의 유래를 찾아 헬라어가 어떻게 변했는지 쉽게 설명하고 있다는 말입니다. 또한 역사론적 관점이란 요한 계시록을 역사론적으로 해석하고 있다는 말이며, 관용어적 관점이란 요한 계시록이 관용어로 연결되어 있는 것을 관용어를 찾아 설명하고 있다는 말입니다. (가격 11,000원)

하존 요한 계시록 2권 (계4-계8장 까지) (가격 12,800원)
하존 요한 계시록 3권(계9-계12장 까지) (가격 12,800원)
하존 요한 계시록 4권 (계13-계17장 까지) (가격 12,800원원)
하존 요한 계시록 5권 (계18-계19장,계21-계22장 까지) (가격 12,800원)
하존 요한 계시록 6권 (계20장) (가격 12,800원)

뉴 동의보감
어느 약사 장로님이 저의 이 책을 보고 말씀하시길 "허준의 동의보감보다 목사님이 쓰신 이 책이 동의보감보다 더 잘 쓰셨습니다"할 정도로 약초에 대한 내용이 잘 요약 되어 있습니다(가격 6,000원)

나는 기도응답을 100% 받고 있다
여러분들도 이 책에서 제시하는 방법대로 기도하는 순간, 기도응답을 거의 100% 가까이 받게 될 것입니다. (가격 12,000원)

기도응답은 만들어 받는 것이다
이 책은 지금 당장 문제 가운데 있는 분들이 보신다면 흑암의 터널을 통과하는 서광이 될 것입니다. (가격 11,000원)

이젠 돈 걱정 끝

이 책을 보시면 물질이 어떻게 움직이는지 알게 되고, 힘으로도 안 되고, 눈물로도 안 되고, 기도로도 안 되던 문제를 해결하는 만병통치약과 같은 번제에 대하여 잘 설명되고 있습니다.(가격 12,000원)

한국의 탈무드 1

이 책은 지혜를 다루는 책으로 어떻게 하면 솔로몬이 가졌던 지혜를 누구나 가질 수 있는지를 다루고 있습니다. (가격 11,000원)

한국의 탈무드 2

이 책은 "한국의 탈무드 1"을 기반으로 쓰여 진 책으로 성공의 원리와 삶의 원리를 다루고 있습니다. (가격 11,000원)

한국의 탈무드 3

하나님이 주신 지혜인 영감과 원리를 가지면 세상을 정복할 수 있습니다. 그런데 이 책엔 이런 원리와 예화가 가득 차 있습니다. (가격 11,000원)

임재 기도의 힘, 생각만 해도 응답 받는다

이 책은 임재와 기름부음의 차이와, 어떻게 하면 성령의 임재 가운데 있을 수 있는지와 임재 가운데 있으면 응답 받는 방법과 방언에 대하여 아주 자세히 설명하고 있습니다. (가격 11,000원)

성령을 이해하면 당신도 환상과 예언을 할 수 있다

이 책은 우리의 초미의 관심이 되는 환상에 대하여 자세히 다루고 있으며, 또한 예언하는 방법에 대하여 자세히 다루고 있습니다. (가격 11,000원)

부자들의 이야기 그들은 이렇게 해서 부자가 되었다

이 책은 록펠러와 빌게이츠와, 샘 월튼과, 호텔왕 콘래드 힐튼과, 워렌 버펫과, 한국의 부자들이 실제로 어디에 어떻게 투자해서 부자가 되었는지 그들의 투자 노하우를 심층 분석하고 있습니다. (가격 12.000원)

영적존재에 대한 이야기

이 책은 여섯 가지 영적 존재인 하나님과 천사와 사람과 마귀와 귀신과 미혹의 영에 대하여 아주 자세히 쓰고 있습니다. (가격 11,000원)

다가온 종말론

이 책은 주님이 보시는 종말론을 기록하고 있으며 종말론의 키워드인 펠라지역을 다루고 있습니다. (가격 11,000원)

성경 보는 눈을 열어주는 창세기

성경 해석의 열쇠는 창세기인데 그 비밀이 이 책안에 다 들어 있습니다. (가격 11,000원)

삼위일체와 예수

사람들은 삼위일체를 신비라 하며 해석을 못하는데 이 삼위일체를 아주 쉽게 다루고 있습니다. (가격 11,000원)

상상하며 기도 하면 100% 응답 받는다

이 책은 제가 지난 36년 동안 기도 응답에 대하여 연구하기 시작하면서 응답 받았던 부분을 종합해 놓은 결론 부분에 해당하는 책입니다. (가격 6,000원)

주님을 사랑하면 복들이 온다.

우리가 예수님을 친밀하게 사랑하면 돈을 비롯한 영혼이 잘되고, 범사가 잘되고, 강건한 복을 받게 되는데 그 내용이 구체적으로 잘 되어 있고, 또한 번제 부분을 요약해서 다루고 있습니다. (가격 6,000원)

다바르(이름대로 된다)

이 책은 이름에 대한 내용을 다루는 책인데 이 책을 읽어 보시면 이름의 중요성과 다바르의 중요성을 알게 될 것이다. (가격 6,000원)

성경 보는 안경 1 (상)

이 책 상하권은 조식 신학을 아주 쉬운 단어로 누구나 읽으면 이해 할 수 있게 해석해 놓은 책으로 이 책을 읽으면 조식신학이 이렇게 쉬운 학문이었나 하는 생각이 들 정도로 쉽게 해석해 놓았습니다. (가격 11,000원)

성경 보는 안경 2 (하)

조직신학을 쉽게 해석해 놓은 책 하권입니다. (가격 11,000원)

암과 아토피와 성인병은 더 이상 불치병은 아니다

히포크라테스는 말하길 "면역은 최고의 의사이며, 최고의 치료법이다"라고 했고, 유명한 약학 전문가인 "사무엘 왁스맨"은 "모든 질병을 고칠 수 있는 치료법은 이미 이 세상에 존재하고 있다"라고 말했는데 이 책에는 바로 이런 불치병을 치료할 수 있는 방법을 다루고

있습니다.(가격 11,000원)

약이 없는 병은 없다 1
이 책을 보시면 모든 병에는 반드시 약이 있다는 것을 알게 될 것입니다. (가격 4,000원)

약이 없는 병은 없다 2
만병통치약은 없어도 모든 병엔 다 약이 있습니다. 이 책에 있는 약초들이 여러분의 병을 치료할 것입니다. (가격 10,000원)

약이 없는 병은 없다 3
하나님이 주신 나무와 풀인 약초 안에는 모든 병을 치료할 수 있는 만병통치약이 들어 있습니다. (가격 10,000원)

세포를 치료하면 모든 병(암)이 치료된다.
우리 몸의 구조는 물이라고 하는 피가 70%이고, 세포가 30%로 구성되어 있는데 이 책은 바로 이 피와 세포를 어떻게 하면 정상으로 만들 수 있는지를 다루고 있습니다. (가격 4,000원)

구원과 성막
이 책을 보시면 여러분들이 신앙생활하며 궁금해 했던 구원의 3단계와 성막에 대하여 쉬우면서도 심도 있게 다루고 있으니 구원의 확신이 없으신 분들이나 성막에 대하여 궁금 하셨던 분들이 보시면 신앙생활에 많은 도움이 될 것입니다. (가격 11,000원)

침례와 성경
저는 모든 성도들이 반드시 침례를 받아야 한다고 개인적으로 주장하는데 제가 왜 이렇게 주장하는지 그 이유가 이 책에 나옵니다. (가격 11,000원)

성경의 진수(1)
성경을 입체적으로 볼 때 성경이 한눈에 들어오게 되어있습니다. 그런데 성경을 입체적으로 보는 방법은 성경에 나와 있는 용어들을 바로 알면 됩니다. (가격 11,000원)

성경의 진수(2)
이 책은 1권과 같이 성경의 용어를 헬라어 원어와 쉬운 용어로 설명하고 있는 책입니다. (가격 11,000원)